权威·前沿·原创

皮书系列为

"十二五""十三五""十四五"时期国家重点出版物出版专项规划项目

BLUE BOOK

智 库 成 果 出 版 与 传 播 平 台

粤港澳大湾区蓝皮书

BLUE BOOK OF GUANGDONG-
HONG KONG-MACAO GREATER BAY AREA

粤港澳大湾区协同发展报告（2023）

ANNUAL REPORT ON COORDINATED DEVELOPMENT OF GUANGDONG-
HONG KONG-MACAO GREATER BAY AREA (2023)

总顾问／隋广军
总策划／石佑启
主　编／申明浩
副主编／杨永聪

社会科学文献出版社
SOCIAL SCIENCES ACADEMIC PRESS (CHINA)

图书在版编目（CIP）数据

粤港澳大湾区协同发展报告.2023 / 申明浩主编
.--北京：社会科学文献出版社，2024.2
（粤港澳大湾区蓝皮书）
ISBN 978-7-5228-2887-9

Ⅰ.①粤…　Ⅱ.①申…　Ⅲ.①区域经济发展-研究报
告-广东、香港、澳门-2023　Ⅳ.①F127.6

中国国家版本馆 CIP 数据核字（2024）第 037102 号

粤港澳大湾区蓝皮书
粤港澳大湾区协同发展报告（2023）

总 顾 问 / 隋广军
总 策 划 / 石佑启
主　　编 / 申明浩
副 主 编 / 杨永聪

出 版 人 / 冀祥德
组稿编辑 / 恽　薇
责任编辑 / 冯咏梅
文稿编辑 / 孙玉铖
责任印制 / 王京美

出　　版 / 社会科学文献出版社·经济与管理分社（010）59367226
　　　　　　地址：北京市北三环中路甲 29 号院华龙大厦　邮编：100029
　　　　　　网址：www.ssap.com.cn
发　　行 / 社会科学文献出版社（010）59367028
印　　装 / 天津千鹤文化传播有限公司

规　　格 / 开　本：787mm×1092mm　1/16
　　　　　　印　张：19.5　字　数：290 千字
版　　次 / 2024 年 2 月第 1 版　2024 年 2 月第 1 次印刷
书　　号 / ISBN 978-7-5228-2887-9
定　　价 / 168.00 元

读者服务电话：4008918866

项目资助：

国家社会科学基金重大项目"粤港澳大湾区数据要素跨境流动路径研究"（21&ZD123）

粤港澳大湾区蓝皮书编委会

总 顾 问　隋广军

总 策 划　石佑启

主　　编　申明浩

副 主 编　杨永聪

编 写 组　（按姓氏笔画排序）

王兴棠　丘　珊　刘　胜　刘轩语　刘奕岍

刘雅莹　李雨洁　肖静娜　吴　亮　沈晓娟

张　琳　张　慧　陈嘉萱　林婉楠　赵　雨

夏萌萌　徐丽鹤　梁　颖

指导单位　广东外语外贸大学黄埔研究院（研究生院）

广州经济技术开发区管理委员会

中新广州知识城开发建设办公室

编写单位　广东外语外贸大学粤港澳大湾区研究院

广东外语外贸大学大湾区建设与区域协调发展重点实验室

广东外语外贸大学国际湾区研究院

广东外语外贸大学粤商研究中心

主要编撰者简介

申明浩 广东外语外贸大学副校长、粤港澳大湾区研究院院长，博士、教授、博士生导师，产业经济学博士点召集人。国家社会科学基金重大项目首席专家，教育部重大攻关项目首席专家。入选国家级人才。兼任国务院就业工作领导小组咨询专家、澳门科技大学博士生导师、中国工业经济学会常务理事等。主要研究领域为湾区产业经济、国际经济和数字经济。在《经济研究》、《管理世界》、《经济学》（季刊）等期刊上发表论文100余篇，出版《零距离时代：互联网商业模式变革与产业生态重塑》《下一个风口在哪里：粤港澳大湾区访谈录》《粤商崛起》等多部著作，主编出版"粤港澳大湾区蓝皮书""粤商研究"等系列丛书。主持"产业经济""一带一路""粤港澳大湾区"等国家级重大、重点及政府课题40余项。成果获党和国家领导人肯定，多次获中国智库成果奖和省哲学社科优秀成果奖。曾在联合国世界投资论坛、金砖国家学术论坛、中新知识论坛、腾讯生态年会等做主题报告；长期为国家部委和广东省政府提供咨政服务，多次为高盛、安联、阿斯利康、字节跳动、新鸿基、建银国际、新加坡GIC等国际知名企业提供投资顾问服务，为清华大学五道口金融学博士班，太平洋岛国高级公务员培训班，京津冀、长三角和粤港澳大湾区等局处级干部培训班讲授"粤港澳大湾区""一带一路""自贸区""数字经济"等课程，培训高层次学员逾万人。

杨永聪 广东外语外贸大学粤港澳大湾区研究基地副主任，副教授、硕士生导师，全国港澳研究会会员。多次就粤港澳大湾区发展话题接受香港《大公报》、澳亚卫视、《21世纪经济报道》等媒体采访和专访；受香港贸发局、香港（广东）商会、广州市政府培训中心、广州海关培训基地等政府部门和商会邀请，主讲解读《粤港澳大湾区规划纲要》；曾赴香港参加全国港澳研究会专题研讨班；作为主持人或主要参与人开展"粤港澳大湾区发展的重大问题调查研究""粤港澳大湾区建设策略与路径研究""打造粤港澳大湾区科技创新高地的对策建议"等委托课题研究工作，主笔完成的多份专题研究报告获得政府部门采纳，部分课题成果刊发于《人民日报·内部参阅》等，相关成果多次获得省部级以上领导批示。曾作为访问学者赴澳大利亚 Macquarie University 进行学术交流。主持国家自然科学基金、广东省自然科学基金等国家级、省部级和市厅级课题，在 SSCI、CSSCI 等国内外核心期刊上发表学术论文 30 余篇。

摘　要

　　粤港澳大湾区建设是习近平总书记亲自谋划、亲自部署、亲自推动的重大国家战略,承担着打造世界一流湾区的重要使命。粤港澳大湾区科技创新的发展模式对全国乃至全世界都有重要的意义,在中央和地方政府的大力推动下,粤港澳大湾区将有望成为世界一流的科技创新型大湾区。粤港澳三地的发展历程具有鲜明的异质性特征,珠三角地区内部城市间的发展水平也存在较大差异,因而要将粤港澳打造成一体化程度较高的城市群,必须打破三地间的壁垒,促进科技和经济的协同发展,故探究粤港澳大湾区的科技创新发展变化有一定的现实意义。本书从数字经济、科技发展、产业布局、人才合作以及粤商发展等多个视角探讨现阶段粤港澳大湾区协同发展的现状。

　　本报告分为五大专题:第一,从高质量发展视角分析了数字经济发展对粤港澳大湾区高质量发展的作用机制;第二,从数据要素流通、金融科技、数字创新生态系统、数字贸易等视角分析了粤港澳大湾区科技协同发展现状;第三,从交通运输、海洋经济等产业出发分析了粤港澳大湾区产业协同发展现状;第四,从青年就业创业视角分析了粤港澳大湾区人才合作现状;第五,从粤商企业家精神、广东制造企业组织敏捷性等视角分析了粤港澳大湾区粤商发展现状。

关键词:　粤港澳大湾区　数字经济　产业发展　人才合作　粤商发展

目　录 ⟲

I　总报告

B.1　数字经济驱动大湾区高质量发展的机制与策略分析

…………………………… 申明浩　沈晓娟　李雨洁　刘奕岈 / 001

II　科技篇

B.2　粤港澳大湾区数据要素流通发展报告………………… 肖静娜 / 052

B.3　粤港澳大湾区金融科技发展报告…… 杨永聪　丘　珊　陈嘉萱 / 082

B.4　粤港澳大湾区数字创新生态系统发展现状与对策研究

………………………………………………………… 张　慧 / 116

B.5　粤港澳大湾区数字贸易发展与对策研究………………… 刘雅莹 / 145

III　产业篇

B.6　粤港澳大湾区交通运输发展研究………… 张　琳　刘轩语 / 173

B.7　粤港澳大湾区海洋经济高质量发展研究……… 赵　雨　王兴棠 / 200

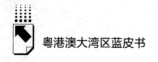
Ⅳ 人才篇

B.8　高质量发展背景下粤港澳大湾区青年就业创业研究

　　………………………………………… 刘　胜　梁　颖　林婉楠／219

Ⅴ 粤商篇

B.9　粤商企业家精神的新特点……………………… 徐丽鹤　夏萌萌／242

B.10　广东制造企业组织敏捷性的提升和作用机制研究 …… 吴　亮／256

Abstract　……………………………………………………………… ／282

Contents　……………………………………………………………… ／284

皮书数据库阅读**使用指南**

总 报 告

General Report

B.1

数字经济驱动大湾区高质量发展的
机制与策略分析

申明浩　沈晓娟　李雨洁　刘奕岍*

摘　要： 当前，粤港澳大湾区呈现增长稳定性、发展协调性、绿色发展性、生活宜居性等高质量发展特征，朝着建设成为国际一流湾区和世界级城市群的既定目标加速前进。《广东省国民经济和社会发展第十四个五年规划和 2035 年远景目标纲要》也为数字经济驱动粤港澳大湾区高质量发展提供了契机和方向。以此为背景，本报告对大湾区高质量发展的主要特征、表现、影响与趋势进行了考察。在界定概念含义、构建评价指标体系、比较大湾区内各城市的基础上，主要围绕宏观、产业、企业层面，分层次地分析了数字经济驱动大湾区高质量发展的内在逻辑和具体表现，围绕

---

* 申明浩，教授，博士生导师，广东外语外贸大学副校长、粤港澳大湾区研究院院长，主要研究方向为数字经济；沈晓娟，广东外语外贸大学经济贸易学院博士研究生，主要研究方向为产业经济；李雨洁，广东外语外贸大学经济贸易学院硕士研究生，主要研究方向为产业经济；刘奕岍，广东外语外贸大学经济贸易学院硕士研究生，主要研究方向为产业经济。

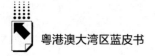
"创新、协调、绿色、开放、共享",全景式地探讨了数字经济驱动大湾区高质量发展的案例事实。与此同时,数字经济驱动大湾区高质量发展在数字经济治理、数据要素市场建设、产业战略规划、领军企业、企业战略定位、企业数字技术、企业人才培养等方面仍然面临着一些挑战。在此基础上,本报告提出了政策扶持、制定产业发展战略规划、明确企业重点战略定位等多方面的优化策略,为数字经济驱动粤港澳大湾区高质量发展建言献策。

关键词: 粤港澳大湾区　数字经济　高质量发展

引　言

党的二十大报告中指出,"高质量发展是全面建设社会主义现代化国家的首要任务",要"完整、准确、全面贯彻新发展理念,着力推动高质量发展,主动构建新发展格局"。作为我国发展大局中的重要区域,粤港澳大湾区在高质量发展中应发挥排头兵和先行者的作用。正如《粤港澳大湾区发展规划纲要》所指出的,粤港澳大湾区要打造高质量发展的典范,在构建经济高质量发展的体制机制方面走在全国前列。所谓高质量发展,是创新成为第一动力、协调成为内生特点、绿色成为普遍形态、开放成为必由之路、共享成为根本目的的发展,要求经济"质的有效提升"和"量的合理增长"统筹推进。因此,高质量发展在宏观、产业和企业多维度具有丰富的内涵和要求,包括全盘考虑经济稳定增长与发展协调可持续、兼顾主导产业带动引领与产业布局和结构优化,以及在保持龙头企业竞争力的同时注重企业创新能力的培育和全要素生产率的提升等。可见,高质量发展目标对粤港澳大湾区建设提出了全方位、多领域的高要求,立足大湾区制度特色与发展现状,考察何种经济形态能驱动大湾区高质量发展,成为当前亟待探索的重要问题。

数字经济以数字技术为物质载体、以数据要素为核心引擎,"发展速度之快、辐射范围之广、影响程度之深前所未有"①，深度重塑了传统的生产、生活和治理方式，推动新一轮科技革命和产业变革向纵深演进，或能成为驱动区域高质量发展的重要引擎。事实上，作为我国开放程度最高、经济活力最强的区域之一，粤港澳大湾区数字基础设施完善、数字应用场景丰富、数字市场规模庞大、信息技术产业发达，是全国乃至全世界的数字经济发展高地。数字湾区建设如火如荼推进对粤港澳大湾区经济发展产生了放大、叠加和倍增的效果，依托数字基础设施的技术支撑、数据要素资源的价值开发、数字政务的高效服务，大湾区高质量发展驶入了数字经济时代的"快车道"。对数字经济赋能粤港澳大湾区高质量发展的效果和机制进行梳理和总结，能为粤港澳大湾区把握数字时代机遇、增强区域发展活力提供智力赋能，也能为我国其他地区的高质量发展探索新机制新路径。

本报告采用宏观、产业和企业三重视角，通过评价指标体系构建、国内外横向对比、典型案例分析等方式，对数字经济驱动粤港澳大湾区高质量发展的效果进行了理论和经验层面的全面深入分析。除引言外，本报告包括以下几个部分：第一部分在梳理分析粤港澳大湾区数字经济以及高质量发展现状的基础上，构建了数字经济驱动粤港澳大湾区高质量发展的理论框架；第二部分、第三部分以数字基础设施、数字平台、数字技术、数字经济治理等数字经济的关键细分维度为切入点，总结了数字经济对大湾区内部区域协调发展、产业韧性提升和企业转型升级等领域的高质量发展发挥驱动作用的现实表征；第四部分详尽论述了数字经济治理、数据要素市场建设、产业战略规划等数字经济驱动大湾区高质量发展的薄弱环节；第五部分基于前文研究结论提出了相应优化策略，包括制定数字经济建设规划，指导大湾区数字化转型发展；政府、企业、高校、公众多元共治，破解大湾区数字经济治理难题；围绕新一代数字技术重点领域开展创新，推动大湾区数字经济高质量发展；等等，以期突破大湾区数字经济发展的瓶颈和制约，使其驱动高质量发展的效果更强、覆盖面更广。

---

① 《习近平在中共中央政治局第三十四次集体学习时强调 把握数字经济发展趋势和规律 推动我国数字经济健康发展》，新华网，2021 年 10 月 19 日，http：//www.news.cn/2021-10/19/c_1127973979.htm。

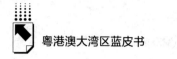

一 数字经济驱动大湾区高质量发展的理论框架

（一）数字经济发展的核心优势

数字经济是指在信息技术的推动下，利用数字化、网络化和智能化技术手段来开展经济活动的形态。它以数字化的知识和信息为核心资源，通过互联网等信息通信技术的支持，实现生产、流通、交易和消费等各个环节的数字化和网络化。数字经济发展的核心优势具有以下特征。

一是数据驱动。在数字经济中，数据被视为最重要的资源之一，数据可以揭示经济系统的发展现况和趋势，是经济活动中重要的生产要素。数字经济依靠大数据、云计算、人工智能等强大的技术手段，将数据进行整合，形成强大的数据库，并对海量的数据进行挖掘、分析和应用。通过有效的信息管理和过滤机制，提高信息的质量和准确性，从而优化经济市场的匹配，更好地完善价格形成机制（韩长根和张力，2019；赵涛等，2020）。

二是创新驱动。数字经济为企业和个人提供了更多的创新创业机会。数字经济提供了更加便捷和高效的创新环境，通过互联网和数字技术，创业者可以更加方便地获取各种信息资源、人才资源和市场资源，从而更好地进行创新（韩先锋等，2019）。张勋等（2019）认为数字普惠金融能促进创业计划均等化，提高社会创业概率，促进国家包容性增长。创新可以推动新兴产业和新技术的发展壮大，推动传统产业向新兴产业的转型，从而降低资源消耗、减少环境污染，促进经济绿色可持续发展（赵涛等，2020）。

三是绿色生产和消费。数字经济所投入的信息、数据等生产要素，优化了传统的要素投入结构，提高了生产要素的组合效率，实现了生产的绿色化发展。数字化的生产方式，促进了生产模式的智能化，实现了生产的全程监控，不断优化了资源投放比例，从而减少了对资源的浪费。同时，数字经济给消费者带来了绿色生活方式。电子商务的发展改变了传统购物模式，节约了消费者购物的时间和成本，带来了绿色购物方式；共享经济的发展改变了传统出行方式，给人们出行带来便利的同时，减少了过量使用私家车等产生的大量碳排放问题，实现了绿色生态化生活。

四是突破地域限制。数字经济打破了地域限制，为企业拓展全球市场提供了机会。数字技术发展拓展了分工的广度和深度，在数字技术的支持下，企业可以将不同国家和地区的优势资源整合起来，形成全球化的价值链分工（杨勇，2023）。通过互联网和电子商务平台，企业可以直接接触消费者和供应商，实现跨越国界的业务活动。这种全球化的机会有助于扩大市场规模、增加企业销售额，并为企业提供更多的商业合作。

（二）大湾区数字经济建设成果显著

1. 城市数字化发展态势良好

粤港澳大湾区作为中国经济发展的前沿地区之一，数字经济在其经济结构中扮演着愈加重要的角色。广东省数字经济的增加值规模由 2017 年的 3.7 万亿元上升至 2021 年的 5.9 万亿元，呈现持续增长的趋势。广东省数字经济占 GDP 的比重由 2017 年的 40% 提高到 2021 年的 47.4%。由图 1 可知，2021 年深圳、广州、佛山、东莞的数字经济规模远超全国中位数，说明大湾区城市数字经济发展态势良好。其中，深圳 2021 年数字经济规模高达 14658 亿元，是全国第三大数字经济规模城市，仅次于上海和北京。这是因为大湾区积极推动数字技术的创新和应用，不断培育壮大数字经济产业，在人工智能、大数据、物联网、云计算等领域，涌现了一批具有全球竞争力的龙头企业和创新型初创企业。同时，大湾区注重建设数字基础设施，提升数字化整体水平。通过加快网络建设、提高宽带覆盖率和速度，大湾区为数字经济的发展提供了坚实的基础。

此外，大湾区积极营造良好的政策环境，包括减税降费、优惠融资、设立科技创新基金等，为数字经济企业的发展提供了支持和激励。根据新华三集团的城市数字化发展指数，综合城市数据及信息化基础设施、城市服务、产业融合、城市治理四大指标，可得出中国城市数字经济发展水平。表 1 是 2018~2021 年粤港澳大湾区内地九市数字化发展全国排名，由

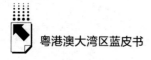

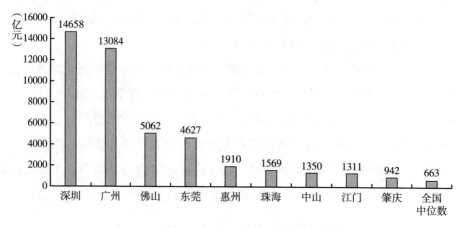

图1　2021年粤港澳大湾区内地九市的数字经济规模及全国中位数

资料来源：新华三集团发布的《中国城市数字经济指数蓝皮书（2021）》。

此可以看出大湾区内地九市的数字化发展走在全国前列，这表明大湾区城市在推动数字化转型、智慧城市建设等方面取得了显著成果。但需要指出的是，江门、肇庆等大湾区西南、西北侧城市的数字化转型水平与其他城市仍存在明显差距。

表1　2018~2021年粤港澳大湾区内地九市数字化发展全国排名

城市	2018年	2019年	2020年	2021年
深圳	2	3	2	2
广州	4	6	6	6
东莞	23	23	19	19
佛山	20	19	15	21
珠海	34	30	31	30
惠州	41	43	46	47
中山	54	49	50	55
江门	47	54	56	60
肇庆	—	—	113	112

资料来源：根据历年新华三集团发布的《中国城市数字经济指数蓝皮书》整理。

2. 数字产业化规模稳步增长

广东省数字产业化规模在 2021 年达到了 1.9 万亿元，占全国数字经济总体规模的 32%。其中，电子信息产业已成为广东省第一大支柱产业，电子信息制造业的营业收入为 4.56 万亿元，占全国的 32.3%。信息传输、软件和信息技术服务业的营业收入为 15107.78 亿元，较 2020 年增长了 18.5%。广东省共有 10 家电子信息制造业企业的营业收入超过 1000 亿元，19 家企业进入了 2021 年中国制造业企业 500 强榜单，24 家企业进入了 2021 年中国电子信息百强企业榜单，33 家企业进入了 2021 年中国电子元件百强企业榜单。

在区块链领域，2021 年中国境内和港澳地区共有 10710 件区块链相关的发明专利申请，其中有 3282 件发生在大湾区，占 31%。深圳是中国区块链发明专利申请量最多的城市，共有 2525 件，分别占大湾区与中国境内和港澳地区申请总量的 77% 和 24%。在全球人工智能最具创新力城市 100 强榜单中，中国的城市共有 19 个，其中大湾区的香港、深圳、广州上榜。

从各城市的发展情况来看，大湾区内地九市的规上电子信息产业产值占广东省总产值的 97%，规上电子信息企业数量占广东省的比重为 95%。2020 年，深圳在规上电子信息企业数量和产业产值方面领先其他城市，企业数量为 3532 家，占广东省的比重为 45%，产业产值为 23600.34 亿元，占广东省的比重为 55%；其次是东莞，有 1836 家规上电子信息企业，产业产值为 9850.44 亿元；惠州位居广东省第三，有 553 家规上电子信息企业，产业产值为 3046.31 亿元。

3. 产业数字化水平全国领先

截至 2021 年，广东省产业数字化增加值规模达到 4 万亿元，占全国数字经济总体规模的 68%，位居全国第一。工业互联网是产业数字化的重要组成部分，工业互联网技术的应用可以实现设备之间的互联互通，实时监测和分析生产数据，并进行优化调整，从而提高生产效率和产品质量。广东省重点培育华为、富士康、树根互联和腾讯等四家企业，将其培育成国家级跨行业跨领域的工业互联网平台，并通过政策支持、示范项目和技术培训等方式，推动企业应用工业互联网技术。其中，华为的 FusionPlant 工业互联网平台已经为超过 10 万家企业用户提供服务，连接设备超过 240 万台（套），覆盖了电子信息制造、化工、钢铁、汽车和装备等多个行业。同时，广东省致力于推动中小企业"上云用云"。云计算技术具有灵活性、可扩展性和成本效益等优势，可以为中小企业提供高效的计算和存储资源，降低互联网技术成本，提升企业的竞争力。广东省通过政策支持、培训和技术服务等措施，引导和推动中小企业将业务数据和应用迁移到云平台，实现了 65 万家中小企业"上云用云"。

产业集聚区建设是产业数字化的重要支撑和推动力量。广东省积极推动大型产业集聚区建设和产业园区提质增效，制定了《关于支持高标准建设承接产业有序转移主平台的实施方案》，并新认定了 19 个特色产业园。截至 2022 年，广东省已经形成了 20 个战略性产业集群，这 20 个战略性产业集群主要聚集在大湾区内地九市。其中，7 个先进制造业集群推动了规上工业增加值的增长，规上工业增加值达到了 3926 亿元，并入选了首批国家先进制造业集群名单。这些集群涵盖了新一代信息通信、超高清视频和智能家电、智能移动终端、智能装备、先进电池材料、高端医疗器械和泛家居等大湾区近年来重点关注的领域。

（三）粤港澳大湾区高质量发展的多维特征与变化态势

1. 宏观层面——趋势稳中向好

本部分从宏观层面探索粤港澳大湾区高质量发展的多维特征与变化态势。参考刘佳等（2021）与凌连新和阳国亮（2020）的指标设定，构建包括增长稳定、发展协调、绿色发展、生活宜居 4 个一级指标，14 个二级指标的粤港澳大湾区城市高质量发展多维度评价指标体系（见表2），并使用熵权法进行综合评价。

表2　粤港澳大湾区城市高质量发展多维度评价指标体系

目标	一级指标	二级指标	指标解释	单位	指标属性
粤港澳大湾区城市高质量发展	增长稳定	人均生产总值	GDP/人口数	元/人	+
		GDP 增长率	GDP 年增长率	%	+
		劳动生产率	GDP/就业人数	元/人	+
		资本形成率	资本形成总额/GDP	%	+
	发展协调	教育支出占比	教育支出/政府支出	%	+
		专利申请量	专利申请量合计	件	+
		金融发展	金融存款/金融贷款	—	+
		产业结构	第三产业比重	%	+
	绿色发展	绿地覆盖率	绿地面积/城区面积	%	+
		人均耗电量	总用电量/人口数	千瓦时/人	−
		环保支出占比	环境支出/政府支出	%	+
	生活宜居	万人医生数	医生总数/人口数	个/万人	+
		人均藏书量	公共图书馆图书总数/人口数	册/人	+
		人口自然增长率	人口出生率−人口死亡率	‰	+

资料来源:《中国城市统计年鉴》、《广东统计年鉴》、《香港统计年刊》和《澳门统计年鉴》。

在对粤港澳大湾区城市高质量发展多维度评价指标的整体和子领域进行评分的基础上，为进一步考察其高质量发展水平的时间动态演进过程，本报告采用高斯核密度估计绘制2011年、2016年和2020年大湾区高质量发展核密度曲线，同时绘制2011~2020年大湾区各城市高质量发展变动趋势曲线，对演进动态进行可视化分析。

由图2可知，核密度曲线从2011年到2016年，再到2020年逐渐右移，表明粤港澳大湾区整体高质量发展水平逐渐上升。曲线主峰形态趋向扁平则说明粤港澳大湾区各城市间高质量发展水平的绝对差距逐渐缩小。曲线右尾处逐渐抬升，表明粤港澳大湾区高质量发展水平在0.5以上的高水平城市数量逐渐增加。而从曲线由单峰向小幅双峰的演变可见，粤港澳大湾区各城市高质量发展的分化态势初显。随着《粤港澳大湾区发展规划纲要》的稳步推进，大湾区整体高质量发展水平明显提高且城市间绝对差距缩小。广深两地高质量发展水平向港澳接近，使得大湾区高质量发展初步呈现港澳广深四个核心区域城市与其余城市之间的分化态势。

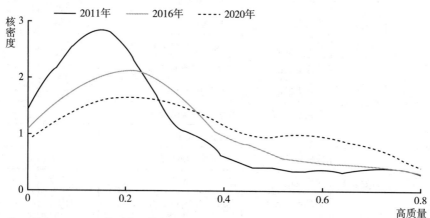

注：采用Epanechnikov核函数，带宽取0.1209。

（a）核密度曲线

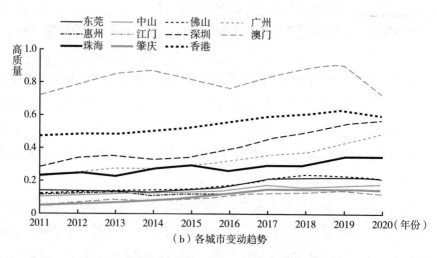

（b）各城市变动趋势

图2　高质量发展核密度曲线及各城市变动趋势

接下来，本报告进一步对粤港澳大湾区各城市高质量发展四大子系统得分情况进行对比分析，以期发现各城市在高质量发展中的优势和短板。

（1）增长稳定性整体向好

高质量发展是经济稳定性增强的发展。在世界经济充满不确定性的复杂局面下，"稳"中求"进"显得尤为重要。由图3可知，粤港澳大湾区增长稳定性整体向好且城市间绝对差距缩小。其中，香港和澳门的增长稳定性整体呈现上升态势，其余城市的增长稳定性整体上升但相较于港澳仍有较大追赶空间。值得指出的是，除经济高度依赖旅游业的澳门外，2020年粤港澳

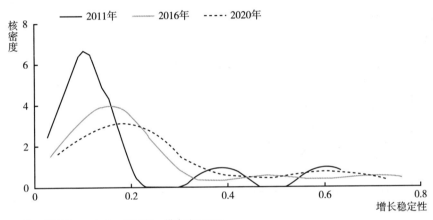

注：采用Epanechnikov核函数，带宽取0.0761。

（a）核密度曲线

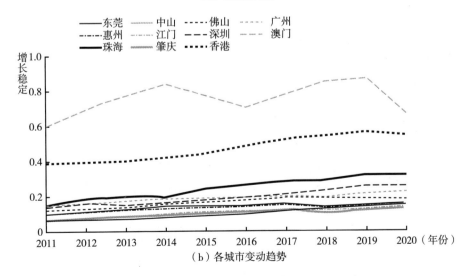

（b）各城市变动趋势

图3　增长稳定性核密度曲线及各城市变动趋势

大湾区其余城市的经济增长稳定性并无明显下降，可见即使在新冠疫情影响和大宗商品价格上涨的冲击下，大湾区经济仍展现出强有力的发展韧性。

（2）发展协调性不断提升

高质量发展是在更广泛的领域上的协调发展。经济体系中实体经济、科技创新、现代服务业等各领域的协调发展是推动经济向更加平衡、全面和可持续方向发展的重要保障。由图4可知，粤港澳大湾区整体发展协调性不断

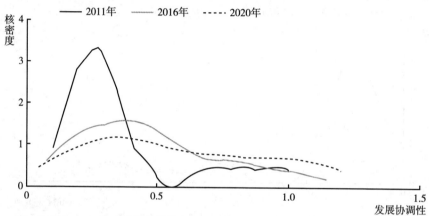

注：采用Epanechnikov核函数，带宽取0.1721。

（a）核密度曲线

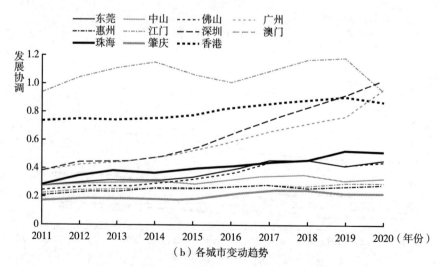

（b）各城市变动趋势

图4　发展协调性核密度曲线及各城市变动趋势

提升且城市间差距有所缩小。另外，2020年深圳和广州的发展协调性超过了澳门和香港，成为大湾区协调发展的"领头羊"，可见两市在科技创新和产业协调发展领域取得了显著进步。

（3）绿色发展水平有待提高

绿色是高质量发展的鲜明底色。践行"绿水青山就是金山银山"的理念，协同推进生态环境保护和经济社会发展，才能实现人与自然和谐共生、满足人民日益增长的优美生态环境需要。由图5可知，在绿色发展领域，粤

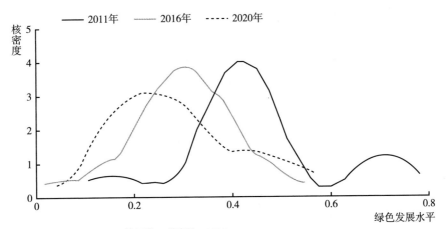

注：采用Epanechnikov核函数，带宽取0.0685。

（a）核密度曲线

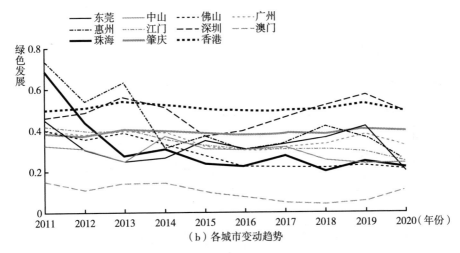

（b）各城市变动趋势

图5　绿色发展水平核密度曲线及各城市变动趋势曲线

港澳大湾区整体表现欠佳，可能是因为大湾区城市化进程的深度推进在一定程度上挤压了区域内自然环境的发展空间。但其中，肇庆的绿色发展水平长期处于相对领先地位，这体现在其在环境保护和污染防治领域的扎实推进，肇庆成为"绿色崛起"的"湾区新秀"。

（4）生活宜居程度稳中有升

增进民生福祉是高质量发展的根本目的。要想坚持发展为了人民、发展依靠人民、发展成果由人民共享，就要提升区域居民的生活宜居程度。由图6可

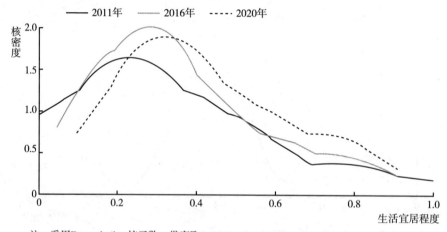

注：采用Epanechnikov核函数，带宽取0.1134。

（a）核密度曲线

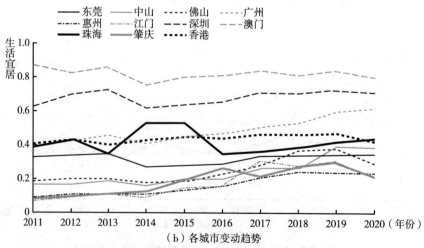

（b）各城市变动趋势

图6　生活宜居程度核密度曲线及各城市变动趋势

知，粤港澳大湾区生活宜居程度稳中有升，且城市间差距一直较小，体现出大湾区各城市对"发展为了人民"理念的长期普遍践行。其中，珠海整体稳定处于生活宜居程度的相对高位区，可见珠海"三旧"改造、教育资源提质扩容以及西部医疗卫生水平提升等民生举措都切实提高了珠海人民的生活幸福感。

2. 产业层面——结构全面优化

粤港澳大湾区作为我国经济合作示范区，具有巨大的发展优势与潜力，其产业布局趋向合理，产业结构不断朝高级化方向发展。在产业布局与产业结构的双重调整策略下，粤港澳大湾区能够在制造业、电子信息产业等领域取得更好的发展，实现经济的持续稳定增长。

（1）产业布局趋向合理

大湾区内地九市在改革开放后，成功利用港澳区位优势，率先发展了"三来一补"加工贸易模式，利用较低的土地和劳动力成本，成为全球产业分工体系的一部分。随着经济不断发展，2008年广东省实施了《中共广东省委　广东省人民政府关于推进产业转移和劳动力转移的决定》，将低端产业逐步转移到其他地区。由图7可知，广东省第二产业就业人员的比重从2009年的40.3%降到2019年的36.1%，对经济的贡献率从2009年的48.7%降到2019年的30.4%。而第三产业就业人员的比重逐年增加，从2009年的33.1%增长到2019年的52.2%，对经济的贡献率由2009年的48.8%增长到2019年的67.2%。由表3可知，香港的第二产业占比整体呈下降趋势，第三产业占比整体呈上升趋势，而澳门的第二产业占比在从2018年的4.2%升至2020年的8.7%后，2021年小幅回落至7.7%。这些变化反映了大湾区从制造业向以服务业为主导的经济结构转型的趋势。

2021年，广东省第二产业就业人员的比重升至36.3%，第二产业对经济的贡献率升至43%。这是因为发达国家实行再工业化政策，推动了制造业的回流和升级。在这一背景下，广东省积极提升第二产业占比，以适应国际产业格局的调整和变化。从大湾区内部产业布局来看，珠三角地区的东莞、惠州、肇庆和江门在承接深圳产业转移资源方面取得了较好的成绩。2022年，深圳的第二产业占当地GDP的38.3%、广州占27.4%、佛山占

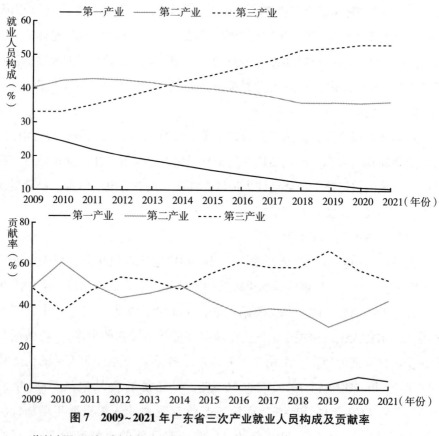

图 7　2009~2021 年广东省三次产业就业人员构成及贡献率

资料来源：历年《广东统计年鉴》。

56.1%、东莞占 58.2%、中山占 49.4%、惠州占 55.9%、江门占 45.7%、珠海占 44.7%、肇庆占 41.7%。尽管深圳的第二产业占比较低，但深圳的第二产业增加值达到 1.24 万亿元，是整个大湾区中最高的。

表 3　2013~2021 年香港、澳门三次产业占比

单位：%

年份	香港			澳门	
	第一产业	第二产业	第三产业	第二产业	第三产业
2013	0.06	7.1	92.9	3.7	96.3
2014	0.07	7.2	92.7	5.1	94.9

续表

年份	香港			澳门	
	第一产业	第二产业	第三产业	第二产业	第三产业
2015	0.07	7.3	92.7	7.7	92.3
2016	0.08	7.7	92.2	6.7	93.3
2017	0.07	7.5	92.4	5.1	94.9
2018	0.07	6.8	93.2	4.2	95.8
2019	0.08	6.5	93.4	4.3	95.7
2020	0.10	6.4	93.4	8.7	91.3
2021	0.08	6.3	93.6	7.7	92.3

资料来源：香港特别行政区政府统计处网站、澳门特别行政区政府统计暨普查局网站。

（2）产业结构持续优化

经过多年的发展，数字经济驱动大湾区逐渐减少传统低端产业，增加高技术、高附加值的产业。数字经济通过技术创新、拓宽市场和跨境合作等途径，加快产业结构的升级和优化。本报告参照付凌晖（2010）的计算方法，利用大湾区内地九市三次产业结构的数据，计算出不同时期大湾区产业高级化值。由图8可以看出，2006~2019年大湾区内地九市的产业高级化水平整体提升。这是因为数字经济为大湾区的产业高级化提供了技术支持和发展动力，促进了产业的升级和创新，提高了经济增长的质量和效益。

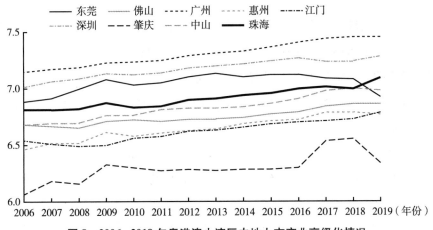

图8　2006~2019年粤港澳大湾区内地九市产业高级化情况

由表4可知，大湾区内传统高耗能的石化企业排名有所下降，计算机、通信和其他电子设备制造业成为大湾区最具代表性的产业。这是因为大湾区内的产业高级化与数字经济相结合，推动了传统高耗能产业向清洁和环保方向转型，促进了电子信息产业的发展，实现了产业的升级和可持续发展。

表4　珠三角工业总产值排名前十的企业

排名	2001 年		2011 年		2021 年	
	企业名称	领域	企业名称	领域	企业名称	领域
1	华为技术	电子	广东电网	电力	华为技术	电子
2	中海石油深圳	石化	深圳富泰华	电子	广东电网	电力
3	美的集团	家电	华为技术	电子	美的集团	家电
4	中石化广州	石化	美的集团	家电	华为终端	电子
5	中兴通讯	电子	中兴通讯	电子	中兴通讯	电子
6	广州本田	汽车	东风日产	汽车	东风日产	汽车
7	东莞诺基亚	电子	深圳鸿富锦	电子	深圳富泰华	电子
8	长城国际	电子	中石化广州	石化	广汽丰田	汽车
9	珠海格力	家电	中海石油惠州炼油	石化	广汽本田	汽车
10	鑫茂深圳	电子	珠海格力	家电	OPPO	电子

资料来源：《广东年鉴》、《广东统计年鉴》、粤开证券研究院网站。

粤港澳大湾区作为中国经济重要的增长极和国际化合作平台，拥有众多具有国际竞争影响力的企业。区域内企业在全球价值链中扮演着重要角色，拥有较高的品牌影响力和产品竞争力。企业致力于创新发展，加大研发投入，推动科技成果的应用，为粤港澳大湾区的经济发展和国际竞争力的提升做出了积极的贡献。

本报告在借鉴鲁晓东和连玉君（2012）研究的基础上，利用 LP 法对粤港澳大湾区企业全要素生产率进行测算，通过测算结果可以看出粤港澳大湾区企业全要素生产率水平整体呈上升趋势。由图9可知，粤港澳大湾区内地九市企业 2021 年的全要素生产率均值相较于 2012 年均有所上升，说明粤港澳大湾区内地九市企业长期致力于发展，在产值提升、企业转型、企业创新等方面做出了巨大的努力，为粤港澳大湾区经济高质量发展奠定基础。

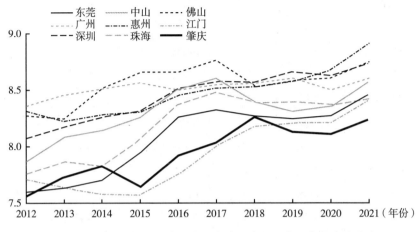

图9　2012~2021年粤港澳大湾区内地九市企业全要素生产率均值

3. 企业层面——竞争力逐渐增强

（1）企业地理位置优越

粤港澳大湾区集聚了众多优质企业，企业涵盖各个行业及产业链的不同环节，在全球价值链中扮演着重要的角色。在2022年《财富》世界500强榜单中，大湾区有24家企业入围，入围企业总部主要集中于深圳、广州、香港，主要涉及制造业、电子信息、互联网及通信、基础建设、金融、生物医药等行业（见表5）。粤港澳大湾区可以充分整合、利用内部企业的优势资源、技术、人才，带动大湾区产业转型，进一步提升企业的国际竞争力。例如，深圳作为全球知名高科技制造业中心，吸引了众多跨国公司的技术研发及制造投资，成为全球产品供应链中的重要一环；香港作为国际金融中心及贸易枢纽，拥有成熟的金融体系及优越的地理位置，吸引了大量国际企业在此设立总部及办事机构，为大湾区企业的金融投资奠定了一定的基础，也为大湾区企业与国际知名企业的贸易往来提供了一定的条件。

表5 2022年《财富》世界500强粤港澳大湾区上榜企业名单

企业名称	总部位置	排名	企业名称	总部位置	排名
中国平安保险	深圳	25	美的集团	佛山	245
华润	香港	70	友邦保险	香港	288
正威国际	深圳	76	中国电子	深圳	324
南方电网	广州	89	中国太平保险	香港	334
华为投资	深圳	96	广州建筑	广州	360
腾讯	深圳	121	深控股	深圳	372
碧桂园	佛山	138	长江和记实业	香港	393
招商局集团	香港	152	怡和集团	香港	397
联想集团	香港	171	比亚迪	深圳	436
招商银行	深圳	174	顺丰	深圳	441
万科	深圳	178	广药集团	广州	467
广汽	广州	186	珠海格力	珠海	487

资料来源：《财富》杂志网站。

（2）企业品牌知名度较高

随着全球一体化的深入发展，粤港澳大湾区的众多企业不断开拓海外市场，已在国际市场上拥有一定的品牌影响力。从表6可以看出，企业品牌价值排名前十的城市中有4座城市位于粤港澳大湾区，分别是深圳、香港、佛山、广州，这说明了粤港澳大湾区的企业在市场中极具影响力。例如，全球知名品牌华为在通信、5G技术领域拥有领先技术，在国际市场拥有广泛的客户群体；大疆因拥有无人机领域的专利技术而在国际市场拥有较高的知名度。除了这些大型企业，粤港澳大湾区还有一些初创企业在不断地进行技术研发与改进，凭借独特的产品技术及商业模式，在国际市场占有一席之地，成为大湾区企业的新兴力量，为大湾区产品走向海外奠定基础。

表6 "2023 中国上市公司品牌价值城市榜" 合计品牌价值 TOP10

单位：亿元

城市	上榜企业品牌价值合计
北京	79137.12
深圳	37953.00
上海	25429.57
杭州	22729.85
香港	12944.99
佛山	5812.40
广州	5811.66
仁怀	5297.72
天津	3711.37
青岛	3485.10

资料来源：2023 中国上市公司品牌价值总榜 TOP3000。

（3）产品竞争能力较强

粤港澳大湾区企业在产品竞争力方面表现出色，区域内涌现大批具有核心技术及自主知识产权的企业，例如华为、OPPO、vivo、大疆、广汽埃安，推出的产品涵盖消费电子、机器人、新能源汽车等方面，深受海内外广大消费者的喜爱。此外，粤港澳大湾区企业注重产品的多样化及差异化生产。随着当前社会人工智能、生物技术、新能源产业的蓬勃发展，区域内企业更加注重创新，从而提升产品的竞争力及附加价值。

（4）产品创新动力充足

粤港澳大湾区企业在产品创新动力方面处于全国领先地位，政府与企业共同致力于创新型平台的建设，建立国家级企业技术中心，鼓励企业加大研发投入，推动科研成果的转化。截至 2022 年 9 月，粤港澳大湾区内地九市已拥有 87 家国家级企业技术中心，累计培育 996 家省级企业技术中心，实现了科研成果的加速转化，促进了科研成果在产业链中的快速应用。同时，粤港澳大湾区企业不仅加强与企业间的合作交流，也致力于同高校、研究院所建立合作关系，协助高校加快科研成果的转化与落地，例如广州市聚赛龙工程

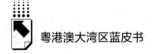

塑料股份有限公司通过与香港科技大学专家团队的合作，解决了碳纤维增强热塑性材料产业化关键问题，使产量提升了 30%；广州紫川电子科技有限公司与香港理工大学合作，打造了一套智能无人值守系统，为综合地下管廊巡护及报警提供解决方案。

二　数字经济驱动大湾区高质量发展的内在机制

（一）赋能宏观整体新动能

打造高质量发展典范是粤港澳大湾区建设的长远战略目标，在大湾区经济"质的有效提升"和"量的合理增长"统筹推进的过程中，数字经济发挥着重要的驱动引擎作用。以大数据、云计算、人工智能、区块链等数字技术为支撑的数字经济具有高创新性、强渗透性和广覆盖面，能通过培育经济增长新动能、打破要素流通壁垒、提升环境监管能力和推动智慧城市建设，赋能粤港澳大湾区高质量发展。

数字经济驱动大湾区宏观层面高质量发展的内在核心逻辑主要体现在以下四个方面。在增长稳定性方面，数字经济有助于培育增长新动能。数字经济以数据要素为核心引擎、以数字技术为物质技术基础。数据具有低边际成本、可复制、无损耗等优良特性，能打破传统生产要素的稀缺性和排他性限制。当数据作为新的生产要素被纳入生产函数后，传统生产要素的边际报酬增长速率得以提高，生产要素体系的优化重构对经济增长产生了放大、叠加和倍增效果。除了数据要素能提高生产效率外，数字技术的应用也能提升全要素生产率。数字技术的应用广泛、持续改进和激励创新等特点，能产生扩散和溢出效应，提升数字技术使用部门的生产效率，提升全要素生产率（荆文君和孙宝文，2019）。数字经济驱动的生产效率和全要素生产率的提高，能为粤港澳大湾区经济稳定增长注入强劲新动能。

在发展协调性方面，数字经济有助于打破要素流通壁垒。数字技术具有跨时空关联性，能以低成本和多样化的形式建立新的经济连接。数字技术推动的线上和线下、虚拟与现实的高度融合，能打破过去要素和资源流通因市场壁垒、行政壁垒和时空限制形成的局面。疫情防控下，数字技术对物质、资金和信息正常流动的保障是这一数字技术的典型应用。此外，扁平化和去中心化的数字平台及其生态系统则能打破组织边界，使得不同组织间得以高效共享数据和程序（刘洋等，2020），组织间边界的模糊能降低交易成本和加速信息的传播，进一步使信息不对称的状况得到缓解，从而增强要素流通过程的透明化和协同化。可见，数字经济驱动的要素和资源更快的周转速度和更广泛的覆盖范围，使得区域的要素和资源禀赋潜能得以充分释放、组织间的分工协作能力和供需匹配效率不断提升，推动粤港澳大湾区各城市、各社会经济领域之间的协调发展。

在绿色发展性方面，数字经济能提升政府的环境监管能力。"三废"排放等环境污染行为具有负外部性，是政府监管和治理的范畴。当前，政府监管组织体系不完善、监管资源配置不足、割裂式监管问题突出等（国家发展改革委经济研究所课题组，2019），导致政府的环境监管能力滞后于日趋复杂的生态环境问题。数字经济能通过改进监测技术和拓宽监督渠道提升政府对环境的监管能力。一方面，遥感技术、云计算、大数据等数字技术在环境监管领域的应用能助力政府实现对空气质量、水文状况、污染排放等的实时动态监测，得到的监测数据能为环保政策和城市建设规划的制定等政府绿色发展决策提供科学的数据支持（邓荣荣和张翱祥，2022）。另一方面，数字技术的发展能助推各行业信息的公开，环境信息可得性的极大提升能创造政府、公众、社会多方监督的环境监管新模式，监督渠道的拓宽极大提高了政府的环境监管能力（魏丽莉和侯宇琦，2022）。数字经济对政府监管方式的深刻改变，能有力推动粤港澳大湾区的绿色发展。

在生活宜居性方面，数字经济能提升城市智慧化水平。智慧城市是20世纪90年代提出的"数字城市"概念在当下新一代数字技术支撑下的进一步发展，它具有基于物联网实现虚拟和现实间的进一步贯通、通过大数据和云计算提供更为强大的计算分析能力、使用普适计算实现更广泛分布的城市服务的突出特征（夏昊翔和王众托，2017）。智慧城市作为城市数字化建设的高级阶段，能通过广泛渗透的数字科技为城市多元主体提供均等化和多样化的服务，极大缓解了传统线下服务形式效率较低和服务范围有限的状况。此外，智慧城市还能依托数字平台推动包括公众在内的多元主体参与城市治理，促进城市治理与公共服务的供需匹配，实现对城市服务的有效监督。可见，数字科技驱动的城市智慧化建设能推动社会服务的智能化、多元化和泛在化，提升区域间公共服务的均等化水平和联通合作的便利程度，切实增强粤港澳大湾区人民生活的获得感和幸福感。

（二）激发大湾区产业链潜能

数字经济在推动粤港澳大湾区产业层面高质量发展中发挥了重要作用。作为区域合作示范区，大湾区拥有广泛的产业基础与创新优势，平台经济助力产业组织跨界融合，数字技术支撑产业链安全，协同助力大湾区产业结构的转型升级。

在产业创新模式方面，传统的产业创新主要是在产业链的范围内进行创新合作和产学研协同创新，但由于知识独占性和技术垄断性，创新合作和知识共享成本较高，抑制了产业创新的效果（荆文君和孙宝文，2019）。大企业基于规模和资源优势还会挤占中小企业的创新空间，阻碍或延缓了颠覆性创新的出现。在数字经济的推动下，产业创新网络和边界发生了变化。首先，数字技术带来了开放式创新和包容性创新，重塑了产业开放式创新网络（赵涛等，2020；杨勇，2023）。各种创新主体可以通过数字技术实现即时连接和互动，产业链上下游企业之间的创新合作将被重新定义，逐步过渡到基于数字技术驱动的产业创新生态系统（任保平，2020）。在这个生态系统中，创新主体可以最大限度地集聚，包括虚拟和线上线下的协同。各类创新主体和知识主体可以以更低的交易成本进行创新合作，降低知识吸收、捕获、共享和整合的成本，形成数字技术驱动的产业创新共同体。其次，在数字经济环境下，产业间跨界融合的速度得到了前所未有的加快，传统的第一产业、第二产业和第三产业的边界被打破。在数字经济环境下，制造业服务化越来越明显，服务主导逻辑取代了传统的产品主导逻辑，生产模式从大规模流水线和小规模定制转向大规模定制和服务化定制（江小涓和靳景，2022）。最后，在数字经济环境下，用户驱动的产业创新已经成为新常态。传统的用户创新理论强调领先型用户的力量，他们在产品设计和标准制定中起着重要作用，引领产业创新中的产品和服务标准的迭代。在数字经济环境下，无论是领先型用户还是非领先型用户，都可以参与研发设计、生产制造和服务销售等各个创新环节。以东莞怡合达企业为例，它成功实现了从传统制造业向服务型制造业的转型。东莞怡合达企业通过升级标准设定、管理供应链以及平台化运营创新，更好地满足客户的个性化需求。企业通过提供高质量产品和精确的交付时间，提升用户的体验感和满意度，在 2022 年成功实现利润总额同比增长 24.69%，并入选国家级服务型制造示范名单。

在产业组织调整方面，数字平台企业成为产业组织的核心。数字平台企业通过构建交易和互动平台，吸引和连接双边用户以及其他互补参与者，共同进行价值创造和增值分享（王世强，2022）。这些平台企业基于双边市场的特性，利用同边网络效应和跨边网络效应参与市场竞争（肖红军和李平，2019）。传统的生产者和消费者角色在平台主导的产业组织中被重新定义，产业链上下游企业之间的边界被打破，形成了产业平台组织下的跨产业链融合和跨生态位协同的产业生态链群。在平台组织模式下，不同产业组织可以依托平台作为价值牵引中心，在跨生态位上展开协同创新。通过共享数据、资源和技术，各产业组织可以实现跨界合作，催生新的技术、业态和模式。这种跨生态位的协同创新能力有助于重塑整个产业的创新能力和协同耦合能力（荆文君和孙宝文，2019）。此外，平台经济更注重用户需求和体验，通过大数据和人工智能等技术实现个性化服务和精细化管理。平台组织还倡导开放创新和共享经济，鼓励多方参与和合作，推动创新资源的集聚和优化配置。

在产业链安全方面，数字经济推动和催生了各种数字智能技术的发展和应用，如人工智能、大数据分析等。产业链内的核心企业可以利用这些技术来获取和预测风险信息，对产业链上下游或关联产业的创新动态进行可视化解构，实现各类创新主体的互联互通（杨勇，2023）。利用数字技术，企业可以快速获取和传递风险信息、技术信息等，从而更好地应对不确定性事件。信息共享能力的增强有助于提升整个产业链的风险应对能力。数字经济推动了产业链内企业之间的协同创新和开放式创新（阳镇，2023）。通过线上线下协同，企业能够共同进行创新实践，共享创新成果，并形成面向整个产业链安全的集体行动，这种协同创新和开放式创新有助于构建强大的产业链安全支撑体系。这将提高产业链的柔性程度，使核心企业能够在遭遇外部不确定性事件时快速重新建链和组链（张鹏杨等，2023）。因此，在数字经济驱动下，产业链内的企业通过数字化协同创新和信息共享，可以更快速地进行跨界重组和资源的重新配置，打破信息孤岛和数据孤岛，从而提高产业链的抗风险能力。

（三）提高企业经营效率

数字经济作为经济发展中最具活力的形态，为粤港澳大湾区企业发展提供了诸多机遇。创新发展数字经济，提升企业生产管理效率，减少企业融资约束，助力企业数字化转型，已逐渐成为企业高质量发展的重点。

数字经济驱动大湾区企业层面高质量发展的内在核心逻辑主要体现在以下三个方面。在企业创新效率方面，随着数字经济推动企业转型发展，企业的生产经营越来越依赖数字技术。数字技术主要是通过制造新产品、利用新方法、融入全球价值链助力企业创新，实现数字化转型。从制造新产品的角度来看，基于当前数字化、智能化生产设备，依托物联网、大数据、云平台等技术的支持，企业生产效率更高，生产的产品更具差异化。数字技术与实体产业的深度融合，一方面能够助力企业实现资源优化配置，使生产方式更加便捷有效，模糊产业与产业间的界限（王定祥等，2023），提高产品生产效率与生产质量。另一方面，企业数字化水平的提高有利于提升产品的研发成功率，在产品差异化竞争的时代，能够提升企业自身的竞争力。从利用新方法的角度来看，企业运用数字技术，能够通过收集消费者的消费数据，了解客户喜好，对消费者需求进行精准捕捉与分析（肖静和曾萍，2022），将消费者需求纳入新产品的研发及生产环节，增强客户黏性的同时催生产品差异化定制等新型生产模式（余妙志和方艺筱，2022），企业数字化转型使得原来"生产端—消费端"的生产模式转变为"消费端—生产端"的生产模式。从融入全球价值链的角度来看，数字经济为粤港澳大湾区企业融入全球价值链中高端提供了机遇。由于全球价值链分工受到地理位置、制度等影响，企业生产、搜寻、交易等成本增加，而数字经济背景下的数据信息化、透明化能够为企业节省研发生产及运输服务过程中的显性与隐性成本（张艳萍等，2022）。数字经济催生的众多数字贸易平台如跨境电商平台，能够促进不同国家和地区间企业的贸易往来，也能够促使粤港澳大湾区企业更好地融入全球价值链分工体系。由于数字平台效应的存在，企业能通过平台获得更多的消费者剩余（阳镇，2023），因此为积极融入全球价值链中高端，企业会利用数字经济实现企业创新与转型。

在企业管理效率方面，随着社会的快速发展，传统的企业管理模式缺乏数据治理能力、管理思维延迟、管理技术落后，已经难以满足当前企业发展的需求，要在企业管理层面进行数字化转型，顺应社会发展。首先，数字技术能够帮助企业管理者在短时间内以较低的成本获取企业内外部的资源情况，相较于传统管理模式增强了资源的流动性，能够快速识别对于企业发展的有利信息，同时能够根据社会发展的变化，对企业内部资源进行快速的合理配置以适应消费者的不同需求变化，从而获得更大的市场规模；其次，粤港澳大湾区拥有较多制造业加工企业，这些企业仍然需要依靠大量劳动力进行生产经营，但是近年来工厂"用工难""用工荒"的问题频出，极大影响了企业的生产效率，导致大批工厂选择外迁至越南、缅甸等东南亚国家，企业利用人工智能进行生产经营不仅可以减少劳动力的使用数量，而且能够保证产品生产的质量，提升产品生产效率，帮助企业留住顾客群体的同时增加企业自身的利润；最后，数字化技术能够优化企业管理流程，企业传统的计划、决策、审核、执行、反馈等多环节管理流程易形成部门间沟通交流的壁垒，数字化技术则打破了这个壁垒，改变了传统的管理流程，能够将上级信息直接传递给各个层级，提高了企业的工作效率，实现了企业的扁平化管理。

在企业融资效率方面，数字技术能够利用互联网、大数据、区块链等技术实现传统金融业的数字化升级，实现企业、政府、金融机构间的互联互通，发挥数字技术的数据审核能力，提高企业融资效率，增强金融机构融资的抗风险能力。中小企业的资金需求多、融资约束大、抗风险能力弱，且中小企业的发展大多依赖于自有资金及其销售利润，中小企业要想扩大发展规模，往往需要更多外部资金的支持。然而在融资过程中，金融机构更倾向于选择大型企业，认为中小企业资金规模小、经营周期短、抗风险能力弱，因此会提高中小企业的贷款门槛、降低中小企业的贷款额度，使得中小企业贷款难度高。金融数字化的发展，一方面能够减少信息不对称，数字技术的发展便于金融机构快速、准确地评估中小企业的生产经营状况，从而确定对于中小企业的授信等级以及对应的贷款方案，大大减少了金融机构贷款风险，降低了中小企业贷款不良率；另一方面能够提高融资效率，当前智能化设备与无纸化办公的普及能够实现企业与金融机构的网络对接，企业能够在足不出户的情况下使用金融机构提供的网络链接或 App 进行网上操作，简化了面对面的融资流程，提高了融资效率，企业与金融机构也因此减少了融资的成本。

　　数字经济驱动粤港澳大湾区高质量发展的框架如图 10 所示。

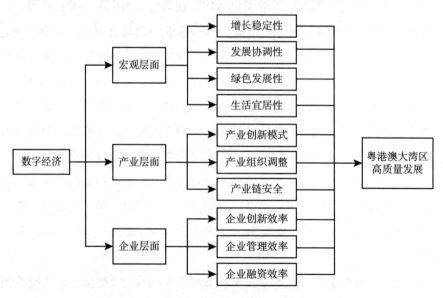

图 10　数字经济驱动粤港澳大湾区高质量发展的框架

三 数字经济驱动大湾区高质量发展的现实表征

（一）数字经济驱动大湾区宏观层面高质量发展的具体表现

1. 数字基础设施助力数据跨境高效流通，推动大湾区智慧城市群建设

2019 年，中共中央、国务院公布的《粤港澳大湾区发展规划纲要》中提出了大湾区智慧城市群建设的规划，并明确指出智慧交通、智慧能源、智慧市政、智慧社区四个维度的建设方向，以及促进公共应用平台互通、电子签名证书互认和电子支付系统互联互通的大湾区协同发展目标。智慧城市群的建设以新一代数字技术为物质基础、以城市市政设施和服务的数字化与智能化应用为表现，对城市 5G 基站、数据中心、物联网、工业互联网等数字基础设施的建设水平和覆盖程度有较高的要求。近年来，粤港澳大湾区以5G 基站建设为代表的数字基建已取得阶段性成果。2021 年，广东省 5G 基站建成数量 17.1 万个，规模居全国第一。① 其中，粤港澳大湾区内地九市5G 基站建成数量 14.6 万个，占广东省建成数量的八成以上。大湾区内地九市中，广州、深圳两市争创 5G 示范城市，5G 基站建成数量居前列（见图11）。早在 2020 年，深圳就已成为全国首个 5G 独立组网全覆盖城市，2021年，广州则实现了 5G 网络中心城区和重要区域全覆盖。基于数字技术的智慧交通等传统基础设施的智能化升级，极大提高了大湾区互联互通水平。例如，在 5G 网络和大数据等数字新基建加持下，港珠澳大桥正逐渐开展高清人脸识别、无人驾驶、交通运行数据实时监测的智能化运维平台构建项目，并取得阶段性成果，港珠澳大桥通关效率大幅提升。② "数字化大桥"建设使得粤港澳三地人流、车流和物流沟通更加便利。

除 5G 基站外，区块链基础设施的发展也在大湾区智慧城市群建设中发挥

---

① 张露：《广东 5G 基站规模居全国第一》，《广州日报》2022 年 5 月 18 日，第 A12 版。
② 《一桥越沧海——超级工程港珠澳大桥谱写"湾区新篇"》，光明网，2021 年 4 月 17 日，https://politics.gmw.cn/2021-04/17/content_ 34771487. htm。

着重要作用。区块链基础设施的分布式账本技术能为社会经济活动提供基础性的信任能力，同时开放共享机制使其能向各社会主体提供公共普惠性的直连交易服务，进而提升城市内各主体的协作效率，畅通区域经济循环。① 当前，粤港澳大湾区区块链基础设施的发展态势良好，在区块链创新和应用领域已取得丰硕成果。区块链创新方面，2021 年，粤港澳大湾区区块链相关的发明专利申请数量为 3282 件，占中国境内和港澳地区申请总量的 31%；区块链企业方面，截至 2021 年，广州和深圳区块链相关的企业数量高达 39643 家，占全国总数的 33%。② 依托区块链基础设施，粤港澳大湾区正推进"粤港澳大湾区港口物流及贸易便利化区块链平台项目"③，落地完成了澳门智慧城市"证书电子化"项目以及"粤康码"与"澳门健康码"跨境互认系统，推动粤港澳大湾区的跨境贸易和人员在数据实现安全、可信传输基础上进行高效联通。

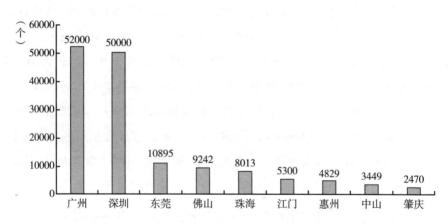

图 11　2021 年粤港澳大湾区各城市 5G 基站建成数量

注：鉴于数据可得性，佛山和中山为 2020 年数据，香港和澳门情况未予展示。
资料来源：根据各城市政府网站公布数据制作。

---

① 《区块链基础设施研究报告（2021）》，中国信息通信研究院，2021 年 7 月 21 日，http://www.caict.ac.cn/kxyj/qwfb/ztbg/202107/t20210726_ 381147.htm。
② 《数"链"大湾区——区块链助力粤港澳大湾区一体化发展报告（2022）》，中国（深圳）综合开发研究院，2022 年 7 月 21 日。
③ 《区块链技术提升跨境贸易便利化　平安携手招商局共建大湾区智慧港口》，投资者网，2020 年 11 月 10 日，http://mp.cnfol.com/26056/article/1604947509-139506602.html。

2. 数字技术便利科研协同合作，推动大湾区国际科技创新中心建设

《粤港澳大湾区发展规划纲要》指出，大湾区的战略定位为"具有全球影响力的国际科技创新中心"。长期以来，粤港澳大湾区都是全国的创新高地，汇聚了一批高水平科研机构、高校以及具有国际竞争优势的高新技术企业，坐拥立足粤港澳、面向世界的大规模市场，具有建设国际科技创新中心得天独厚的优势，创新成果突出。2022 年，粤港澳大湾区内地九市发明专利授权数量合计 11.1 万件，占广东省发明专利授权总量的 97%、全国发明专利授权总量的 14%。2022 年粤港澳大湾区各城市发明专利授权数量如图 12 所示。此外，深圳市 PCT 国际专利申请量连续 18 年居全国城市首位，国际创新成果领跑全国。[①] 数字技术创新是粤港澳大湾区技术创新成果中发展最快、贡献最大的领域。2017~2021 年，粤港澳大湾区发明专利公开总量居全球四大湾区首位，而在大湾区发明专利公开总量的前 10 类专利中，前 6 类都是数字技术创新，包括电数字数据处理、数字信息的传输、无线通信网络等。[②] 可见，数字技术创新本身已成为粤港澳大湾区国际科技创新中心建设的核心竞争力的关键组成部分。

此外，数字技术在科研领域的应用也能助力粤港澳大湾区国际科技创新中心的建设。尽管粤港澳大湾区汇聚了大量科研机构和创新企业，但大湾区各城市在经济制度、法律体系、行政体制和社会管理模式上的差异使科研力量分布碎片化，粤港澳大湾区急需一个高效、便捷且可信的创新平台作为科研创新资源的连接纽带。因此，粤港澳大湾区科研科创数算协同创新平台应运而生，是由下一代互联网国家工程中心粤港澳大湾区创新中心、香港科技大学（广州）工业信息与智能研究所等 6 家科研机构共同打造的"立足湾区、协同港澳、面向世界的创新平台"[③]。其将利用 IPv6 在数据流通管理中

---

① 《深圳 PCT 国际专利申请量十八连冠》，《深圳特区报》2022 年 4 月 27 日，第 A03 版。
② 《粤港澳大湾区协同创新发展报告（2022）》，广州日报数据和数字化研究院，2023 年 3 月 17 日。
③ 《粤港澳大湾区科研科创数算协同创新平台在穗启动》，中国新闻网，2023 年 7 月 7 日，http://www.chinanews.com.cn/cj/2023/07-07/10038864.shtml。

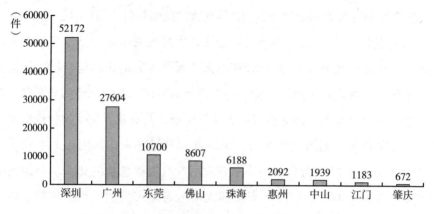

图12　2022年粤港澳大湾区各城市发明专利授权数量

注：鉴于数据可得性，香港和澳门情况未予展示。
资料来源：根据广东省市场监督管理局（知识产权局）公布的数据制作。

的优势，推动跨域跨层的科研科创数据共享流通、可信管理和算力调度，推动实现大湾区一众高校、实验室、企业等科技创新主体的协同创新。除创新平台外，超算中心的应用也为科研创新提供了关键支撑。如粤港澳大湾区科研科创数算协同创新平台采用"点对点"跨境光纤网络专线，直接连通内地与港澳的计算和数据处理平台，为两地科研发展和创新成果转化提供重要的算力支持。①

3. 数字经济推动城市优势互补，促进大湾区内部区域协调发展

根据前文分析，粤港澳大湾区高质量发展初步呈现香港、澳门、广州、深圳四个核心区域城市与其余城市之间的分化态势，尤其是处于边缘区域的惠州、中山、江门和肇庆，高质量发展子系统的得分低于核心区域城市，这显示出大湾区内部区域发展协调性不足。数字经济可以通过"做大蛋糕"和"分好蛋糕"提升经济增长均衡性。一方面，数字经济直接为大湾区边缘区域城市注入了发展新动能。如2020年以来，粤港澳大湾区（惠州）数据产业园在惠州市惠东县的建设，初期签约投资总额超255亿元，投产后预

---

① 《广东加快建设辐射粤港澳大湾区的区域创新体系》，南方网，2023年1月9日，https：//news. southcn. com/node_ 54a44f01a2/684c19a53e. shtml。

计年新增营业收入可达 112 亿元，年新增税收可达 8.54 亿元，极大拉动了当地的经济增长。[①] 此外，2019 年以来肇庆陆续引入投资超 100 亿元的京东云华南运营中心以及投资超 50 亿元的优世联合智慧云谷项目，以数字经济项目建设和运营带动经济新发展。

另一方面，工业互联网和智能制造等数字领域技术的应用，使得市场信息和生产数据得以通过信息化手段在网络空间实现跨地域的低成本、高效率流动。"远程研发+异地中试+异地生产+异地操作"等跨区域合作模式成为可能，产生了"总部+基地""集成+模块""龙头+配套""孵化+产业化"等类型的共建模式（朱一中等，2023）。可见，数字技术能推动跨区域产业合作，实现粤港澳大湾区城市间优势互补、错位发展。例如，2023 年，江门依托其良好的交通条件、土地资源优势以及扎实的制造业基础建设承接产业有序转移主平台，吸引了隆基绿能（总部西安）、联塑班皓（总部佛山）、信义玻璃（总部香港）、创维显示（总部深圳）、海亮铜业（总部杭州）等一批行业龙头企业落户建设生产基地，推动江门产业转移"中央工厂"崛起。[②] 数字技术赋能"总部+基地"的共建模式助力边缘区域城市吸纳产业转移，充分释放了区域比较优势，通过"分好蛋糕"拉动大湾区内部区域协调发展。

（二）数字经济驱动大湾区产业层面高质量发展的具体表现

1. 数字平台打破产业链壁垒，提升大湾区产业韧性

产业链韧性是指一个产业链在遭受内外部冲击时，能够保持稳定并适应性地调整和恢复到受冲击前的状态，甚至实现升级改造的能力。一个国家和地区的产业韧性，主要取决于该地区产业链的整体运作和应对冲击的能力

---

① 《半年 5 个超大型数据中心项目落户惠州，"双核九中心"齐发力抢滩全球数据中心市场》，南方财经网，2020 年 10 月 30 日，https://www.sfccn.com/2020/10-30/yMMDE0MDVfMTYwMTkyMw.html。

② 《九城看当家 | 江门：产业转移"中央工厂"崛起》，"南方+" App，2023 年 6 月 15 日，https://static.nfapp.southcn.com/content/202306/15/c7793105.html。

（陈晓东等，2022）。首先，信息通信技术的发展使得交易壁垒和摩擦减少，企业可以更方便地开展合作与交流（王世强，2022）。其次，当面临冲击时，企业可以更快地获取信息、做出反应和采取措施，提高了应对突发事件和市场变化的能力。以广州的日立电梯为例，日立电梯经常需要根据项目需求更新采购供应商。传统渠道的采购方式寻源效率低且成本高，人工审核筛查耗时耗力且难以发现潜在风险，合作供应商的风险信号无法及时捕捉和排查，容易导致交付风险。为了应对这些挑战，日立电梯选择采用数字化采购厂商"启信慧眼"，通过数字化工具获得更多的寻源渠道，并筛选评估高质量的供应商名单。企业将数字化采购系统插件嵌入企业供应商关系管理（SRM）系统，实现数据的全员可见，与尽调和监控部门共享信息。这不仅帮助企业实现了供应商全生命周期的数字化和跨部门协同管理，而且解决了从筛查到合作确认的全流程持续风险监控评估的问题。通过数字化采购工具，日立电梯能够更高效地寻找供应商、评估风险，并及时监控供应商的表现，这有助于减少交付风险的发生，更好地管理产业链。

数字经济催生数字平台，数字平台具有连接多条产业链的能力，通过信息整合、数据共享和资源调配，可以推动产业链各环节分工更加细化和有效。数字平台通过整合和共享各种资源要素，可以优化资源配置，提高资源利用效率（陈晓东等，2022）。平台化模式有助于打破产业链与产业链之间的壁垒，促进产业链网络化协同发展，形成产业生态群落，提升整个产业的韧性。以深圳水务集团利用"透明建造"平台，基于FISCO BCOS区块链技术打造了工地安全管理系统为例，深圳水务集团利用数字技术实现了对水务工程项目全过程的存证溯源管理；系统记录了工程建造的全过程，方便溯源和责任追溯，确保工程质量和进度。该系统根据实际需求录入了相关的检查规范，使监理工作流程化和规范化。此外，该系统还具备上传下达功能，可以将工作任务和指令准确传达给责任人，并将工作反馈提交给管理者，实现穿透式管理，提高执行效率。可信协同平台增强了企业之间的信任，实现了工作量的自证，这解决了建筑行业长期面临的项目透明度不高、多方协同和责任追溯较难等问题，从而提高了多方协同的效率，促进了产业韧性的提升。

2.数字技术与绿色产业相融合，促进经济可持续发展

数字技术可与绿色产业相融合应用于产业升级和转型，实现经济的绿色发展。以江门市新华胶丝厂的数字化转型项目为例，通过数字技术的应用，新华胶丝厂实现了物料仓储管理的透明化和规范化，提升了物流管理的效率和精确度，成功达到了降低能耗的目的。企业通过能源运行过程的可视化和透明化，随时掌握设备能源数据，及时进行异常告警，有效地利用数字技术提高生产线的运行效率。企业通过透明供应链管理体系，对供应链的各个环节进行综合计划、协调和优化，提高了物流网络的效率和资源利用率，提高了供应链上下游之间的协同效应。通过数字技术与绿色技术的融合应用，企业可以更加有效地监测和管理能源消耗、优化运营模式、降低能耗。

此外，数字经济为企业提供了更多个性化和定制化服务的机会，这种精细化、定制化能力不仅提高了消费者的满意度，也为企业赢得了竞争优势。传统的生产模式更倾向于批量生产和标准化生产，无法满足消费者个性化偏好的需求。数字技术具有连接巨量消费者和生产者的能力，通过互联网和数字平台，消费者和生产者可以更轻松地进行交流、互动和信息传递（郭家堂和骆品亮，2016）。这种连接能力使得消费者的需求特点和生产者的供给能力都能够在平台上得到全面呈现，为双方提供更多的选择和机会。通过大数据分析和智能算法，平台可以实现对消费者需求和生产者供给的高效匹配。消费端的搜索充分利用了大数据、机器学习和自然语言处理等技术，通过关键词搜索、过滤和排序等方式，帮助消费者快速找到感兴趣的产品和服务。生产端的个性化定制和智能分发则通过收集和分析消费者数据，实现对产品和服务的个性化定制和推荐。以广州的服装品牌茵曼为例，茵曼已经从传统的服装零售品牌转型为产业数智化品牌，它将"管理权"交给了数智化系统，利用数据逻辑进行智能判断与决策，实现了产品差异化。茵曼还推动整个服装产业生态链的数智化转型，它通过连接上游供应链的数字化系统和工厂，实现了中间品牌内部全流程的数字化，并建立了下游的数智化开发体系。这一系列措施包括供应链生产系统、BI 系统，以及品牌、商品、客户、销售等各个板块的全面数字化。通过产业生态链的数智化转型，茵曼构

建了品牌竞争力的"护城河"。茵曼的成功案例表明，通过数字化转型和数智化应用，品牌能够更好地利用数据进行决策和创新，提升整体运营效率和竞争力，进而推动整个产业实现可持续发展。

（三）数字经济驱动大湾区企业层面高质量发展的案例事实

1. 数字技术优化内部资源配置，助力企业转型升级

近年来，随着信息技术的蓬勃发展，大数据、物联网、人工智能技术层出不穷，为企业的数字化转型奠定了坚实的基础。与此同时，粤港澳大湾区许多企业纷纷加入数字化转型的队伍。例如，农牧业领域龙头企业温氏集团，利用数字化理念与技术，将企业的生产与管理效能放大数十倍，并以自身的发展推动整个行业的不断优化。温氏集团一方面构建数字化平台，围绕数字产业链对生产、销售、内部管理等方面进行全方位数字化重构。在生产方面实现智能化养殖，利用农业物联网实现猪和鸡的个体识别，利用物联网传感技术监测动物生长，并收集各项生长指标数据，利用物联网技术以及收集的大量数据构建智能养殖大数据平台，实现养殖场自动化、信息化；在销售方面拓展技术应用，不仅上线了面向销售商的网上商城，也开通了面向供应商的网上商城，打通了整条销售链条，通过云技术构建信息化共享平台，推动整个农业产业的信息化进程；在内部管理方面利用数字技术实现"业财"一体化，打通业务链条中的数据与财务链条中的数据，自动生成凭证及报表，通过大量数据分析找出企业优化空间，为决策层制订方案提供良好的依据。另一方面构建协同化平台，连接上下游企业。将"五万农户一个家"作为核心任务，通过数字化服务协作平台实现与养户及时沟通、信息共享、业务协同，帮助养户解决养殖困难；为供应商打造跨企业审批通道，让合同、资金在内部更快捷地流转，减少集团与供应商的成本，加强与供应商的信任合作关系；搭建网上商城，方便经销商订货补货并且能够及时响应内部促销策略。利用数字化平台打造人财物全覆盖、生态圈全覆盖、客户及消费者全覆盖三大系统，实现整个产业链条的云应用，推动整个行业的数字化转型。

与温氏集团类似，知名制造业企业美的集团同样利用数字化转型，从一

家以销售家电为主的企业转型为多元化、全球化、跨界生态化的企业集团，拥有数字驱动的全价值链以及柔性化智能制造的能力。美的集团的数字化转型主要经历了以下三个阶段。在数字化 1.0 时代，美的集团实现了信息系统一致化。2012 年，由于消费者对家电的需求变得多样化，美的集团面临更大的同行竞争压力，淘宝、京东等线上平台的兴起也给美的集团这类自建销售渠道的企业带来较大的冲击。另外，企业内部十个事业部之间的业务是相互独立的，导致事业部之间的数据、系统、流程难以互通，形成数据壁垒。在内外部环境的压力下，美的集团随即实施"632"项目，即 6 个运营系统、3 个管理平台、2 个技术平台，要求所有的事业部均采用同样的运营系统、管理平台、技术平台，在此基础上重构美的集团的组织架构，各部门不断地拆分重组、迭代更新，为此后美的集团的数字化建设打下坚实的基础。在数字化 2.0 时代，美的集团利用大数据及新型互联网技术，实现"632"项目的全面移动化及智能制造的改造。在集团内部全面推行 C2M，将传统的以产定销的思路转为以销定产的思路，通过收集消费者数据推动企业的生产经营，实施"T+3"产销模式，将产品下单到交付分为下单、备料、生产和发运四个阶段，每个阶段都设定一定的周期，从每个阶段的周期中精准地发现问题并及时解决，从而不断缩短周期间隔，优化整个产业链条。该模式的实施缩短了产品交付周期，极大降低了美的集团的库存成本。在数字化 3.0 时代，美的集团通过智能网关技术将 41 类 189 套设备连接起来，从而具备工业互联网硬件设备，同时在数字化转型中积累了一系列软件能力，结合自身多年的制造业经验，形成了"硬件、软件、制造业"三位一体的工业互联网平台。通过该平台，美的集团不仅提升了生产效率及产能，也大大缩短了产品交付周期，同时通过旗下的"美云智数"平台，为其他制造业企业提供一系列数字化转型方案，推动整个制造业产业的转型发展。

服务业对中国经济发展的重要性日益凸显，其增加值超过我国 GDP 的 50%，服务业的数字化转型能够显著推动实体经济的数字化转型。以粤港澳大湾区金融行业代表企业招商银行为例，招商银行在 2019 年初就全面推动零售银行的数字化转型，构建全产品、全渠道、全客群的"三全"服务体系，始终坚持客户体验至上，成功实现零售业务从卡时代向 App 时代的转变。招商银行的数字化转型主要从内建平台、外拓场景、流量经营三个方面进行展开。内建平台方面，打造招商银行数字化服务平台，以招商银行和掌上生活两大 App 为主，努力创造用户价值。客户通过招商银行 App 实时了解自己的资金情况、消费账单、收支记录。掌上生活 App 利用大数据分析为客户提供更好的理财方案，协助客户做出最佳的融资决策。外拓场景方面，扩展金融服务的边界，推出饭票、影票、交通票等生活服务，实现金融与生活场景的密切连接。经过几年的努力，目前招商银行 App 在生活服务领域的发展势头稳步上升，每月均有数百万名客户使用饭票、影票、交通票等生活服务，用户通过使用这些生活服务不仅节约了生活成本，也提升了自身的生活幸福感。流量经营方面，随着服务从线下到线上的迁移，招商银行与客户的交互也逐渐转向移动端，掌上生活 App 的流量业务已占据整个零售业务的85%。在此背景下，招商银行一方面组建线上直营团队进行线上获客，对客户实行远程集中经营，不仅节约了经营成本，也提升了营销效率及客户体验感。另一方面加大科技金融的投入力度，金融科技创新是整个数字化转型的基础，通过金融科技创新，招商银行的云计算、大数据等能力都得到了进一步的提升。

2. 数字经济赋能政务服务创新，提升大湾区生活品质

腾讯云与广东省政府、数字广东公司携手打造的"数字广东"已成为全国领先的数字政府样板，广东省数字政务指数逐年增长，已连续多年排名全国第一，不仅为大湾区居民提供了便利，也为大湾区治理创新提供了支撑。"数字广东"在顶层规划方面实行"管运分离"的管理体制，由广东省政府电子政务管理办公室负责改革现有体制，推进数字政府的建设，由数字广东公司负责基础设施建设与运营，以政务云平台为基础，整合信息资源，打破信息孤岛。在建设模式上，以数字广东公司为主体，由腾讯联合三大运营商出资成立，负责需求对接、数据融合等工作。在技术应用上，以云计算为技术支撑，推动政务云平台的建设。在场景应用上，围绕百姓常用场景，选择高频事项入手，借助政务云平台让百姓少跑腿、不跑腿，简化政务流程。近几年，"数字广东"的建设已取得显著的成效，例如"粤省事"平台启用的"粤康码"在疫情期间协助政府完成精准防控，解决流动人员过多的问题，提升基层防疫效率，同时助力企业复工复产，助力港澳与内地恢复正常通关与贸易往来，使广东省的防疫等级快速降低，充分展现了广东省政府的抗"疫"实力。"粤商通"平台也及时响应企业的需求，帮助企业摆脱疫情期间面临的经营困境。据统计，疫情期间广东政务服务网累计业务办理量同比增长 244.52%。

四　数字经济驱动大湾区高质量发展的制约因素

尽管数字经济在大湾区高质量发展中发挥了关键作用，但目前大湾区数字领域仍存在一些问题制约了数字经济对大湾区高质量发展的驱动作用：宏观层面主要是数字经济治理面临挑战、数据要素市场建设不完善，产业层面主要是产业战略规划稍显落后、产业缺乏领军企业，企业层面主要是企业战略定位不清晰、企业数字技术基础薄弱、企业数字化人才匮乏。

（一）数字经济治理面临挑战

数字经济作为经济社会一种新的发展形态，其"发展速度之快、辐射范围之广、影响程度之深前所未有"，对数字经济的治理是粤港澳大湾区乃至全世界共同的难题和挑战。对粤港澳大湾区而言，其在行政上具有一地包含两种制度、三个关税区、三种货币的特殊性质，在经济上又具有数字经济贡献度高、渗透性强的特点。大湾区数字经济治理因行政壁垒而缺乏统一的法律指引以及能统筹三地数字经济治理工作的专业职能部门，数字经济治理普遍面临的数字安全和平台垄断问题十分突出。一方面，粤港澳大湾区数字安全问题复杂性突出。网络攻击、侵犯数字版权、非法获取个人信息、新型电信网络诈骗等违法犯罪活动层出不穷，严重威胁个人、企业乃至国家安全；另一方面，粤港澳大湾区虽具有腾讯、网易、唯品会等众多头部互联网平台企业，并在数字经济快速发展的过程中起到了龙头带动作用，但衍生的

平台垄断问题会阻碍数字经济高质量发展。数字经济的市场集中度提升虽能带来网络效应和规模效应，但也产生了市场竞争力不足和资本无序扩张的问题。例如，一些平台企业依赖海量的用户基础、领先的技术优势和市场支配地位，通过强迫中小商家"二选一"、对用户"大数据杀熟"、恶意吞并中小平台等手段实施垄断行为，损害了其他平台和平台内经营者、消费者的合法权益。进一步地，垄断行为产生的高利润会削弱平台企业开展研发创新等长期价值创造活动的动机，其对竞争者利润空间的蚕食也扼杀了其他企业的创新，不利于数字经济高质量发展。面对数字经济治理难题，大湾区亟须制定涵盖数字经济全领域、适用粤港澳三地的数字经济治理法律准则。

（二）数据要素市场建设不完善

数据是数字经济的关键战略资源和生产要素，是数字化、网络化和智能化的基础。2022 年发布的《"十四五"数字经济发展规划》中强调，要在2025 年初步建立数据要素市场体系，为粤港澳大湾区数字经济建设、发挥数据要素价值做出了方向指引。然而，当前粤港澳大湾区数据要素的市场化进程面临一系列问题。一方面，数据产权的模糊化限制了数据要素在市场中的流通。内地的数据产权主要受《中华人民共和国民法典》和《中华人民共和国著作权法》等法律法规的保护，但数据产权的归属未在其中明晰；香港、澳门的《跨境资料转移指引：建议合约条文范本》和《个人资料保护法》则明确规定数据产权归属需在数据共享协议中明确。内地和港澳地区在数据产权归属问题上的差异不利于数据要素市场价值的有效发挥。另一方面，粤港澳三地在数据要素跨境转移条件方面的规定也不甚统一。内地数据要素跨境流通的监管更为严格，具有评估情形和审查机制的规定，港澳地区对数据要素跨境流通的规定、要求则较为宽松（广东外语外贸大学粤港澳大湾区研究院课题组，2022）。区域间数据要素跨境流通规则的不一致不利于数据要素的自由流通和统一数据要素市场的建立。

（三）产业战略规划稍显落后

2022 年，国家公布 45 个国家级产业集群，其中长三角入选 18 个，大湾区入选 7 个。由表 7 可知，对比 2023 年长三角和大湾区百强产业集群数量排名前五的城市发现，长三角的百强产业集群数量多于大湾区。这是因为 2008 年广东启动了"双转移"战略后，大湾区内地九市没有立马加速发展战略性新兴产业，而是被房地产行业的快速发展和高回报吸引了大量的投资和资源。这导致一些地方政府和企业将更多的精力和资源投入房地产行业，而相对忽视了战略性新兴产业的培育和发展。同时，珠三角因为临近香港，国际贸易非常便捷，在外部环境较为友好的阶段，珠三角的企业多关注市场需求，通过紧跟市场需求抢占市场份额，获得了更多的发展空间，但缺乏攻关核心技术的动力，对于核心技术研发的投入较少，这导致其错失了一部分发展新兴产业的机会。过去的 20 年里，香港的经济转型也面临类似的困境，其"去工业化"过程使得科技创新发展失去产业根基，没有抓住机遇发展高技术产业，经济转向以金融、贸易等服务业为主。近年来，香港创新型高成长性企业数量也少于北京、上海、深圳、广州等内地城市，这与大湾区的产业战略规划紧密相关。

表 7　2023 年长三角和粤港澳大湾区百强产业集群数量排名前五的城市

单位：个

长三角城市	数量	粤港澳大湾区城市	数量
上海市	5	佛山市	3
苏州市	5	广州市	3
常州市	5	深圳市	3
杭州市	3	东莞市	1
合肥市	3	珠海市	1

资料来源：《民营经济驱动产业集群高质量发展研究暨 2023 中国百强产业集群》。

（四）产业缺乏领军企业

长三角有中芯国际、特斯拉等具有强大研发和创新能力的行业领军企业，带动长三角战略性新兴产业的整体发展实力不断提升。以集成电路为例，长三角汇聚了中芯国际、华力微电子、华大半导体、华虹宏力、中微公

司等知名企业，芯片的研发能力全国领先，具有集成电路的设计、制造、封测、材料、设备等完整产业链，从而带动长三角整体科技水平和经济实力的提升。目前，珠三角战略性新兴产业仍处于培育阶段，自主创新能力不强，多处于产业链价值链的中低端。珠三角虽然有华为和中兴，但华为擅长芯片设计，芯片制造是短板，中兴则缺乏核心技术。以腾讯为核心的金融科技企业基本不碰硬件，配套的周边企业多为轻资产企业，对周边城市的带动作用有限。华为产业集群的带动能力非常强，但其终端总部已经迁到东莞，对周边城市的外溢效应有限。比亚迪的总部虽然在深圳，但是比亚迪 2022 年以来的新建产能多分布在西安、长沙、常州、抚州、济南、郑州、襄阳等地，在大湾区的选址只有深圳坪山、深汕合作区，对大湾区的带动效果不大。大湾区缺少像长三角的中芯国际、特斯拉、中国商飞等具有强大产业集群带动能力的领军企业。此外，大湾区易受国际关系影响，且目前尚不具备芯片领域关键设备、材料、工艺等环节的核心技术实力，存在"断供""断链"风险，将威胁大湾区高技术产业的正常发展。

（五）企业战略定位不清晰

在数字化转型的过程中，许多企业缺乏清晰的转型路径，即使企业认识到数字转型的重要性，也具有强烈的转型意愿，但仍然普遍缺乏清晰的战略规划，对企业转型的方向模糊不清，缺乏系统性的思考。当前，企业的数字化转型大多是借助数字化手段提质增效，而很少有企业关注产品服务的创新与新赛道的布局，尽管有些企业为数字化转型制定了一系列战略目标及规划，但从规划中明显可见其变革过于保守，数字化转型对企业创新发展的引领作用不强。一方面是由于企业对市场竞争环境认知不足，未能通过详细的市场调研了解自身产品的竞争力与企业的创新能力，不能充分把握市场需求变化以及市场竞争变化，没有从企业未来发展的角度制定规划，导致高层之间难以形成战略共识。另一方面是企业由于缺乏行业预见性，始终将目光聚焦于自身的传统行业，仅为了顺应数字化潮流而转型，在未明确企业数字化转型的目的与路径时就匆匆加入数字化转型浪潮。缺乏战略规划的指引，也使企业难以预见未来的转型成果与产出，难以构建未来的发展架构，最终影响企业长期发展与探索的决心。

（六）企业数字技术基础薄弱

企业数字化转型依靠先进的信息化技术与数字化工具，如大数据、云计算、物联网技术等。尽管目前较多企业均利用信息化技术进行了数字化转型，但是仅有少数公司在大数据及人工智能领域取得了一定的成功。这主要是大多数企业的信息化水平依旧停留在传统的自动化办公水平，很多业务的推进仍然利用文字处理方式，导致企业数据采集困难，核心数字技术供给不足，大数据技术难以在企业内部运用。同时，目前大多数企业停留在大数据开发运用的起步阶段，对于大数据的运用仅集中于产品的精准营销领域，未能挖掘数据更深层次的价值，即利用数据开展预测分析并提供有价值的决策方案。另外，技术的兼容性与数据的隐私性也是企业数字化转型面临的困境，企业内部使用不同类型的软硬件设备及信息化系统，这些设备与系统之间容易出现不兼容的现象，导致企业内部信息交流受阻。企业在运用大数据技术时，会收集大量的客户信息，若这些信息使用不当或被泄露，甚至被不法分子利用就会威胁到企业的信誉，这就需要新的技术支撑以解决技术兼容及数据隐私问题。

（七）企业数字化人才匮乏

随着数字经济的蓬勃发展，许多企业为顺应发展潮流纷纷加入数字化转型的行列，这就使得企业迫切需要具有业务能力及数字能力的复合型人才支撑企业的数字化转型。数字化时代对人才提出了更高的要求，仅掌握信息化技能是不够的，需要横跨多个领域，既有数字化技能又懂业务知识。但是，当前关于数字化人才方面存在两个主要问题：一是，社会上数字化人才的缺口较大，储备不足，起到领军作用的高端人才数量较少，且数字化人才主要集中在研发领域，而数字化运营、大数据分析、先进制造、数字营销等领域的人才占比较少，导致人才结构失衡，企业难以招聘到合适的数字化人才；二是，企业的数字化转型给企业内部员工的思维观念带来了巨大的挑战，由于传统的生产经营理念已不适应企业的数字化发展，企业员工必须接受新的理念和学习数字技能才能适应新的工作环境，但是企业内部缺乏对员工的技能培训，懂技能的人才缺乏业务知识，懂业务的人才缺乏技能知识，使得企业不仅缺少获取外部知识的渠道，也未打通内部知识的共建共享。

五　数字经济驱动大湾区高质量发展的优化策略

为更好地抓住数字经济发展的契机，推动粤港澳大湾区高质量发展，本报告针对数字经济驱动大湾区高质量发展存在的制约因素，给出了具体的优化策略，助力粤港澳大湾区数字经济发展，对广东省乃至全国数字经济驱动高质量发展起到引领示范作用。宏观层面在于加大相关政策扶持力度，提升数字经济治理效率，完善数据要素市场建设；产业层面在于制定产业发展战略规划，注重领军企业的培育；企业层面在于明确企业重点战略定位，注重数字技术创新，完善数字化人才培养体系。

（一）加大相关政策扶持力度，促进公共性服务平台建设

数字经济的发展涉及技术、经济、政策的方方面面，仅从某一个角度出发是无法充分发挥数字经济的作用的，因此政府要从战略高度重视数字经济的发展，努力做好数字经济建设规划。各地区、产业、企业的转型发展具有不同的发展特色，各类政策性平台难以为其提供精准的政策扶持，粤港澳大湾区各城市政府可以在国务院颁发的《"十四五"数字经济发展规划》的指导下，依据大湾区产业发展特色，制定粤港澳大湾区的数字经济建设规划，用于指导大湾区数字化转型发展工作。着重建设一批公共性服务平台，从协同创新的角度构建政策分析范式，打破数字经济建设、合作的体制障碍，构建绩效评估与动态优化体系，健全数字经济政策法规，搭建区域融合的数字枢纽平台，打造和谐幸福的数字化典范城市群，有效提升粤港澳大湾区一体化合作程度，助力大湾区经济高质量发展。

（二）推动政府、企业、高校、公众多元共治，提升数字经济治理效率

针对数字经济治理中的数字安全和平台垄断等问题，需要发挥多元共治的作用。一方面，政府治理是维护数字经济市场公平竞争秩序的基础保障。应对数字经济治理难题，粤港澳大湾区各城市政府应提升自身对数字技术和数据要素的应用能力，推动政府数字化转型。依托大数据、人工智能、区块链等新兴数字技术与传统政务服务和社会治理等政府功能相结合，推动政府治理手段和模式基于数字时代的发展需求进行创新和完善，既有助于实现对平台企业算法技术进行监管，预防其违法垄断行为，推动算法的科技向善，也有助于提升政府网络安全综合防御能力，实现对网络安全的实时监控、风险通报预警和事件高效应急处置，维护核心技术、关键基础设施和战略性资源的数字安全。另一方面，除粤港澳大湾区各城市政府应提升自身数字能力外，大湾区数字经济治理还需要完善多元共治格局。应充分发挥粤港澳大湾区高校、科研院所、科研机构和高新技术企业高度集聚以及网络用户基数庞大的独特优势，形成数字经济领域政府、企业、高校和公众多方合作共治的格局。政府在扮演基础监管角色的同时，应扩大官方政务服务的覆盖面并畅通多元主体诉求的表达渠道，汇集多方力量。企业可以通过共同成立行业组织实现行业自律，高校可以提供数字化人才和技术支持，公众则能通过举报、诉讼等方式监督数字违规行为，多元共治机制的完善能提升数字经济治理的有效性、协同性和民主性。此外，应汇聚粤港澳三地多方智慧，制定具体化、可操作性强、覆盖面广、适用粤港澳三地的数字经济治理法律法规，为大湾区数字经济治理提供坚实的法律保障。

（三）推动地区数据交易所错位发展，完善数据要素市场建设

针对数据要素市场建设不完善的问题，粤港澳大湾区应利用好区域内新建成的数据交易所，探索数据要素资产化和市场化的示范路径。2022 年发布的《中共中央 国务院关于构建数据基础制度更好发挥数据要素作用的意见》

中也指出，要"统筹构建规范高效的数据交易场所"，"加强数据交易场所体系设计，统筹优化数据交易场所的规划布局"。对此，广州数据交易所和深圳数据交易所应发挥一线城市数字经济规模庞大、数据应用场景丰富、数据跨境流动需求旺盛的优势，在交易规则探索、数据跨境交易、数据价值评估、数据确权登记等数据交易基本制度方面进行探索创新，为粤港澳三地乃至全国的多场景数据交易提供安全、可信、高效、透明的服务，推动粤港澳大湾区数据要素集聚流通、数据要素赋能实体经济的安全规范进行。此外，大湾区内另外两所区域性数据交易所应发挥所在区域独特优势，服务和培育本地数字生态，推动数据交易市场的错位发展和优势互补。广州数据交易所（佛山）服务基地可以发挥佛山机械装备制造等制造业以及光电、新材料等新兴产业的数据优势，广州数据交易所（惠州）服务基地则可以利用惠州在绿色石化、智能家电等产业积累的数据资源，各自开发满足当地优势产业特殊数据交易需求的服务，助力数字赋能当地实体经济高质量发展。此外，粤港澳大湾区应根据现有数据交易所的成功经验和示范路径，加快建设区域内"一所多基地多平台"体系，实现大湾区11市数据交易服务的全覆盖，推动大湾区数据要素市场的多层次、一体化协同发展，加快区域性、行业性数据的自由流动。

（四）制定产业发展战略规划，推动区域产业协调发展

针对"卡脖子"关键技术，要持续加大投入和研发力度，注重中长期效益，逐步攻克技术难题。大湾区应围绕信息技术、集成电路、信息通信、新型显示、动力电池等重点方向，组建高校、科研院所和有实力的科技型企业等多主体协同的创新联合体，实施新一轮广东省重点领域研发计划，积极争取国家重大科技专项、科技创新应急专项等项目。加强顶层统筹协调能力，建设高效协同、权责明晰的科研管理机制，加强对"卡脖子"关键技术和突发事件的应对能力。推进大湾区高校成果转化和技术转移中心建设，积极探索"港澳高校—港澳科研成果—珠三角转化"的科技产业协同发展模式。对接《香港创新科技发展蓝图》，发挥香港在微电子、生命健康等领域的科技优势，促进技术转移和研发成果实践，孵化一批独角兽企业，支持

香港"再工业化"。支持粤港澳联合举办高水平学术会议、产业创新论坛等活动，构建具有国际影响力的科技创新合作平台。利用港澳作为引入国际高端创新资源、科技服务资源的窗口，将横琴合作区、南沙合作区、河套深港科技创新合作区等打造为大湾区科技成果转化基地。同时，大湾区要加强与国际市场的联系，把握"一带一路"倡议、RCEP等多边贸易协定的发展机遇，将大湾区的技术经验、资金优势、产业需求与全球更广阔的市场对接，优化人才引进政策，吸引全球优秀的高科技人才来大湾区发展，努力实现引领性技术突破和产品创新，融入全球价值链中高端，推动产业转型升级和经济高质量发展。

（五）注重领军企业的培育，促成企业科研成果的转化

大湾区具有培育领军企业的环境，香港五所名校全部跻身2022年QS世界大学前70名，深圳有大量的科技创新和互联网企业，珠三角有完整的制造业生产链条，便于知识成果的商业转化。大湾区应该为培育领军企业提供良好的创新环境和政策支持，包括为企业提供便利的创业和营商环境、简化行政审批程序、降低市场准入门槛，以及提供相应的财税优惠政策；进一步推动金融支持科技创新，健全知识产权质押融资、担保增信、资产证券化等机制。支持深交所、港交所、广期所建设完善创新支持市场体系，继续实施广东科技企业"全链条培育计划"以及深圳"星耀鹏城"、广州"领头羊"、东莞"鲲鹏计划"、佛山"添翼行动"等政策举措，培育大湾区科技型企业。大湾区应继续加强知识产权保护，为企业的创新提供稳定和可靠的法律保护；继续建立科技成果转化平台，促进科研成果的商业化应用，加强产学研用合作，建立技术转移机制，将高校和科研院所的研究成果转化为实际生产力。

（六）明确企业重点战略定位，提升企业数字化转型效率

制定清晰的战略规划是企业数字化转型的首要任务，若企业没有明确的战略规划，仅仅将数字化转型的目光放在传统的企业生产经营上，即长期关

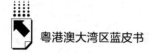

注促进产品提质增效，只会导致企业缺乏长期转型的动力，最终失去市场竞争能力。因此，为确保企业能够顺利进行数字化转型，一方面企业需要制定清晰的战略规划，明确数字化转型的方向，结合现有的企业发展规划与业务目标，根据企业实际状况进行战略调整，可以通过整合现有的技术与资源结合人工智能、大数据进行智能分析，掌握市场的发展变化，为企业数字化转型提供最优方案。另一方面，企业在制定数字化转型的战略规划时要充分考虑时间表、部门预算及资金分配的方面，为企业各个环节的调整提供充足的时间与资金，同时保证每个环节均有专门的团队及负责人，为企业更高效地完成数字化转型提供保障。

（七）注重数字技术创新，提高企业经营稳定性

数字技术创新是企业数字化转型的核心所在，它不仅可以帮助企业改变原有的生产运营模式，实现企业的发展与盈利，也能够帮助解决企业在数字化转型中存在的技术兼容及数据隐私问题，提升企业的信誉。要进行数字技术创新，首先企业需要加大资金投入力度，将更多的盈利投入到技术研发过程中，政府也要协助设立企业数字转型专项资金，为其提供必要的资金补贴、融资担保等，帮助企业解决融资困难的问题，共同推动企业的技术进步。其次，企业一方面与科技公司、高校、科研院所建立合作伙伴关系，获取最新的技术思路及方法，借助外部知识与技术资源推动企业内部的技术创新；另一方面与龙头企业、中小微企业、互联网服务公司创建数字化转型协会，通过定期的协会交流与探讨，了解行业最前沿的数字技术。最后，通过对比行业的数字技术，依据自身的发展需求以及企业定位，选择适合企业自身数字化转型所需的技术，同时要考虑技术的稳定性、可靠性等，为后期的技术兼容及数据隐私问题的解决提供保障。

（八）完善数字化人才培养体系，满足应用型人才需求

企业数字化转型需要更多数字领域的复合型人才，但是具备该技能的人才缺口较大，市场供给不足，因此企业需要重视数字化人才的培养与发展以

满足企业数字化转型的需求。一方面，企业可以定期开展培训班、研修班，遴选部分骨干员工通过结对子、集训等方式进行重点培养，不仅要培养能够开发应用软件以及挖掘数据价值的能力，还要培养创新性思维与实践的能力、掌控信息安全的能力。同时，企业内部要建立人才激励机制，激发员工主动学习的热情，达到在培养人才的同时能够留住人才的目的。另一方面，企业要加强与高校、科研院所之间的合作，以产学研合作项目为载体，共同开展数字技术攻关项目，推动科研项目落地，共同建立人才培养机制，鼓励企业员工到高校学习技能，鼓励高校学生去企业参观实习，将理论知识与实践相结合。另外，为顺应数字化发展的潮流，高校也可以设立更多有关数字领域的新专业，为社会培养更多数字领域的人才，使企业更容易招聘到所需的数字化人才。

参考文献

陈晓东等：《数字经济提升我国产业链韧性的路径研究》，《经济体制改革》2022 年第 1 期。

邓荣荣、张翱祥：《中国城市数字经济发展对环境污染的影响及机理研究》，《南方经济》2022 年第 2 期。

付凌晖：《我国产业结构高级化与经济增长关系的实证研究》，《统计研究》2010 年第 8 期。

广东外语外贸大学粤港澳大湾区研究院课题组：《数据跨境有序流动何以赋能统一大市场建设——基于粤港澳大湾区建设视角分析》，《国际经贸探索》2022 年第 11 期。

郭家堂、骆品亮：《互联网对中国全要素生产率有促进作用吗?》，《管理世界》2016 年第 10 期。

国家发展改革委经济研究所课题组：《推动经济高质量发展研究》，《宏观经济研究》2019 年第 2 期。

韩长根、张力：《互联网是否改善了中国的资源的只有错配——基于动态空间杜宾模型与门槛模型的检验》，《经济问题探索》2019 年第 12 期。

韩先锋等：《互联网能成为中国区域创新效率提升的新动能吗》，《中国工业经济》2019 年第 7 期。

何宗樾、宋旭光：《数字经济促进就业的机理与启示——疫情发生之后的思考》，

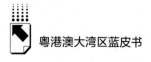
《经济学家》2020年第5期。

江小涓:《高度联通社会中的资源重组与服务业增长》,《经济研究》2017年第3期。

江小涓、靳景:《数字技术提升经济效率:服务分工、产业协同和数实孪生》,《管理世界》2022年第12期。

荆文君、孙宝文:《数字经济促进经济高质量发展:一个理论分析框架》,《经济学家》2019年第2期。

凌连新、阳国亮:《粤港澳大湾区经济高质量发展评价》,《统计与决策》2020年第24期。

刘佳等:《高铁与城市经济高质量发展——基于地级市数据的实证研究》,《当代财经》2021年第1期。

刘洋等:《数字创新管理:理论框架与未来研究》,《管理世界》2020年第7期。

鲁晓东、连玉君:《中国工业企业全要素生产率估计:1999—2007》,《经济学》(季刊)2012年第2期。

任保平:《数字经济引领高质量发展的逻辑、机制与路径》,《西安财经大学学报》2020年第2期。

王定祥等:《数字经济和实体经济融合发展的模式及机制分析》,《改革》2023年第7期。

王世强:《平台化、平台反垄断与我国数字经济》,《经济学家》2022年第3期。

魏丽莉、侯宇琦:《数字经济对中国城市绿色发展的影响作用研究》,《数量经济技术经济研究》2022年第8期。

夏昊翔、王众托:《从系统视角对智慧城市的若干思考》,《中国软科学》2017年第7期。

肖红军、李平:《平台型企业社会责任的生态化治理》,《管理世界》2019年第4期。

肖静、曾萍:《数字化能否实现企业绿色创新的"提质增量"?——基于资源视角》,《科学学研究》2023年第5期。

阳镇:《数字经济如何驱动企业高质量发展?——核心机制、模式选择与推进路径》,《上海财经大学学报》2023年第3期。

杨勇:《数字技术影响产业链内部创新分工的机制研究》,《科学学研究》2023年第8期。

余妙志、方艺筱:《数字化投入与制造业全球价值链攀升——基于49国面板数据的实证分析》2022年第10期。

张鹏杨等:《企业数字化转型与出口供应链不确定性》,《数量经济技术经济研究》2023年第9期。

张昕蔚:《数字经济条件下的创新模式演化研究》,《经济学家》2019年第7期。

张勋等：《数字经济、普惠金融与包容性增长》，《经济研究》2019 年第 8 期。

张艳萍等：《数字经济是否促进中国制造业全球价值链升级?》，《科学学研究》2022年第 1 期。

朱一中等：《粤港澳大湾区建设背景下广深产业转移》，《宏观经济管理》2023 年第4 期。

祝合良、王春娟：《数字经济引领产业高质量发展：理论、机理与路径》，《财经理论与实践》2020 年第 5 期。

赵涛等：《数字经济、创业活跃度与高质量发展——来自中国城市的经验证据》，《管理世界》2020 年第 10 期。

科 技 篇
Technology Reports

B.2
粤港澳大湾区数据要素流通发展报告

肖静娜*

摘 要: 2019年党的十九届四中全会将数据列入生产要素以来,数据要素流通得到了高度重视。随着数字经济的快速发展,其核心组成部分——数据要素的重要性也日趋上升。数据作为数字经济的关键生产要素,其有效流通是推动数字经济进一步发展的必然要求。因此,数据要素流通发展水平将直接影响我国经济整体的资源配置效率,进而影响我国综合国力。此外,数据已经成为大国竞争的重要战略资源,因此,数据要素流通发展水平还可能影响我国在大国博弈中的位置以及国家安全。本报告首先,对数据流通相关基本概念进行必要梳理,以期掌握现阶段整体数据要素流通概况;其次,分别梳理了粤港澳大湾区公共数据开放现状,企业、机构数据流通现状以及数据要素跨境流通现状;最后,结合主要内容指出粤港澳大湾区数据要素流通面临的挑战并提出相应

* 肖静娜,经济学博士,广东外语外贸大学粤港澳大湾区研究院专职研究员、讲师,主要研究方向为数据要素跨境流动。

政策建议。

关键词： 粤港澳大湾区　数据要素流通　数据要素交易

一　引言

将数据列入生产要素以来，数据要素流通得到了政府的高度重视。2019年10月31日党的十九届四中全会通过的《中共中央关于坚持和完善中国特色社会主义制度 推进国家治理体系和治理能力现代化若干重大问题的决定》正式把数据列入生产要素。2020年3月30日，《中共中央 国务院关于构建更加完善的要素市场化配置体制机制的意见》提出要加快培育数据要素市场。2022年6月22日，中央全面深化改革委员会第二十六次会议审议通过的《关于构建数据基础制度更好发挥数据要素作用的意见》（以下简称"数据二十条"），明确要"以维护国家数据安全、保护个人信息和商业秘密为前提，以促进数据合规高效流通使用、赋能实体经济为主线，以数据产权、流通交易、收益分配、安全治理为重点，深入参与国际高标准数字规则制定，构建适应数据特征、符合数字经济发展规律、保障国家数据安全、彰显创新引领的数据基础制度"。这一系列重大政策的密集出台表明，推进数据要素流通、开发数据要素潜能、做大做强数字经济、赋能经济创新发展，已然成为我国现阶段以及今后一段时间内最重要的任务之一。

为何数据要素流通能获得国家如此高度的重视？第一，数据要素是数字经济的核心组成部分，数字经济的快速发展使数据要素的重要性日趋上升。第二，数据要素具有迥异于其他生产要素的特征，即公共品性（非竞争性、非排他性），外部性（正、负外部性），不确定性（数据直接交易前买方对数据价值不确定，交易后卖方对数据能够产生的经济效益和带来的风险不确定），因此急需专门研究。第三，正如亚当·斯密发现分工和流通能大大提升社会整体生产效率，数据作为数字经济中的关键生产要素，其有效流通是推动数字经济进一步发展的必然要求。因此，数据要素流通发展水平会直接影响我国经济整体的资源配置效率，进而影响综合国力。第四，从世界范围看，由于数字经济及数据要素的重要性，数据已经成为大国竞争的重要战略资源。世界各主要经济体都在积极布局数据相关战略，推动数字经济的发展：英国 2017 年发布了《英国数字战略》[①]；美国 2019 年颁布了《联邦数据战略与 2020 年行动计划》[②]；欧盟 2020 年发布了《欧洲数据战略》[③]《塑造欧洲的数字未来：委员会提出数据和人工智能战略》[④]《欧洲人工智能白皮书：追求卓越和信任的欧洲方案》[⑤]；从 2020 年开始，日本每年都会发布《统和创新战略》[⑥]。由此可见，数据要素流通发展水平还可能影响我国在大国博弈中的位置以及国家安全。

粤港澳大湾区位于珠江三角洲，涵盖广东省九个城市，广州、深圳、珠海、佛山、惠州、东莞、中山、江门、肇庆市，以及香港特别行政区和澳门特别行政区，总面积 5000 多平方公里，人口超过 7000 万人。建设粤港澳大湾区是习近平总书记亲自谋划、亲自部署、亲自推动的重大国家战略，也是推动"一国两制"事业发展的新实践。粤港澳大湾区是一个重要区域合作发展示范区，旨在推动区域内经济、科技、文化等多领域的深度融合与协同发展。2022 年，粤港澳大湾区经济总量突破 130000 亿元，综合实力显著增强，朝着建成国际一流湾区和世界级城市群的既定目标加速前进。其中，广东省九个城市实现地区生产总值 104681 亿元；香港实现地区生产总值 28270 亿港元，按 2022 年平均汇率折算，约 24280 亿元；澳门实现地区生产总值 1773 亿澳门元，按 2022 年平均汇率折算，约 1470 亿元。大湾区经济实力雄厚、创新资源丰富、市场经济发达，是我国开放程度最高、经济活力最强的区域之一。

作为推动"一国两制"事业发展的新实践、重要区域合作发展示范区，国家对粤港澳大湾区推进数据要素流通有明确的支持和期望。2019 年 2 月

① UK Digital Strategy.
② Federal Data Strategy and 2020 Action Plan.
③ A European Strategy for Data.
④ Shaping Europe's Digital Future：Commission Presents Strategies for Data and Artificial Intelligence.
⑤ White Paper on Artificial Intelligence：A European Approach to Excellence and Trust.
⑥ 統合イノベーション戦略。

18 日，中共中央、国务院印发的《粤港澳大湾区发展规划纲要》中就明确提出要共建粤港澳大湾区大数据中心。2020 年 10 月 11 日，中共中央办公厅、国务院办公厅发布《深圳建设中国特色社会主义先行示范区综合改革试点实施方案（2020—2025 年）》，该方案关于深化数据要素市场化配置改革的任务中，明确希望深圳作为粤港澳大湾区的核心城市能够"率先完善数据产权制度，探索数据产权保护和利用新机制，建立数据隐私保护制度。试点推进政府数据开放共享。支持建设粤港澳大湾区数据平台，研究论证设立数据交易市场或依托现有交易场所开展数据交易。开展数据生产要素统计核算试点"。2022 年 1 月 24 日，"为进一步支持深圳建设中国特色社会主义先行示范区，加快推进综合改革试点，持续推动放宽市场准入，打造市场化法治化国际化营商环境，牵引带动粤港澳大湾区在更高起点、更高层次、更高目标上推进改革开放"，国家发展改革委和商务部发布《关于深圳建设中国特色社会主义先行示范区放宽市场准入若干特别措施的意见》，明确表示放宽深圳数据要素交易和跨境数据业务等相关领域市场准入要求，支持深圳为数据要素市场化配置改革探路，并希望粤港澳大湾区利用自身"一国、两制、三法域"以及作为中国开放程度最高的区域之一的特点，积极探索数据要素跨境流通、利用全球数据资源的有效路径。

综上，对粤港澳大湾区数据要素流通发展进行专门研究的意义较大，本报告即是围绕此问题展开的调查研究。更具体地说，本报告主要围绕以下问题展开相关调查研究：粤港澳大湾区主要有哪些类型的数据在流通？以什么方式流通？主要的应用场景有哪些？流通的主要参与者有哪些？现阶段面临的主要问题有哪些？未来的发展趋势如何？数据要素跨境流通发展的情况如何？相关的政策建议有哪些？

二 数据要素流通相关基本概念

（一）数据分类分级

以数据生成来源为划分标准，可将数据主要划分为公共数据、企业数

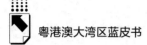

据、个人数据。在中国，从构成比例来看，公共数据最多，占70%以上①，其次为企业数据和个人数据。以数据结构为划分标准，可将数据划分为结构化数据和非结构化数据。调查机构 Igneous 发布的《2022年数字经济报告》认为，2/3 的非结构化数据具有中高价值。国际数据公司（IDC）预测，到2025年全球数据量的复合增长率达27%，其中超80%为音、视频等非结构化数据。非结构化数据价值高、增速快，将逐渐成为数据要素流通的重要对象。

数据分级：现阶段管理部门一般根据数据的敏感程度、数据使用危害等对数据进行分级。例如将数据分为重要数据、核心数据、一般个人信息、敏感个人信息等。

（二）数据流通模式

数据流通模式大致可分为数据开放、数据共享、数据交换、数据交易等。数据开放是典型的非市场化数据流通模式，其他非市场化数据流通模式还有数据赠予、继承、划拨等；数据共享和数据交换是市场化但非货币化数据流通模式；数据交易则是市场化货币化数据流通模式。在我国，现阶段数据开放以公共数据为主，数据共享是企业数据流通的主要模式，中国信息通信研究院安全研究所调查显示，七成以上企业表示数据共享是它们数据流通的主要模式，而数据交易流通模式占比低于5%。②

（三）数据交易模式

根据数据交易是否经由数据交易所完成，可将数据划分为场内数据交易和场外数据交易。场内数据交易是经由数据交易所完成的数据交易，而场外

---

① 《李克强总理：中国可利用、可开发、有价值的数据80%在政府手中》，搜狐网，2018年5月25日，https://www.sohu.com/a/232851960_100054387；《第三届"香樟西部计划简报"｜李海舰：关于数据要素相关问题研究》，"香樟经济学术圈"微信公众号，2023年8月13日，https://mp.weixin.qq.com/s/XCiNYblVAtJj8fmf-kKl_A。
② 《数据要素流通视角下数据安全保障研究报告（2022年）》，中国信息通信研究院安全研究所，2022年12月。

数据交易包括数据供需双方直接点对点进行数据交易或经由数据经济人撮合而成的交易等。在我国，现阶段数据交易以场外为主，场内数据交易在整体数据交易中占比低于5%。[①] 场内通常交易高敏感、高价值的数据，场外数据交易的优点是灵活，但场外数据交易的繁荣有一部分是来自黑灰产业数据交易。我国现阶段建立的数据交易所基本都是在国有资本入股、政府指导、市场化经营的模式下运营的，能够为数据交易提供相对安全可信的渠道。通过和各类专业机构合作，数据交易所还能够为数据交易提供产权界定、价格评估、流转交易、担保、保险等一系列综合服务。此外，"数据二十条"中也明确要"规范引导场外交易，培育壮大场内交易"。因此，未来场内数据交易占比将逐渐提升。

（四）数据交易标的

数据交易标的是数据本身，也是数据特定的使用价值。数据要素由于自身的特点，直接流通会面临许多不确定因素，如使用方式、流向，可能面临的风险，等等。直接流通原始数据，在一次交易后，由于其易复制且复制成本几乎为0的特性，数据价格很可能立刻降至几乎为0，这一问题也会阻碍数据流通。"数据二十条"中也明确要"促进数据使用价值复用与充分利用，促进数据使用权交换和市场化流通。审慎对待原始数据的流转交易行为"。因此，为了数据交易的可持续发展，数据要素市场交易的标的，主要应该是数据由一定使用场景所确定的特定使用价值而非原始数据。这从"数据可用不可见""可控可计量""数据不出域"等对数据交易的描述中也能明确体现。数据交易到底应该交易什么，也是我国在这些年数据要素交易实践中逐渐明确的问题。

（五）数据确权

首先，数据确权是数据要素市场发展中的重点、难点问题。明确数据产

---

① 清华大学金融科技研究院编著《数据要素化100问：可控可计量与流通交易》，人民日报出版社，2023。

权能够促进数据生产、鼓励数据流通，从而保障数字经济发展，因此它是重点问题。依据我国现行相关法律，如《民法典》《知识产权法》《著作权法》《反不正当竞争法》《反垄断法》等，都无法明确界定什么是数据的权利。由于数据的生产过程参与主体多，如数据采集方、存储方、清洗方、分析方、安全方、应用方等，数据权更可能是一种属于各主体共有的权利束（王利明，2022），不具有独占性和排他性，如何为数据确权，没有现成的做法可参考，需要开展专门的探索与研究，因此它亦是难点问题。其次，现阶段未因暂时无法明确数据权属而停止推动数据要素市场发展，现阶段的做法是，推动数据特定使用价值的流通，对数据权益进行地方立法，如《深圳经济特区数据条例》，允许数据主体在不损害其他共有人合法权益的基础上，自由地对数据进行占用、使用、收益。最后，在数据未来的发展中，数据资产化、数据资本化等都离不开法律对数据权属的明确。

（六）数据安全

法律层面对于数据的定义。2021 年 9 月 1 日起实施的《数据安全法》第 3 条第 1 款真正从法律上对数据进行了明确定义，即"本法所称数据，是指任何以电子或者其他方式对信息的记录"。法律层面对于数据安全的定义。《数据安全法》第 3 条第 3 款"数据安全，是指通过采取必要措施，确保数据处于有效保护和合法利用的状态，以及具备保障持续安全状态的能力。"所以，只要主体拥有数据，就需要履行义务和负担成本，这有可能会激励数据拥有主体努力开发数据，使他们可通过数据获益，而不只是履行义务和负担成本。

哪些主体需要对安全负责？什么是"双罚"政策？《数据安全法》第 6 条第 1 款指出"各地区、各部门对本地区、本部门工作中收集和产生的数据及数据安全负责"。《数据安全法》明确中央国家安全领导机构负责国家数据安全工作的决策和议事协调，加强对数据安全工作的组织领导。《数据安全法》第 6 条第 2 款明确了"工业、电信、交通、金融、自然资源、卫生健康、教育、科技等主管部门承担本行业、本领域数据安全监管职责"，赋予了主管部门数据安全方面的行政执法权。对于数据安全问题，实行的是组织和个人双责双罚的制度设计。因此，《数据安全法》也明确规定了，如果出现数据安全问题，组织中的主管人员和其他直接责任人员将会受到相应的处罚。

新数据安全观从保管安全变为了使用安全。在数据大规模流通的时代，考虑到"数据化工厂"可能会对他人、社会或国家造成重大危害，切实管控多方、多种数据融合计算的目的和方式（用途），保障数据使用安全是新数据安全观的核心。

对于个人信息安全的保护。首先，针对个人信息使用环节的合规要求主要包括以下三个方面：第一，有明确、合理的目的，采取合适的方式；第二，获得个人的同意；第三，如遇侵害个人信息权益的事件，能够"自证清白"。其次，个人在专业实力、信息获取能力方面与信息处理者相比，存在显著差距，个人举证能力处于弱势，因此《个人信息保护法》第69条第1款"处理个人信息侵害个人信息权益造成损害，个人信息处理者不能证明自己没有过错的，应当承担损害赔偿等侵权责任"明确了侵害个人信息的案件适用过错推定责任的归责原则，即如果信息处理者不能"自证清白"，就对其做"有罪推定"。最后，个人敏感信息的流通原则——"非安全不流通"。

对数据出境明确特殊要求。《数据安全法》第四章第36条规定"非经中华人民共和国主管机关批准，境内的组织、个人不得向外国司法或者执法机构提供存储于中华人民共和国境内的数据"，并对数据实行分类分级保护制度，对不同类型和级别的数据分别制定数据出境安全管理规定。

《网络安全法》《数据安全法》《个人信息保护法》是我国维护数据安全最主要的法律依据。此外，《国家安全法》也是维护数据安全的重要法律依据。

（七）数据要素流通的主要场景

金融。风控相关，如：征信授信、反欺诈、反洗钱；营销；宏观经济形势分析。商贸，如用户画像、精准营销、产品改良、智慧物流。公共服务。为公众提供实时信息，让企业或机构得以开发相应 App，如气象、交通（道路拥堵、公交、附近停车场、航班信息）、社会保障、医疗卫生（疫情）、文体旅游（体育场馆、旅游景点、娱乐场所）。政务，如智慧城市、安防、环保。科研，如科学实验数据、智能驾驶。工业，如智能制造。农业，如智慧农田。教育，如优质课程、教学系统共享。

（八）主要参与者

大致包括数据供给方、数据需求方、算法算力等数据服务提供方、调度方、监管方。数据供给方主要包括公用事业类企业、大型互联网平台类企业；数据需求方主要包括银行等金融机构、大型网购平台、大型企业集团；数据服务提供方主要包括律师事务所、人才培养机构、资产评估机构、质量评估机构、专业数据分析企业、数据安全保障企业、数字基础设施提供商等；调度方和监管方主要包括经纪人、数据交易所等。

三 粤港澳大湾区数据要素流通发展现状

近年来，广东省坚持以习近平新时代中国特色社会主义思想为指导，全面贯彻党的二十大精神，深入贯彻习近平总书记对广东系列重要讲话和重要指示精神，扎实推进数据要素市场化配置改革。率先构建了数据要素市场治理体系：努力健全数据要素法规制度，营造良好的市场发展环境，颁布第一个地方性数据条例《深圳经济特区数据条例》，首创政府首席数据官、个人和法人数字空间、公共数据资产凭证及数据经纪人等。提升了数据要素市场治理现代化水平；深化数据应用，让数据更好赋能经济社会发展；建设数字政府2.0，推动工业企业数字化、智慧城市建设。与香港、澳门特别行政区政府合作探索大湾区数据要素跨境流通，推进三地医疗卫生（粤澳健康码）、商贸（澳优码）、金融、教育、文旅、交通等领域数据的共享与合作。下面，本报告从粤港澳大湾区公共数据开放现状、企业和机构数据流通现状、数据要素跨境流通现状三个方面展开分析。

（一）粤港澳大湾区公共数据开放现状

1.湾区各城市数据开放平台都已上线

2011年，香港率先上线了政府数据开放平台"资料一线通"。2015年以来，粤港澳大湾区上线的地方政府数据开放平台数量持续快速增长，截至2019年湾区各城市都已拥有政府数据开放平台，各城市政府数据开放平台的上线时间如表1所示。

表1 粤港澳大湾区各城市政府数据开放平台上线时间

上线时间	城市
2011年	香港
2015年	东莞、肇庆
2016年	广州、深圳
2017年	佛山
2018年	惠州、江门、中山、珠海
2019年	澳门

2.湾区各城市开放数据获取较为便利

香港特别行政区：民众可从"资料一线通"网站（data.gov.hk）获取香港特别行政区政府公开数据，数据可按行业、数据库、自选时间段下载，并可以在"资料一线通"网站查询到"根据年度开放数据计划开放的新数据集列表"；特定政府部门的年度开放数据计划可在相应部门的网站中查询。

澳门特别行政区：民众可从澳门特别行政区政府数据开放平台（data.gov.mo）获取政府公开数据集，平台支持按领域、关键词搜索数据集。

深圳市：深圳市政府数据开放平台（opendata.sz.gov.cn）支持民众按数据所属领域、行业、主题、服务、区/部门或直接按数据字段搜索数据集。

广州市：广州市公共数据开放平台（data.gz.gov.cn）支持民众按数据

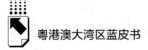

所属主题、部门或直接按数据字段搜索数据集。

中山市："开放中山"数据平台（https：//zsdata. zs. gov. cn/）支持民众按数据所属不同领域、行业、部门或直接按数据字段搜索数据集。

大湾区其他城市：东莞市、佛山市、惠州市、江门市、肇庆市、珠海市没有自身独立的数据开放平台。"开放广东"数据平台（gddata. gd. gov. cn）拥有广东省各部门以及各地级市的开放数据集。该平台支持民众按数据所属地级市、部门、主题分类、格式、开放模式或直接按数据关键字搜索数据集。

3. 湾区各城市中香港开放数据集最多

数据集是指由数据组成的集合，结构性数据通常以表格形式出现，每一"列"代表一个特定变量，每一"行"则对应一个样本单位。截至 2023 年 8 月 20 日，"开放广东"数据平台上显示其开放了 66071 个数据集、66368 个数据目录，本报告为了便于统计按照数据目录进行分析。由表 2 可以看出：首先，由于广州、深圳、中山 3 个城市不仅有各自专属的数据开放平台，也在"开放广东"数据平台上开放数据，因此本报告分别统计了粤港澳大湾区每个城市在这两个平台的开放数据集数量，对比后发现这 3 个城市在两个平台上开放的数据集数量是不同的；其次，香港开放的数据集最多，已经开放了 5220 个数据集，珠海、惠州、佛山紧随其后，都已开放了超过 4000 个数据集。

表 2　粤港澳大湾区各城市政府数据开放平台
以及"开放广东"数据平台上数据集数量

单位：个

城市	"开放广东"数据平台	各城市数据开放平台
广州	536	1377
深圳	1049	3298
中山	2403	853
江门	3182	—
东莞	3479	—
肇庆	3651	—
佛山	4032	—
惠州	4144	—

城市	"开放广东"数据平台	各城市数据开放平台
珠海	4579	—
香港	—	5220
澳门	—	655

注：数据获取时间截至 2023 年 8 月 20 日。

4.湾区各城市中香港、深圳、广州开放数据质量相对较高

本报告从下面几个维度评估湾区各城市开放数据的质量：提供的 API 接口数量与数据集数量之比，JSON 或 RDF 格式等易机读数据集数量占比（API 接口和易机读数据有利于提升使用者的数据处理和分析效率）；无条件开放数据集占比，是否提供数据字段说明、开放数据集目录表；对开放数据的推广和应用情况；与其他大城市开放数据情况的对比。

第一，由表 3 可以看出深圳市政府数据开放平台上几乎所有开放数据集都有 API 接口，而"开放广东"数据平台、"开放中山"数据平台和澳门特别行政区政府数据开放平台上的数据集 API 接口数量较少。表 4 展示了进一步考察基于"开放广东"数据平台开放数据的湾区内其他城市开放数据集的数据格式情况。其中，惠州市开放数据集的易机读性更好，其拥有 JSON 或 RDF 格式数据集数量占全部数据集数量的 73.8%，更便于使用者处理和分析数据。

表 3　粤港澳大湾区各城市政府数据开放平台上 API 接口数量与数据集数量之比

单位：个，%

	API 接口数量	数据集数量	API 占比
"开放中山"	0	853	0
"开放广东"	297	66368	0
澳门	56	655	8.5
香港	2200	5220	42.1
广州	1071	1377	77.7
深圳	3264	3298	98.9

注：数据获取时间截至 2023 年 8 月 20 日。

表4　粤港澳大湾区各城市政府数据开放平台上易机读数据集数量与数据集数量之比

单位：个，%

城市	JSON 或 RDF 格式数据集数量	数据集数量	占比
江门	4	3182	0.1
珠海	42	4579	0.9
佛山	89	4032	2.2
肇庆	750	3651	20.5
东莞	1643	3479	47.2
惠州	3060	4144	73.8

注：数据获取时间截至2023年8月20日。

　　第二，由表5可以看出，首先，在湾区各城市的开放公共数据中，无条件开放数据集的占比很高，都在90%以上。其次，佛山市无条件开放数据集占比相对较低，香港、澳门开放的数据集100%为无条件开放数据集。无条件开放数据集占比越高，说明大众在获取数据的过程中可能碰到的阻碍越少。再次，各城市的数据开放平台都对数据集里面的字段做了一定的说明。对数据字段的必要说明能够方便读者更好地理解数据内容，这是基于数据做后续分析应用所必需的，因此，此举能有效帮助人们在数据使用过程中减少可能碰到的障碍。最后，湾区内大部分城市的数据开放平台开放数据集目录表供大众直接下载。开放数据集目录表能帮助人们快速全面了解开放数据集的整体情况，能帮助人们更好地搜索所需数据。

表5　粤港澳大湾区各城市无条件开放数据集占比

单位：%

城市	无条件开放数据集占比	字段说明	开放数据集目录表
香港	100.0	有	没有
澳门	100.0	有	有
江门	99.8	有	有
惠州	99.1	有	有
中山	98.6	有	没有
肇庆	97.8	有	有

城市	无条件开放数据集占比	字段说明	开放数据集目录表
广州	97.7	有	有
东莞	97.4	有	有
深圳	95.0	有	有
珠海	94.5	有	有
佛山	92.5	有	有

注：数据获取时间截至 2023 年 8 月 20 日。无条件开放数据集占比中，广州市和深圳市数据由其城市数据开放平台上的相关数据计算得到，中山市数据由"开放广东"数据平台上的数据计算得到。

第三，在公共数据开放初期，大力推广公共数据的应用是非常必要的，能吸引公众关注挖掘公共数据的潜在巨大价值。因此，在考察湾区各城市公共数据开放质量时，本报告还考察了湾区各城市推动公共数据应用所做的努力。深圳和香港在这方面做得较好。

在促进数据使用方面。首先，深圳市政府数据开放平台在 2020 年和 2021 年都举办了深圳开放数据应用创新大赛。香港"资料一线通"网站中"关于开放数据"的模块下为公众提供了更多开放数据资源。例如链接了"空间数据共享平台：地理空间实验室"①。地理空间实验室的目标是鼓励民间利用空间数据开发智能应用程序，推动空间数据共享平台在智慧城市方面的发展。地理空间实验室由东华三院营运，智慧城市联盟支援，提供指导服务，协助开展空间数据的概念验证项目，并举办比赛、工作坊、讲座等活动，从教育、体验和实践方面提升大众对空间数据的兴趣，共同探索空间数据的价值和应用。

其次，湾区各城市公共数据开放平台基本都有应用推广模块，用于推广基于开放数据创建的应用程序、形成的研究报告等。简单统计后发现，香港"资料一线通"网站上展示了 40 款基于开放数据的应用程序，主要为交通（16 款）、新闻资讯（7 款）、房地产服务（6 款）、天气环境信息（5 款）、

---

① 如需更多相关信息，请访问地理空间实验室网站，https：//csdigeolab.gov.hk/sc/。

便民生活服务相关（6款）。深圳市政府数据开放平台中展示了11款基于开放数据的应用程序，主要为交通、便民政务、天气、房地产相关。广州市公共数据开放平台上展示了6款基于开放数据的应用程序，主要为经贸工商、政务便民、房地产相关。此外，平台还展示了农产品市场价格可视化应用等。"开放中山"数据平台中展示了24款基于开放数据的应用程序，但主要为政务资讯发布微信公众号（16款），其他为便民便企政务服务网站或移动App（4款）。东莞、肇庆、江门、珠海4个城市在"开放广东"数据平台的应用超市模块中各展示了2~3款移动App，主要为天气预报、空气报告、便民便企政务服务、交通相关应用程序。此外，"开放广东"数据平台的应用超市模块中还展示了25款基于省级开放数据创建的应用程序，主要是各部门提供便民便企服务的网站或移动App。

第四，本报告基于截至2023年8月20日的数据与大湾区内公共数据开放表现相对较好的一些城市与其他城市情况进行了对比。其一，广东省①、浙江省②、深圳市③、广州市④、香港特别行政区⑤、上海市⑥、北京市⑦、无锡市⑧的政府数据开放平台都有开放数据统计，这些统计表汇集了开放数据的部门数量、数据集总数量等信息。其二，只有北京市的数据统计涉及图像数据和点云数据等非结构化数据相关信息。此外，北京市开放数据集、数据量的总数量都远大于其他城市，是其他城市的3~12倍。其三，深圳、广州、无锡等城市API接口数量与数据集数量之比较高。相应地，深圳市政府数据开放平台的API接口调用次数最多，超过1.76亿次，但广州市公共数据开放平台的API接口调用次数仅有6.471万次。"开放广东"数据平台

① "开放广东"数据平台，https：//gddata. gd. gov. cn/websiteAnalysis/statistics。
② "浙江·数据开放"，https：//data. zjzwfw. gov. cn/jdop_ front/index. do。
③ 深圳市政府数据开放平台，https：//opendata. sz. gov. cn/maintenance/openCount/toDataFigure。
④ 广州市公共数据开放平台，https：//data. gz. gov. cn/dataStatistics. html。
⑤ "资料一线通"网站，https：//data. gov. hk。
⑥ 上海市公共数据开放平台，https：//data. sh. gov. cn/view/data-map/index. html。
⑦ 北京市公共数据开放平台，https：//data. beijing. gov. cn/。
⑧ 无锡市公共数据开放平台，https：//data. wuxi. gov. cn/。

的 API 接口数量占比非常低，约为 0，其 API 接口调用次数仅有 2306 万次；浙江省政府数据开放平台 API 接口数量占比约为 55%。其四，上海市公共数据开放平台的下载次数最多，超过 168 万次。

此外，《中国数据要素市场发展报告（2021—2022）》显示，从全国范围看，公共数据要素流通发展呈现以下特点：首先，覆盖国家、省、市、县各级的政务数据体系已初步形成；其次，数据存储向集约化方向发展；再次，公共数据平台已经围绕城市治理、环境保护、交通运输、公共卫生、应急情况和突发事件处理等多种场景展开数据分析应用，为多行业、跨场景需求提供多样化共享服务，为政府精准施策和科学指挥提供了重要支撑；最后，国家、省、市各级政府已经针对政务数据管理和安全保障制定相关标准规范。

（二）粤港澳大湾区企业和机构数据流通现状

1. 制造业企业大部分仍处于数据流通前的准备阶段——数字化转型阶段

现阶段，粤港澳大湾区还处在大力推动制造业企业数字化转型的进程中，也就是说现阶段，首先要推动制造业企业努力获取、汇集、关联其生产流程中的各种重要数据，使生产制造过程数字化。[①] 其次，企业才能基于系统性生产相关数据展开各种分析，优化企业生产流程。最后，通过数据共享形成行业、产业链数据库等，进一步推动企业生产更加智能化。例如，德国的工业数据空间项目。工业数据空间是一个面向制造业的生产协同数据空间，是以实现用户数据、工厂数据等企业数据的可信流通交换，提高工厂整体效率，提高产品质量，实现工艺优化等为目标的非营利组织。粤港澳大湾区内也已经开始了相关尝试，2022 年 5 月 27 日，由深圳

---

① 《广东省数据要素市场化配置改革白皮书（2022）》指出"广东以工业互联网为抓手，以产业集群数字化转型为重点，打造'工业互联园区+行业平台+专精特新企业群+产业数字金融'的新制造生态系统，制造业数字化转型走在全国前列，成为工业互联网国家示范区。累计培育 300 余个制造业数字化转型标杆示范，推动 2.25 万家规模以上工业企业数字化转型，带动超过 65 万家中小企业'上云用云'"。广东省现有规模以上企业约 5 万家，结合上述白皮书可知"推动 2.25 万家规模以上工业企业数字化转型"，即先推动一部分大型企业数字化转型，因此，粤港澳大湾区现在还处于推动制造业企业数字化转型的阶段。

数据交易有限公司、华为云计算技术有限公司、深圳数鑫科技共同发起成立的"国际数据空间创新实验室"正式发布。国际数据空间创新实验室主要聚焦孵化并构建自主知识产权、安全、可信、可控、可追溯的数据流通技术体系，在借鉴国际数据空间（International Data Space，IDS）先进理念和参考架构的同时，充分融合国内数据流通产业特点、行业应用场景、数据保护及交易法规等。

此外，《中国数据要素市场发展报告（2021—2022）》显示，工业数据已经在设备健康管理、供应链协同业务模式创新、覆盖工业全流程场景数据分析挖掘应用等方面发挥了较大作用。企业的关注点从数据中台转向了数据的潜在价值挖掘。企业内部和上下游合作越来越依赖各类数字化平台和工具，但是仍面临许多挑战。首先，多数企业缺少处理来自复杂巨系统不同的组织域、职能域、业务域、数据域大数据的数据操作系统，导致各阶段生产数据形成众多数据孤岛，数据要素作用难以发挥。因此，需建立无歧义、无冗余、单一数据来源的工业技术工程与管理工程的生产力数据库。其次，工业企业数据业务价值和敏感度高，企业倾向于本地化存储数据，但数据需要在流通和价值转移中使企业获益。因此，需完善数据安全可信流通技术体系，以支持企业数据在保障安全的前提下充分流通。

2. 公用事业类企业、大型互联网平台类企业已进行数据流通但仍处于谨慎探索阶段

公用事业类企业如电力公司（中国南方电网）、通信公司（中国移动）和大型互联网平台类企业（腾讯、京东、蚂蚁集团）等，拥有海量企业、家庭和个人数据。首先，这些数据的流通可用于降低信息不对称水平，从而帮助解决小微企业融资难问题，如深圳数据交易所首款公开交易产品"电力看征信"能够有效支持小微企业融资。其次，这些数据的流通可被商家用于挖掘潜在客户、开展广告精准投放，如支付宝全面开放的全域数据营销产品"棋盘密云"。"棋盘密云"可助力商家在支付宝端公私域挖掘潜在客户、精准投放广告。基于隐私计算，其还支持商家实现支付宝和其他端的全域数据打通融合。支付宝公布的相关数据显示，该产品在测试阶段可帮助商家实现交易转化率提升 4 倍。最后，这些数据的流通还可被用于便民服务，例如，基于对散落在各个机场、航空公司、空管处等多处的航班相关信息的整合、处理、预测，航旅纵横 App 为人们提供乘飞机出行时所需要的各类资讯，极大地便利了人们的出行。但数据要素流通仍面临相应法律法规尚不健全、所需技术尚不成熟等一系列问题。因此，现阶段，在数据流通的过程中仍易遭遇各种问题和风险，导致企业不敢供给、不愿供给数据的情况仍普遍存在。故对上述数据资源丰富的企业而言，一方面，在国家大力推动和整个社会朝着数字化快速发展的大环境下，它们的数据流通业务逐年发展；另一方面，由于法律和技术的尚不完善，从整体看，它们的数据流通业务现在仍处于比较早期的谨慎探索阶段。

《中国数据要素市场发展报告（2021—2022）》显示：第一，互联网企业已经采用线上线下相结合的方式，采集、汇聚数据；第二，这些数据资源丰富的企业已经运用数据挖掘等方法快速理解数据、迭代产品、提升业务决策水平；第三，目前，腾讯、阿里、字节跳动等平台已经作为主要数据供应商在各地数据交易所内向其他企业、机构提供数据相关产品和服务；第四，互联网领域数据要素安全相关管理办法持续完善。

3. 医疗数据流通共享已在医疗制药机构中审慎进行并日趋成熟[①]

由于医疗数据属于高敏感性个人数据，为了保障数据安全，目前医疗数据大多存储在本地机房或政务云平台。随着人工智能技术的发展，医疗数据的加工处理逐渐智能化。在国家卫健委近年来的统筹推进下，医疗数据流通共享日趋成熟。目前，全国性健康信息平台已基本建成，7000 多家二级以上公立医院接入省统筹区域平台，2200 多家三级医院初步实现院内信息互通共享，并且医疗数据的分析应用已取得阶段性进展。医疗数据的分析应用在加强医院运营管理、提高临床医疗水平、推动医药研究、助力疫情防控等

---

① 医疗数据、科学数据、金融数据流通情况主要参考《中国数据要素市场发展报告（2021—2022）》中的相关观点。

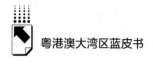

方面都发挥了重要作用。

4. 科学数据开放共享将成趋势

科学数据开放共享有利于降低科研成本、提高研发效率、加快成果应用推广。因此，国家层面发布的相关政策文件明确指出：科学数据的主管部门应在国家统一政务网络和数据共享交换平台的基础上开展本部门（本地区）的科学数据汇交工作；编制科学数据资源目录，并将有关目录和数据及时接入国家数据共享交换平台，面向社会和相关部门开放共享。在实践中，基因与生物技术、深空深地深海和极地探测等关系国家安全与重大利益、以政府为主导的前沿科研领域，科学数据中心和集成平台建设较多，能够助力科研团队内部、科研合作团队间更好地共享科研数据。

5. 金融机构主要为数据使用方，在保障数据安全的前提下探索数据流通

金融机构可从业务流程中采集客户信息，并在后台合并外部供应数据。金融数据包含诸多敏感信息，国家相关管理机构已出台一系列金融数据分级分类标准，如《金融数据安全　数据安全分级指南》《证券期货业数据分类分级指引》《个人金融信息保护技术规范》。金融机构普遍采用私有云存储数据，对于中低敏感数据则以公有云或混合云为主要存储载体。由于监管政策的影响，金融机构在数据流通中一般是数据使用方，以往金融机构间数据流通较少，现在金融机构正尝试在保证数据安全的前提下探索数据流通。

（三）粤港澳大湾区数据要素跨境流通现状

在数字经济全球扩张的背景下，数据流通的重要性逐渐凸显。在数字技术和信息网络的推动下，数据要素跨境流通可带动各种人、财、物等资源要素快速流动，加速技术创新，各类市场主体加速融合，帮助企业重构组织模式，实现跨界发展，促进数字经济做强、做优、做大。因其重要性，数据要素跨境流通也成为全球数字经济发展中各国博弈的核心之一。粤港澳大湾区拥有独特的地理、政治、经济环境，即"一国、两制、三法域"，是中国开放程度最高、经济活力最强的区域之一。因此，国家对粤港澳大湾区探索数据要素跨境流通路径寄予了极大的支持和期望。

下面将对粤港澳大湾区数据要素跨境流通发展情况进行分析。

1. 数据跨境的定义

我国在《数据出境安全评估办法》中，将数据处理者向境外提供在中华人民共和国境内运营中收集和产生的重要数据和个人信息视为数据出境活动。

在进一步描述更详细的数据要素跨境流通的相关情况前，本报告将先对重要相关背景，即全球数字贸易治理的特点及其发展趋势进行一定的说明①。

2. 数据要素跨境流通的背景——全球数字贸易治理的特点及其发展趋势

第一，全球数字贸易治理呈现"四足鼎立"格局，更具体的包括：美式治理，特点为提倡数据自由流动，存储非强制本地化，代表规则包括《全面与进步跨太平洋伙伴关系协定》（CPTPP）；欧式治理，特点为注重个人隐私保护，但是除视听资料外，平台对保障数字贸易合规负主要责任，代表规则包括《欧盟与加拿大自由贸易协定》（CETA）；中式治理，特点为强调互联网及数据的主权和安全，代表规则包括《区域全面经济伙伴关系协定》（RCEP）；新式治理，特点为关注治理机制是否有利于促进数字贸易便利化、推动创新、中小企业发展，代表规则包括《数字经济伙伴关系协定》（DEPA）。新加坡主要在2020年后开始加速设立区域数字贸易规则。

第二，数字贸易规则的形式和内容在过去20年间都不断的升级。形式升级方面，制定数字贸易规则的主要平台是区域贸易协定（RTA）。数字贸易相关规则经历了从RTA的专门条款发展为专门章节，并进一步发展为专门协定的过程。而之所以会出现这样的变化，本报告认为一方面是

---

① 这部分观点引自对外经贸大学周念利教授2023年7月14日在全球中国经济大讲堂的讲座内容。

因为数字贸易愈加重要，另一方面是因为数字贸易的发展变化太快，相应的规则需要经常更新，故需要设定专门协定，以便灵活更新。内容升级方面，数字贸易规则的主要诉求也在不断地升级扩展。其最初的关注点为"贸易便利化"，如确保电子签名、无纸化贸易的法律效力，消费者线上交易的合法性，等等，代表贸易规则包括中澳自由贸易协定（FTA）、中韩 FTA 等。而后数字贸易规则的主要诉求发展为"保障数据要素跨境流动及相关权益"，如数据跨境自由流动和存储非强制本地化、政府数据公开等；"捍卫数字贸易垄断优势地位"，如数字技术的非强制性转让（源代码、密钥等）、数字内容产品的版权保护等；"促进数字服务自由化"，如负面清单管理、透明度义务、数字产品非歧视性待遇、电子传输永久免关税等，代表贸易规则包括 CPTPP、《美国—墨西哥—加拿大协定》等。现阶段数字贸易规则的主要诉求进一步发展为关注"贸易便利化升级议题"，如全流程便利化；"包容性增长理念"，如关注其对中小企业的发展是否友好、是否能加强合作等；"新兴科技发展，技术向善"，如人工智能、金融科技等。

第三，全球数字贸易治理由多平台多主体共同推动发展，并且各组织、协议关注的治理内容重叠度较高，呈"同心圆"样式。如 WTO、G7、G20、OECD、APEC 等组织都在推动全球数字贸易治理发展，OECD、G20、G7 等组织都对数字服务税的问题进行了讨论。

第四，数字贸易治理具有重要且复杂的"数据治理"面向。数字贸易兼具数据和贸易两个面向，各国采取措施对数据跨境流动问题实施规制，会直接或间接影响数字贸易运行。数据是一种独立的生产要素，是数字贸易中一个非常重要的组成部分，并且数据要素跨境流动是全球价值链、区域价值链得以形成的重要手段和方式。因此，数据要素跨境流动的重要性凸显。

第五，数字贸易治理具有"技术"面向，是技术密集型的贸易形态。按照诉求，现有技术规则可分为技术权力捍卫型规则（如源代码、算法非强制性转让）、技术鸿沟弥补型规则（加强技术合作）、技术向善引导型规则（负责任使用）、技术壁垒剔除型规则（技术中性原则）。

第六，数字贸易治理在关键问题上呈现"软硬兼施"的特征。"硬法"是指有强约束力的法律文本；"软法"是指专业指导方针、标准、行为准则和最佳实践等规范和行为规则，不具有法律约束，制定主体多元化。其中"标准"是重要的"软法"治理工具。

第七，印太地区是数字贸易规则发展的领先地区，也是数字贸易治理博弈的前沿阵地。数字经济具有规模依赖性和规制密集性的特点，印太地区GDP占全球GDP的60%，经济增量占全球的2/3，人口占全球的50%，有15亿名中产阶级，而印度尼西亚、越南数字经济市场年均增长40%，印度现在仍有4亿名非网民，90%的交易是现金结算，因此，印太地区数字贸易的市场规模和潜力都很大。争夺印太数字贸易治理主导权的地缘政治竞争已展开，美国制定了"印太战略""印太经济框架"，欧盟发布了《欧盟印太合作战略报告》以推进欧盟和印太地区的数字化领域合作。关于印太地区数字贸易治理的前景，预计未来印太地区会逐渐分化形成以中、美为核心的两大竞争性主导集团。在中美博弈压力下，印太地区中小经济体会通过"联合抱团"的方式追求在特定议题或领域占据治理主导权。数字贸易安排（协定或倡议）在形式上会趋向更具包容性和灵活性的主题模块型。为回应数字技术的飞速变化，数字经济治理议题会进一步拓宽。中国可能采取的应对方式包括：理性、务实、有选择性地加入印太地区既有的数字贸易安排，加强与东盟之间的数字贸易治理合作安排；积极提炼和对外输出数字贸易规则的"中式模板"；依托"大市场优势"将提升国际数字贸易治理话语权与扩大数字服务市场开放相结合；通过数字技术、数字产品及服务的输出进一步夯实中国数字经济的国际影响力。

在推动数据要素跨境流通方面，中央和地方的职能是存在区别的，中央主要考虑安全问题，制定规则，保障发展，而地方最需要做的则是在合法合规的前提下，让数据要素跨境流通成为一个个可落地、可实施的具体案例，并且努力使数据要素跨境流通变得更加便利。因此，下面将对粤港澳大湾区内已落地的典型数据要素跨境流通案例展开一定的分析。

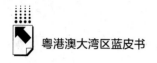

四 粤港澳大湾区数据要素跨境流通案例分析

（一）应用场景

现阶段，粤港澳大湾区数据要素跨境流通主要应用在卫生健康、供应链金融、金融征信、国际贸易、跨境电商、智能汽车、跨国企业数据中心等场景中。

（二）已落地的数据要素跨境流通案例平衡数据安全和流通效率的几种主要思路

思路 1：借助区块链技术使两地机构在不直接传输和交换用户数据的情况下验证信息的真实有效性。代表案例：粤澳健康码互认，粤澳跨境数据验证平台，跨境供应链金融、无纸化跨境贸易流转平台，等等。①

粤澳健康码互认案例简要说明。

业务背景：新冠疫情期间，按照防疫要求，入境澳门或内地都需要多天隔离，这极大阻碍了两地居民复工复产。

业务需求：新冠疫情期间，让粤澳两地能够在对疫情精准防控的同时保障两地居民正常跨境通关，加速复工复产。

业务挑战：第一，健康码生成和使用的过程中需要使用用户个人信息，互认业务中需要让隐私保护标准同时满足两地标准；第二，两地管理机构如何在不直接传输和交换用户数据的前提下，验证来自另一地区居民提交信息的真实有效性。

解决方案——制定具体互认流程（粤转澳）。

（1）用户首先要符合转码的条件，然后申请粤康码转换为澳门健康码。

---

① 案例具体说明请参见开放群岛开源社区跨境数据流通小组 2022 年 12 月发布的《跨境数据流通合规与技术应用白皮书（2022 年）》。

（2）粤康码后台将用户的粤康码信息生成 Credential 并加密，同时使用私钥签名，将哈希上链。

（3）用户自主提交，将粤康码的加密的 Credential 传送到澳门健康码。

（4）澳门健康码后台解密用户提交的信息，与链上哈希比对，验证信息和签名。

（5）验证通过，则为用户生成澳门健康码。

（6）用户在手机上接收到生成的澳门健康码，持有其可以入境澳门。

（7）持有澳门健康码（包含核酸检测结果）的澳门市民及内地居民，可免除入境隔离要求，直接使用自助通道入境澳门。

澳转粤互认流程类似，不再赘述。

业务技术支持：微众银行为项目提供 FISCO BCOS 区块链开源底层平台、WeIdentity 实体身份认证及可信数据交换开源解决方案支持，通过分布式实体身份标识及管理、可信数据交换协议等一系列的基础层与应用接口，充分保障实体对象（人或物）数据的安全授权与交换。为配合粤澳两地建立跨境互认机制，澳门健康码的运作机构及粤康码的运作机构都各自注册了 WeIdentity DID（WeIdentity 方案中的术语，为每个实体在区块链上生成符合国际规范 DID 的全球唯一 ID）。

思路 2：在每一个法域地区设立一个实体数据中心存储当地收集到的数据，将数据按照当地相关法律法规要求处理后再进行数据的法域间传输。代表案例：跨国企业跨境数据中心。

业务背景：跨国企业总部位于中国境内，业务遍布全球五大洲。近几年，跨国企业跨境业务面临着新的挑战。一方面，随着欧盟 GDPR、美国 UPDPA 等数据保护法案法规的相继出台，全球隐私合规条例愈加趋严，境外其他业务相关原始明细数据存储在中国境内存在合规风险；另一方面，随着业务的拓展和用户的快速递增，原有数据中心无法满足企业需求。

业务需求：升级改造全球数据中心，以保障数据流通合规、安全，数据分析方便、高效。

业务挑战：第一，各国/地区的数据要素跨境流通相关法规各不相同，

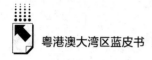

如何保障数据在采集地、存储地、使用地以及传输方法等方面都合规；第二，如何实现跨国企业对全球数据方便、快捷的调用。

解决方案——重新架构和建设企业跨境数据中心。

将企业整体数据中心布局架构设定为两个一级数据中心（一个国内一级数据中心、一个海外一级数据中心）及多个海外二级业务中心。

数据存储：选择将国际业务系统多域部署在某公有云上，将国内业务系统部署在混合云上，以平衡数据合规需求和数据访问响应速度需求。

数据传输流程：海外各地区业务数据，按当地相关法律法规要求处理后形成合规业务数据，而后统一传输至海外一级数据中心，在海外一级数据中心汇总所有海外业务数据后，再按照海外一级数据中心所在地法律法规再次进行合规处理后将数据同步至国内一级数据中心。

业务技术支持：为符合 GDPR 及境外相关合规条例要求，规避误操作导致的明细数据回流带来的风险，通过专业工具快速识别敏感数据，并进行敏感数据标识，在数据接入前设置审核节点，进行数据审批，防范数据跨境同步的法律风险。

思路 3：对数据进行分级分类处理，让系统帮助快速完成合规审查中的大部分工作。代表案例：智能汽车车联网数据跨境传输、奢侈品零售跨境数据安全防护系统、智能化技术实现跨境电商数据合规高效使用。

业务背景：在全球互联和新能源汽车、智能汽车飞速发展的背景下，各大型车企都在大力发展车联网。智能汽车行驶中产生和收集的数据是车载平台迭代升级、产品研发、车辆仿真模拟、市场营销的关键数据。与此同时，由于汽车产业的全球化特性，近年来中国智能汽车海外销量快速攀升，这使车联网数据存在巨大的跨境共享交换需求。但各国/地区针对数据安全相继出台相关法律法规，使车企面临较大的监管挑战和被处罚的风险。

业务需求：数据在跨境、跨域的合规共享交换、有效管理、透明可追溯。

业务挑战：第一，数据在跨境传输和访问时可能面临数据被窃取和信息被篡改的风险，如何保障数据的安全性和隐私性；第二，车联网数据包含行车环境和用户隐私等敏感信息，如何使数据跨境传输符合各国/地区的相关法律法规要求，让车企避免法律风险和高额处罚；第三，对车联网数据的使用有较高的时效性要求，但如果让数据跨境、跨域传输符合现有法律法规的要求，则时效性难以保障，如何构造可持续的、可高效运营的车联网数据交换和共享方案。

解决方案——建立数据跨境服务平台。

（1）提取数据。从系统中抽取需要跨境的车联网数据，传输至企业数据中心进行汇集，并对可以跨境的数据生成索引信息。

（2）对数据进行分级分类。将数据分为自身数据、车辆环境数据和用户数据。而后对每一类数据的基本属性包括字段名、定义、数据来源、提供必要性、参数定义、有效范围等多个维度进行标识，并按照是否可以出境将各类数据分为禁止出境、统计分析及算法使用结果出境、脱敏处理后可出境、无限制出境标定涉密等级。

（3）对数据进行安全评估。将相关数据索引在区块链中广播，同时将备案评估情况发送给监管部门审核备案，获得许可后，开展跨境数据传输活动。

（4）运用服务平台方案解决跨境数据治理问题。勤达睿尝试提供平台化的工具来支撑繁杂的跨境数据治理、跨境合规管理及数据协作等工作。数据处理规则可配置并具有开放性，确保可以根据行业规范细则的变化对自评估流程与政策进行同步调整。平台支持在数据安全评估后直接进行脱敏匿名数据，无限制数据可直接出境。对于不能够直接出境的数据，根据车联网数据用户对数据使用范围和使用目的的授权约定，平台在不传输任何原始数据的前提下，由境外数据需求方请求相关的模型计算，通过模型源或数据源的加密分片及算法源的相关配置，实现车联网数据的密文分片交互计算，境外数据需求方在不获取原始数据的前提下，直接通过数据唯一的哈希值溯源确认数据质量，直接获取密文计算结果，确保数据可用不出境及有效性、数据未被篡改，实现跨主体跨境的数据使用。

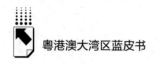
五 粤港澳大湾区数据要素流通面临的挑战与政策建议

综上可知，粤港澳大湾区数据要素流通正在稳步推进，并已经落地了许多具体案例，为数据要素流通贡献了一系列可行的参考方案。但数据要素流通仍面临一些困难，存在一些问题。下面将讨论数据要素流通中面临的挑战并给出相关政策建议。

（一）在公共数据开放方面

存在平台重复建设、开放数据集不统一、湾区各城市数据平台间联系不够紧密等问题。

平台重复建设、开放数据集不统一，容易让人们在搜索数据时产生诸多疑惑，影响数据使用。从粤港澳大湾区公共数据开放现状中可知，湾区内广州、深圳、中山3个城市各有两个公共数据开放平台，并且在两个平台中开放的数据集不完全相同。因此，建议进一步优化湾区内公共数据开放平台架构，增加必要的说明和链接，明晰湾区内开放数据的整体架构，便利数据的使用。

湾区各城市数据平台间联系不够紧密，各平台间缺乏相互链接，不像其他省份的数据开放平台那般结构清晰。这也从侧面反映出湾区各城市在数据流通方面的合作还有较大的进步空间。因此，建议增强湾区各城市在数据流通方面的合作、交流，如定期由湾区各城市轮流举办数据流通经验分享会等活动，促进城市间在数据流通方面的交流合作。

（二）在工业数据要素流通方面

企业需打通数据孤岛，形成能够适配企业生产力要素的全局关联性、数据逻辑性和多重关联性的数据库；形成和建立能对来自复杂巨系统不同的组织域、职能域、业务域、数据域大数据进行分析和处理的方法论和工具。工业数据由于业务价值和敏感性高，亟须解决如何在流通中保障数据安全的问题。

（三）在数据要素跨境流通方面

尽管湾区内已经成功落地一系列数据要素跨境流通案例，为数据要素流通探明了一些可行路径，但在数据要素跨境流通的实践中仍然面临许多问题。

1. 国家核心数据、重要数据的识别标准不明确

当前，国家核心数据、重要数据的识别标准模糊，导致组织在开展数据跨境流通或交易时面临较大的合规压力。如国家核心数据仅在《数据安全法》中有所提及，缺乏可执行的判定标准；帮助界定重要数据范围的国家标准"信息安全技术 重要数据识别指南"仍然处于制定阶段，同样缺乏权威认定标准。一方面，这让部分数据处理者未识别到国家核心数据、重要数据，故未履行出境前置程序，存在未履行合规义务的风险；另一方面，部分数据处理者所处理的数据虽安全级别较低，不属于国家核心数据、重要数据，但为了避免合规风险，数据处理者将不需要进行安全评估的跨境数据事项向网信部门进行申报，造成不必要的行政监管资源浪费及合规负担加重。近期，国家政策中相关的指导解决方案之一为设立数据"白名单"便利数据跨境流通——2023 年 7 月 25 日发布的《国务院关于进一步优化外商投资环境加大吸引外商投资力度的意见》中提出，支持粤港澳大湾区探索"形成可自由流动的一般数据清单"。

2. 数据要素跨境流通成本高昂

《数据出境安全评估办法》要求在申报前进行风险自评。为确保数据依法依规跨境流通，数据处理者常常自我施压以应对潜在风险，导致合规义务增加。当前，标准化自评体系不完善，数据处理者需委托第三方机构开展评估，或将造成效率及可操作性降低，增加出境业务成本。因此建议，按行业给出自评参考模板，以帮助数据处理者在控制潜在合规风险的前提下降低数据出境业务成本。

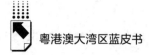

3. 难以核查数据接收方的合规义务

现行法律法规对数据出境链路及接收方的数据安全保障能力有一定要求，但在实际业务中，域外核查等事项存在一定难度且成本高，企业落实存在困难。针对这方面问题，建议使用隐私计算等技术使数据从技术上变为"可用不可见""可控可计量"的数据，从而更好地控制数据要素跨境流通后的影响。官方可推荐一些可信赖、能够提供这类技术支持的数据要素跨境流通服务企业，以便有需要的企业可采用相应技术规避此难题。

4. 未明确数据跨境安全义务评价标准

对于计划通过数据出境安全评估的企业，需描述自身及境外数据接收方的数据处理安全保障能力。然而，关于应采取何种安全措施及部署哪些策略等问题，规范文件《数据出境安全评估办法》和《数据出境安全评估申报指南（第一版）》均未明确。数据跨境安全义务评价标准的不透明将导致企业无法判断从哪个维度补充或加强数据出境过程中的安全保障。若因安全义务履行问题而未通过评估，企业也难以了解所需改进之处。此问题应该早已被发现，近期已有一些相关改善措施。2023 年 8 月 18 日，中国互联网协会发布团标《跨境数据流通技术要求（征求意见稿）》（以下简称《团标》），面向社会征求意见。《团标》可供开展数据跨境活动的相关机构参考使用，可为数据跨境活动的相关机构提供部署信息安全控制措施方面的指导。

5. 个人信息出境标准合同适用范围过小

国家互联网信息办公室于 2022 年 6 月 30 日发布了《个人信息出境标准合同规定（征求意见稿）》，规定如果个人信息处理者处理个人信息超过100 万人次，将无法使用该标准合同传输数据出境。但是，许多小型和微型企业在进行跨境电商等业务时会处理超过 100 万人次的个人信息。如果只能通过数据出境安全评估或个人信息保护认证的方式传输数据出境，那么这些企业将承担与业务规模不匹配的巨大合规成本。因此建议，通过提供技术支持（设立能同时妥善处理数据要素跨境流通合规问题和满足商户业务需求的跨境交易平台，如车联网数据跨境服务平台所做的）助力有相关需求的小微企业控制数据要素跨境流通合规成本。

6. 数据跨境流通技术水平和数据治理能力还有较大提升空间

需要性能稳定、简单易用的全链条平台工具帮助打破由于世界各地纷繁复杂、各不相同的合规要求给数据跨境流通相关业务带来的巨大阻力。现有结构性数据为主治理方式，在数据质量、数据字段丰富度、数据分布和数据实时性等维度还难以满足跨境领域 AI 应用对数据的高质量要求。因此建议，大力发展性能稳定、简单易用、合规、对各种结构的数据广泛兼容的全链条平台工具。

参考文献

王利明：《论数据权益：以"权利束"为视角》，《政治与法律》2022 年第 7 期。

B.3
粤港澳大湾区金融科技发展报告

杨永聪　丘珊　陈嘉萱*

摘　要：《粤港澳大湾区发展规划纲要》明确要求加快建设粤港澳大湾区金融和科技创新功能的承载区，着力发展金融科技等特色金融。当前，得益于政策扶持力度大、经济实力雄厚、城市集群联系紧密、人才储备充足以及国际化程度高等优势，粤港澳大湾区金融科技发展已取得明显成效，为促进金融业高质量发展和构建有国际竞争力的现代产业体系提供了有力支撑。但是，粤港澳大湾区金融科技发展仍然存在问题，主要表现为规划引领不到位、赋能机制有所欠缺、复合型人才稀缺、地区分布不平衡、创新监管体系不完善等。为此，可以通过加强规划引领、打通赋能机制、强化人才培养、优化区域布局、探索"监管沙盒"机制等举措，为粤港澳大湾区金融科技高质量发展提供更有力的支持。

关键词：粤港澳大湾区　金融创新中心　金融科技

一　引言

党的十八大以来是中国金融业取得历史性成就的十年，中国人民银行持续深化金融供给侧结构性改革，以新发展理念引领金融支持实体经济高质量

---

* 杨永聪，博士，广东外语外贸大学粤港澳大湾区研究院副院长，大湾区建设与区域协调发展重点实验室副主任，主要研究方向为国际经济与产业经济；丘珊，广东外语外贸大学经济贸易学院硕士研究生，主要研究方向为产业经济；陈嘉萱，大连海事大学航运经济与管理学院本科生，主要研究方向为经济学。

发展。金融科技作为技术驱动的金融创新，进一步为金融业的高质量发展注入新的生命力。粤港澳大湾区在金融科技发展方面具有超前优势和巨大潜力，《2022 中国内地城市金融科技竞争力排行榜》显示，排名前三十的城市中粤港澳大湾区占据 4 席，其中深圳排名第三居第一梯队，金融实力强劲，为全国性金融中心，广州排名第五居第二梯队，东莞和佛山居第四梯队。从区位优势看，粤港澳大湾区不仅是我国改革开放的前沿阵地，而且是我国科技创新的高地，我国十大科技头部企业中华为、大疆、富士康、腾讯位于大湾区内，带动了金融机构科技创新与实践。从金融机构的科技发展看，粤港澳大湾区金融科技基础设施、智力资源、科创企业数量与质量等在全国处于领先水平。因此，粤港澳大湾区金融科技企业可以很好地肩负起大力发展金融科技创新的使命。

"十四五"规划明确提出稳妥发展金融科技，加快金融机构数字化转型。为进一步贯彻"十四五"规划精神，中国人民银行印发《金融科技发展规划（2022—2025 年）》，对我国发展金融科技进行顶层设计和统筹规划。《粤港澳大湾区发展规划纲要》也明确要求加快建设大湾区金融和科技创新功能的承载区，着力发展金融科技等特色金融。金融科技成为粤港澳大湾区金融创新发展的重要抓手，在政策的推动下 2022 年粤港澳大湾区有非常突出的金融科技发展实践，大湾区内多个金融科技企业的重点项目分别入选国家、省、市的金融科技试点或案例。香港正推动虚拟银行、"商业数据通"等发展，与中国人民银行数字货币研究所合作开展"多边央行数字货币桥研究项目"；深圳正在推进数字人民币、金融科技创新监管、资本市场金融科技创新等试点，建立金融安全大数据平台；广州联合全球知名孵化器成立首个国际金融+产业创新中心，探索打造金融科技创新孵化平台，"国家金融与发展实验室广州基地金融科技研究中心"也成功落地。

粤港澳大湾区产业的高质量发展离不开金融支持，金融科技作为金融创新的新兴力量，在技术驱动下推动金融业变革，进一步完善现代金融体系，更好地满足粤港澳大湾区产业在研发创新、资源配置等方面的需求，并且在资金供给方面更加精准高效，为粤港澳大湾区产业的高质量发展提供有力支

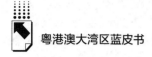

撑，因此金融科技的纵深发展对大湾区产业高质量发展具有重大意义。

基于上述背景，本报告从基础设施、智力资源、企业分布和政策支持四个维度梳理粤港澳大湾区金融科技发展的基本现状，重点介绍了广州、深圳和佛山三个典型代表城市金融科技发展的地方实践与成效，在此基础上结合粤港澳大湾区金融科技发展的有利条件和存在问题提出相应的政策建议。

二 粤港澳大湾区金融科技发展的基本现状

在国际金融态势严峻的大背景下，粤港澳大湾区金融持续发展，在总量及区域位置等方面发挥独有优势，整体金融实力再上一层楼。根据第 32 期全球金融中心指数（GFCI）排名，香港排名第四，深圳排名提升一位至第九，广州排名第二十五，较前一年变化不大，粤港澳大湾区主要金融中心的国际影响力保持稳定，且粤港澳大湾区创新态势向好，发明专利数量年均增长居世界四大湾区之首，人工智能、大数据、电子通信、芯片研发等创新成果显著。金融业作为粤港澳大湾区的支柱性产业之一，粤港澳大湾区有潜力利用大数据和人工智能等发展金融科技，推动金融业转型升级。在金融科技试点方面粤港澳大湾区取得新突破，深圳成为金融科技应用试点城市、央行金融科技创新监管试点城市和首个国家级金融科技测评中心，广州获批成为央行金融科技创新监管试点城市，广州、深圳获批开展资本市场金融科技创新试点，广东股权交易中心获批开展区块链建设试点。

（一）金融科技基础设施

粤港澳大湾区作为金融科技领域的"领头羊"，成熟的金融市场和丰富的创新因子使粤港澳大湾区成为金融科技发展的绝佳港湾，日益完善的基础设施助力粤港澳大湾区金融科技迈向全球顶尖水平。

1. 粤港澳大湾区金融基础全国领先

2022 年广东省金融发展取得骄人成绩，金融业增加值为 1.18 万亿元，同比增长 7.8%，对经济增长贡献率达到创纪录的 1/3，其中深圳和广州贡献最大，金融业增加值分别为5137.98亿元和2596亿元。^① 第32期GFCI排名显示，深圳、广州金融实力排名分别为第九和第二十五（见表1）。

表1　GFCI 32和GFCI 31部分城市排名及得分
单位：分

城市	GFCI 32	得分	GFCI 31	得分
纽约	1	760	1	759
伦敦	2	731	2	726
新加坡	3	726	6	712
香港	4	725	3	715
上海	6	723	4	714
北京	8	721	8	710
深圳	9	720	10	707
广州	25	704	24	681

资料来源：GFCI。

在金融科技基础设施方面，粤港澳大湾区同时拥有香港交易所、深圳证券交易所和广州期货交易所三个国家级交易平台。尽管近几年全球市场出现波动，但香港交易所的一级市场仍领先于全球IPO集资榜，2022年，香港交易所的首次公开募股表现较好，全球排名第四。2022年，深圳证券交易所市值超32万亿元，高质量完成创业板改革并试点注册制，顺利实施主板与中小板合并。^② 广州期货交易作为广州首个国家级金融基础设施累计落户期货业机构11家，并成立广东省首家以广州期货交易所命名的银行支行，为期货产业提供精准金融服务。除此之外，大湾区内深圳的风险投资中心、广州的银行体系、珠澳的债券市场都高度成熟，鉴于此粤港澳大湾区在打造金融创新中心方面具有极高潜力。在金融科技研究基础设施方面，深圳市大湾区金融研究院设立金融监管、金融科技等六个研究所和三个实验室，腾讯助力大湾区建设金融科技实验室，为粤港澳大湾区金融科技的发展奠定基础。

---

① 广东省地方金融监督管理局。
② 《粤港澳跨境金融合作向纵深挺进》，《中国经济时报》2022年7月5日。

2. 粤港澳大湾区科技基础世界一流

2022 年广东省研发经费支出约 4200 亿元，占地区生产总值（GDP）的比重达 3.26%，区域创新综合能力连续 6 年排名全国第一，正成长为我国创新动力源之一。珠三角九市为研发投入的主力军，其中深圳全社会研发投入高达 1682 亿元，广州研发投入强度连续 8 年稳定增长。从城市或都市圈看，粤港澳大湾区在全球科技创新领域仍然处于领先地位。《国际科技创新中心指数 2022》显示，粤港澳大湾区综合排名第六（见表 2）。粤港澳大湾区创新能力持续增强，港澳科技力量进一步融入国家创新体系。广州和深圳作为粤港澳大湾区内地城市的两大创新引擎，集聚了众多大学、科研院所和高成长性的创新型企业。①

表 2 国际科技创新中心指数（GIHI）部分城市（都市圈）得分及排名

单位：分

城市（都市圈）	综合		科学中心		创新高地		创新生态	
	得分	排名	得分	排名	得分	排名	得分	排名
旧金山—圣何塞	100	1	97.93	2	100	1	100	1
纽约	87.13	2	100	1	74.77	4	94.52	3
北京	80.39	3	88.40	4	75.34	3	82.60	5
粤港澳大湾区	78.53	6	86.17	5	72.45	7	83.06	4
上海	73.05	10	78.12	25	68.31	13	79.09	12

资料来源：《国际科技创新中心指数 2022》。

一批批"国之重器"扎根大湾区，形成世界一流的重大科技基础设施集群。香港科学园作为香港最大的科研及企业孵化基地，汇聚了多家企业、国内外知名科研机构和高校；东莞的中国散裂中子源，是中国迄今为止单项投资规模最大的科学工程，投资高达 23.5 亿元；深圳鹏城实验室牵头研发的超级计算机"鹏城云脑Ⅱ"，计算能力连破世界纪录；惠州的强流重离子

---

① 《实施制造业当家"一把手工程"广东锚定 5% 以上增速新目标》，"新浪财经"百家号，2023 年 1 月 13 日，https://baijiahao.baidu.com/s?id=1754847943204492492&wfr=spider&for=pc。

加速器装置和加速器驱动嬗变系统装置取得重要建设进展；位于地下 700 米的江门中微子实验站目前已吸引全球多个国家的研究机构及高校参与建设。[①] 同时，粤港澳大湾区通过建设科学基础设施、科研机构来提升自身科研实力。广州致力于推进"广州—深圳—香港—澳门"科技创新走廊建设，探索有利于人才、技术等创新要素互融互通的举措，共建国际科技创新中心。

世界一流的科技基础设施赋能粤港澳大湾区金融改革创新，在数字货币研究、监管科技、量化投资平台、区块链和人工智能等领域已经取得领先优势。大湾区内的代表性科技企业在金融科技领域进行诸多探索，腾讯云 AI已经在金融场景广泛落地，与多家银行、保险、证券机构达成合作；大湾区内的银行机构力推数字化转型，"灵犀 1.0"大数据反欺诈平台是广东南粤银行推进数字化转型的一个缩影，也是科技赋能业务发展的积极探索。

（二）金融科技智力资源

人才作为推动金融创新的第一载体和核心要素，对于金融科技发展至关重要。粤港澳大湾区人口集聚效应明显，近年来人才吸引力也不断增强。加之粤港澳大湾区具有优质的教育资源，高等教育指数在世界四大湾区中位居第二。大湾区内有多所知名高等院校，源源不断地培养大批优秀人才。大湾区人才政策的实施在留住人才和引进人才方面起显著作用，人才资源的集聚为金融科技发展提供了充裕的智力资源。在金融科技专业人才的培养方面，粤港澳大湾区也做出了新的尝试。

1. 粤港澳大湾区人才吸引力不断加强

2022 年，粤港澳大湾区常住人口规模达 8629.91 万人，创造 GDP 超 13 万亿元，人口集聚效应明显。根据 2015 年全国抽样调查数据，以 8% 的高等教育人口增长率估算 2022 年粤港澳大湾区高等教育人口将达到 1883.6 万人，约占常住人口的 21.83%，可见粤港澳大湾区在人才引进数量上已有一

---

① 《科技创新，潮起大湾区》，《人民日报》（海外版）2022 年 12 月 16 日。

定优势。2022 年，粤港澳大湾区的人才增长幅度为 19.98%，京津冀城市群和长三角城市群的人才增长率呈下降趋势（见图 1）。两大城市群的人才吸引力有所减弱，唯有粤港澳大湾区的人才数量持续高速增长，人才吸引力不断加强，进而加强粤港澳大湾区的人才优势。

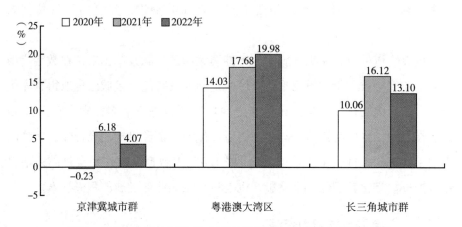

图 1　2020~2022 年两大城市群及粤港澳大湾区的人才增长趋势

资料来源：猎聘大数据。

2. 粤港澳大湾区具有优质的教育资源

香港是粤港澳大湾区知名的学术研究中心，并且作为国际金融中心具有与国际接轨的优势。广州是粤港澳大湾区内地城市的政治和科技文化中心，众多高等院校及科研院所落地于此。深圳作为粤港澳大湾区的创新中心，除深圳大学、南方科技大学以外，还引进了清华大学及香港相关大学的研究院，并且和中国科学院合作筹建深圳理工大学和深圳海洋大学。

根据《世界大学第三方指数研究报告（2022）》，粤港澳大湾区共有24 所大学上榜。其中，粤港澳大湾区拥有 TOP100 大学 2 所、TOP200 大学6 所、TOP500 大学 11 所、TOP1000 大学 20 所（见表 3）。粤港澳大湾区高等教育指数为 49.66，虽高等院校数量不及纽约湾区和东京湾区，但高等教育指数在世界四大湾区中仅低于纽约湾区，位居第二（见表 4）。相较于各项指标都居榜首的纽约湾区，粤港澳大湾区无论是高等院校数量还是高等院校实力，都与其存在较大差距，主要体现在尚无跻身全球 TOP10 和 TOP50 的大学，这说明粤港澳大湾区在高水平高等院校建设方面还不够。与东京湾区和旧金山湾区相比，粤港澳大湾区高等院校实力尚可，有细微领先优势。总体而言，粤港澳大湾区优质的教育资源为人才的培养提供载体。

表3　世界四大湾区高等院校数量排名情况

单位：所

湾区	TOP10 大学	TOP50 大学	TOP100 大学	TOP200 大学	TOP500 大学	TOP1000 大学	TOP1500 大学	TOP1905 大学
纽约湾区	6	12	16	21	45	62	80	82
粤港澳大湾区	0	0	2	6	11	20	24	24
东京湾区	0	1	1	1	3	11	21	39
旧金山湾区	1	2	5	7	8	8	11	12
总计	7	15	24	35	67	101	136	157

资料来源：《世界大学第三方指数研究报告（2022）》。

表4　世界四大湾区高等教育指数及大学数量情况

单位：所

湾区	湾区高等教育指数	大学数量
纽约湾区	100.00	82
粤港澳大湾区	49.66	24
东京湾区	44.44	39
旧金山湾区	41.64	12

资料来源：《世界大学第三方指数研究报告（2022）》。

3.粤港澳大湾区构建金融科技人才链

为促进金融科技人才要素的自由流通，构建湾区金融科技人才链计划于 2020 年在深圳正式启动，进一步推动产业链、技术链、人才链三链融合。该人才链为深圳市金融科技协会、香港中国金融协会、澳门金融学会设立区

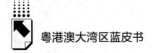

块链节点，利用区块链可追溯、不可篡改等特点，将深港澳金融科技人才信息上链，从而实现金融科技人才要素的自由流通。

在金融科技专业人才的培养上，深圳市地方金融监督管理局联合香港财经事务及库务局、香港金融管理局、澳门金融管理局，依托行业协会、高校和科研机构，在三地推行"深港澳金融科技师"专才计划，建立集考试、培训、认定于一体的金融科技专业人才培养机制，并与湾区金融科技人才链实现信息联通。截至 2022 年，该专业人才计划已启动 4 年，考生累计超 6400 名。其中召开一级考试 6 次，一级持证人超 1700 名；召开二级考试两次，二级持证人超 200 名。该专业人才计划的顺利实施，在一定程度上使金融科技专业人才在粤港澳大湾区形成集聚效应，从而为大湾区金融科技发展提供智力资源。

（三）金融科技企业分布

粤港澳大湾区金融科技企业的综合实力强劲，进一步推动了粤港澳大湾区金融科技的快速发展。在金融科技竞争力方面，根据《2022 中国金融科技竞争力 100 强》，粤港澳大湾区上榜企业数量为 21 家，主要集中在深圳，小部分位于广州和珠海（见表 5）。关联企业以科技企业为主，进一步突出了金融科技发展过程中科技的重要性；在金融科技创新方面，根据《2022 中国金融科技创新 50 强》，粤港澳大湾区上榜企业数量为 10 家（见表 6），占比达 1/5，粤港澳大湾区的金融科技创新充满活力。上榜企业主要集中在深圳，由此可见深圳在金融科技创新方面所做贡献卓越。珠海和广州各占一席，分别排名第三十七和第四十。在金融科技专利技术方面，根据《2022 中国金融科技专利技术 100 强》，粤港澳大湾区上榜企业数量为 16 家，主要集中在深圳，小部分位于广州和东莞。排名前四的粤港澳大湾区上榜企业均位于深圳，排名第一的中国平安金融科技专利数量高达 5947 件，遥遥领先其他企业（见表 7）。专利数量在一定程度上是创新精神的重要体现，这进一步凸显了粤港澳大湾区金融科技创新能力较强，赋予金融科技发展无限活力。

表5　2022中国金融科技竞争力100强粤港澳大湾区上榜名单

企业名称	关联企业	城市
微众银行	深圳前海微众银行股份有限公司	深圳
长亮科技	深圳市长亮科技股份有限公司	深圳
云从科技	云从科技集团股份有限公司	广州
金融壹账通	深圳壹账智能科技有限公司	深圳
明世数据	明世数据技术有限公司	珠海
神州信息	神州数码信息服务股份有限公司	深圳
星云 Clustar	深圳致兴科技有限公司	深圳
索信达	深圳索信达数据技术有限公司	深圳
声扬科技	深圳市声扬科技有限公司	深圳
追一科技	深圳追一科技有限公司	深圳
金智维	珠海金智维信息科技有限公司	珠海
金证股份	深圳市金证科技股份有限公司	深圳
洞见科技	深圳市洞见智慧科技有限公司	深圳
凡泰极客	深圳凡泰极客科技有限责任公司	深圳
天星数科	广州天星数字科技股份有限公司	广州
汇金科技	珠海汇金科技股份有限公司	珠海
兆日科技	深圳兆日科技股份有限公司	深圳
矩阵元	矩阵元技术(深圳)有限公司	深圳
价值在线	深圳价值在线信息科技股份有限公司	深圳
巨杉数据库	广州巨杉软件开发有限公司	广州
四方精创	深圳四方精创咨询股份有限公司	深圳

资料来源：根据公开资料整理。

表6　2022中国金融科技创新50强粤港澳大湾区上榜名单

排名	企业名称	备注	城市
4	神州信息	场景金融云平台	深圳
6	金证股份	互联网金融综合服务商	深圳
11	长亮科技	银行金融科技服务研商	深圳
14	金融壹账通	金融科技综合服务商	深圳
26	联易融	供应链金融业务服务提供商	深圳
35	微众银行	金融科技综合服务商	深圳

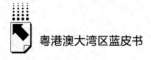

续表

排名	企业名称	备注	城市
36	华锐金融技术	分布式系统基础平台研发商	深圳
37	金智维	企业级 RPA 技术人工智能公司	珠海
40	天星数科	金融科技综合服务商	广州
50	明心数科	产业信用管理金融科技公司	深圳

资料来源：根据公开资料整理。

表7 2022 中国金融科技专利技术 100 强粤港澳大湾区上榜名单

单位：件

排名	企业名称	金融科技专利数量	关联企业	城市
1	中国平安	5947	中国平安保险(集团)股份有限公司	深圳
7	腾讯	1969	深圳市腾讯计算机系统有限公司	深圳
8	微众银行	1189	深圳前海微众银行股份有限公司	深圳
19	华为	281	华为技术有限公司	深圳
28	云从科技	137	云从科技集团股份有限公司	广州
31	银盛支付	119	银盛支付服务股份有限公司	深圳
37	招联金融	89	招联消费金融股份有限公司	深圳
40	广电运通	83	广州广电运通金融电子股份有限公司	广州
48	云宏	61	云宏信息科技股份有限公司	广州
51	阳光保险	55	阳光保险集团股份有限公司	广州
55	追一科技	48	深圳追一科技有限公司	深圳
67	索信达	36	深圳索信达数据技术有限公司	深圳
77	矩阵元	33	矩阵元技术(深圳)有限公司	深圳
81	神州信息	30	神州数码信息服务股份有限公司	深圳
85	深信服	28	深信服科技股份有限公司	深圳
88	光大集团	27	广东光大企业集团有限公司	东莞

资料来源：根据公开资料整理。

（四）金融科技政策支持

2017 年中国人民银行金融科技委员会正式成立，金融科技行业崛起，随后各相关部门陆续出台政策扶持金融科技发展，为金融科技在大湾区的发展提供广阔空间。表8为2022年国家层面的金融科技政策汇总，政策性质以鼓励类为主，表明国家对金融科技发展的高度重视和大力支持。随着金融科技的快速发展，相关监管体系相对滞后导致金融风险加大，因此近年来规范类政策逐渐增多，2022年的规范类政策主要围绕数据监管和金融风险防范展开，进一步促进了我国金融科技的规范发展。

表8　2022年国家层面的金融科技政策汇总

发布时间	发布部门	政策名称	重点内容	政策性质
2022年1月	中国银保监会	《银行业金融机构监管数据标准化规范（2021版）》	发展防范金融风险、促进银行数据治理的核心监管科技能力	规范类
2022年1月	中国人民银行	《金融科技发展规划（2022—2025年）》	合理运用金融科技手段优化金融产品供给	鼓励类
2022年1月	最高人民法院	《关于充分发挥司法职能作用助力中小微企业发展的指导意见》	依法推动金融科技更好服务实体经济发展	鼓励类
2022年1月	国务院	《"十四五"数字经济发展规划》	培育供应链金融等融通发展模式	鼓励类
2022年1月	中国银保监会	《关于银行业保险业数字化转型的指导意见》	对银行业保险业数字化转型提出工作目标	鼓励类
2022年2月	中国人民银行等	《金融标准化"十四五"发展规划》	完善金融风险防控标准	规范类
2022年4月	中国人民银行、国家外汇管理局	《关于做好疫情防控和经济社会发展金融服务的通知》	强化金融科技赋能，加快提升小微企业金融服务能力	鼓励类
2022年5月	工信部、国家发改委等	《关于开展"携手行动"促进大中小企业融通创新（2022—2025年）的通知》	创新产业链金融服务方式，完善产业链金融服务机制	鼓励类
2022年6月	中国银保监会	《关于印发银行业保险业绿色金融指引的通知》	积极发展金融科技，提高信息化、集约化管理和服务水平	鼓励类

资料来源：根据公开资料整理。

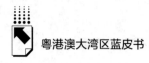

在国家金融科技政策的顶层设计引领下，粤港澳大湾区也加快相关政策的制定。表9为2021~2022年广东省及其市级层面的金融科技政策汇总，2021年广东省政府出台《广东省金融改革发展"十四五"规划》，强调广东省建设金融强省目标的实现将紧紧围绕粤港澳大湾区建设展开，肯定了粤港澳大湾区在金融科技领域的"领头羊"地位。具体到市级层面的政策主要由广州市、深圳市发布，且均为鼓励类政策，围绕目标制定、创新支持和合作探索展开。

表9　2021~2022年广东省及其市级层面的金融科技政策汇总

省份/城市	发布部门	政策名称	重点内容
深圳市	深圳市工业和信息化局	《深圳市数字经济产业创新发展实施方案（2021-2023年)》	重点支持基于大数据等技术的金融产品创新
广东省	广东省人民政府	《广东省金融改革发展"十四五"规划》	广东省金融将紧紧围绕粤港澳大湾区建设，加快建设金融强省
广州市	广州市人民政府办公厅	《关于新时期进一步促进科技金融与产业融合发展的实施意见》	探索设立广佛科技金融合作示范区，开展粤港澳科技金融合作
广州市	广州市人民政府办公厅	《广州市金融发展"十四五"规划》	到2025年,金融服务实体经济能力不断增强
广州市	广州开发区金融工作局	《广州市黄埔区 广州开发区促进金融科技高质量发展十条措施实施细则》	促进广州开发区金融服务业务与流程升级，提升金融服务实体经济效能,满足数字金融发展需要
深圳市	深圳市地方金融监督管理局	《深圳市扶持金融科技发展若干措施》	抢抓金融科技发展机遇,加快金融科技产业升级,助力深圳打造全球金融科技中心

资料来源：根据公开资料整理。

三　粤港澳大湾区金融科技发展的地方实践与成效

由中国人民银行主导颁布的《关于金融支持粤港澳大湾区建设的意见》

中指出，要加强科技创新金融服务，深化粤港澳大湾区金融科技合作，大力发展金融科技。作为未来国际金融领域的"必争之地"与"新风口"，实现金融科技产业的高质量发展已经成为粤港澳大湾区开拓科技创新新局面、进一步扩大湾区国际影响力不可或缺的重要课题和必行举措。同时，金融科技发展的地方实践与成效有助于粤港澳大湾区明晰自身定位、聚焦未来发展目标，进一步强化大湾区核心城市间的金融科技协同发展，建设具有全球影响力的国际金融枢纽。在 2022 年中国内地城市金融科技竞争力方面，深圳、广州、佛山分别位居第一梯队、第二梯队、第四梯队，为粤港澳大湾区金融科技发展的主要代表，因此本部分选取了广州、深圳和佛山作为研究对象，介绍了三个城市金融科技发展的地方实践与成效。

（一）广州

改革开放以来，广州市凭借深厚的文化底蕴、便利的交通枢纽区位及雄厚的产业基础一跃成为全国性的金融核心城市与经济中心。近年来，广州市充分发挥其作为重要金融科技创新集聚中心的带头示范作用，在数字金融领域先行先试，收获颇丰。《广州数字金融发展报告（2021—2022）》指出，广州数字金融行业多样性持续增强，在数字支付、数字银行、互联网证券、数字保险、数字征信、互联网小额贷款、产业链金融、消费金融等具体方面均表现不俗。此外，十年来，广州先后获批央行金融科技创新监管、资本市场金融科技创新等多个国家级试点，先后推动广州期货交易所、广州数据交易所两个项目落地，成立包括广州市数字金融协会、广州数字金融创新研究院在内的一批数字金融平台。多种类型的 B2B、B2C 公司纷纷落户广州，形成分布广泛、联系紧密的产业链，进一步扩大本地化服务优势，为未来金融科技的国际化发展提供了产业集聚和技术保障。

历经多年厚植，广州打造数字金融服务实体经济的能力显著增长，在国际社会获得的认可度也稳步提升。2022 年英国智库集团与中国（深圳）综合开发研究院联合发布的第 32 期 GFCI 排名显示，广州综合得分 704 分，稳居总榜第 25 位，较上期得分有较大提升；在金融中心竞争力维度分类中，广州被认为是一个兼具"服务深度"与"国际专业性"的亚太金融中心，这充分说明广州在紧密联系国际市场的前提下坚持深耕自身竞争优势，不断巩固提升自身区域性金融中心地位。

在粤港澳大湾区的政策引领和支持下，广州肩负核心城市使命，着重发展腹地科技产业。证券时报·中国资本市场研究院联合新财富发布的《2021中国内地城市金融科技竞争力排行榜》显示，广州金融科技竞争力在全国排名第四，仅次于京沪深，且力压南京、杭州等同梯队省会城市，在第二梯队拔得头筹。同时，广州积极向金融业注入新兴科技力量，深入建设金融科技行业基础设施和城市集群。《自然》增刊"2022年自然指数——科研城市"公布的"科研城市100强"榜单显示，广州居全球第10位（见表10），居国内城市第4位，相较于2015年的第42位足足跃升了32位；其高新技术企业数量从2012年的1389家增加至逾1.2万家，以全市企业6‰的体量贡献了全市1/6的企业所得税，支撑并实现了"量增质升"的重点产业创新发展。

表10　2022年自然指数——科研城市100强（中国部分城市）

排名	城市	贡献份额	论文数（篇）	占地区贡献份额的比重（%）
1	北京	3280.09	7167	19.6
3	上海	1833.00	3978	9.2
8	南京	1126.43	2396	6.7
10	广州	903.67	2146	5.4
11	武汉	850.74	1767	5.1

资料来源：《自然》增刊"2022年自然指数——科研城市"。

广州科技金融竞争力的迅猛增长离不开其雄厚的产业基础和与时俱进的数字金融背景。截至2021年初，广州共有高新技术企业11610家，是杭州的1.33倍、南京的1.73倍、成都的1.94倍，兼具数量和质量优势。第五届金融科技发展峰会发布的《2022天府·中国金融科技指数》显示，广东在全国位于"领先梯队"，广州在19个样本城市中排名第四，与北京、上海、深圳共同形成促进我国金融科技持续发展的活力因子。丰富的科研资源和高质量的人才储备同样促进了广州金融科技产业的发展壮大。在省会城市中，广州拥有 37 所本科院校，仅次于武汉与西安，在华南地区具备绝对优势。其中，中山大学更是大湾区内地城市首个入围"2021 软科世界大学学术排名"百强的高校，黄埔大学、广州交通大学、香港科技大学（广州）等社会民生项目的开工建设也在极大程度上促进了地区政学研产多维度融合，通力合作，不仅有利于培养相关方面人才，加快人才输送，还能为金融科技领域的未来发展注入全新的动力。

广州不仅注重人才与企业的双向发展，还注重数字金融大背景下具体项目的投放实践效果。2021 年，由广州银行研发并申报的"广银芯"核心系统数字化转型建设工程荣获"金融科技发展奖二等奖"，广州金融科技股份有限公司参与建设的银行不良资产一站式司法追索综合处置平台入选第二届"点数成金"数字金融创新案例示范活动的十佳案例，这充分表明了广州市部分企业已经具备较为先进的金融科技应用水平。《2022 年湾区金融创新案例》中，广州在优秀金融科技营销创新案例、优秀金融科技风控创新案例中均获得亮眼成绩和表现（见表 11），进一步形成了"金融+产业+科技"的创新发展格局，为更新大湾区基础设施和推动重大平台建设夯实基础。

表 11　2022 年广州入选粤港澳大湾区金融创新案例情况

案例类型	具体案例	报送单位
优秀金融科技营销创新案例	广州周大福金融中心 100 亿元绿色资产支持票据（主承销行）	中国银行股份有限公司广东省分行
	智能诊断分析工具	中邮消费金融有限公司
优秀金融科技风控创新案例	广东金融高新区投资机构联盟链	广东投盟科技有限公司
	"灵犀 1.0"平台	广东南粤银行股份有限公司
金融创新机构	广州金融科技股份有限公司	广州金融科技股份有限公司
绿色金融创新案例	"环卫贷"	广州银行股份有限公司
绿色金融优秀服务机构	广州农村商业银行股份有限公司	广州农村商业银行股份有限公司

资料来源：《2022 年湾区金融创新案例》。

（二）深圳

作为改革开放的"先行者"与"领头羊"，兼具强劲科技创新实力和丰富技术创新场景的深圳在金融科技领域基础优、起步早、政策扶持力度大，1980~2021 年，深圳金融业增加值增长约 2 万倍；2022 年前三季度，深圳金融业增加值为 3714.74 亿元，同比增长 8.7%，增速居一线城市首位。[①] 2022 年，由城市研究机构 GYbrand 发布的国际金融中心 100 强中国名单（第 11 期）数据显示，深圳在国内排名第四，在全球排名第十四，比上期提升 1 名（见表 12）。深圳金融产业在自身快速发展的同时，保证了全市实体经济的高质量发展，已基本形成了一套较为完整独立的金融科技生态体系。近年来，深圳首创行业"雁阵"布局，推动重要基础设施落地，不断丰富完善金融科技应用场景，旨在为行业插上科技"翅膀"，引入金融"活水"，实现两者有机结合，聚焦实体经济，实现"精准灌溉"。

表 12　2022 年国际金融中心 100 强中国名单（第 11 期）

国内排名	全球排名	城市
1	4	香港
2	8	上海
3	9	北京
4	14	深圳
5	24	广州
6	65	台北
7	69	成都
8	79	杭州
9	84	青岛
10	88	南京
11	93	天津
12	97	武汉
13	100	苏州

资料来源：根据公开资料整理。

---

① 深圳市地方金融监督管理局。

粤港澳大湾区的经济发展与政策扶持使得深圳金融科技产业生态持续优化，产业布局规划日益完善。目前，以华为为"头雁"，平安科技、招商金科、腾讯金科、微众银行等一批科技"大拿"为龙头企业的金融科技生态体系的落成，确立了深圳在亚太金融科技的领跑地位。截至 2022 年底，腾讯公司 PCT 专利申请量已跻身全球前五位，而平安金融科技 PCT 专利申请量更已连续两年居全球金融科技企业首位，其虹膜技术、人脸识别技术、生物识别技术的发展已臻至成熟，科技水平与技术含量均位于世界前列。此外，毕马威于 2021 年公布的中国金融科技企业"双 50"榜单显示，金融壹账通等 23 家在深企业皆成功入选，且多家企业在 2022 年同榜单实现蝉联。多家香港虚拟银行、虚拟保险旗下的金融科技子公司都集聚在前海地区，充分体现了深圳雄厚的科技创新产业基础和优良的营商环境适于金融科技产业的发展壮大。

此外，深圳同样注重完善金融科技基础设施，在保证金融业持续发展的同时，为其注入竞争能力和创新活力。如由中国人民银行数字货币研究所主张在深设立的金融科技研究院和金融科技公司、负责金融科技行业标准制定和标准符合度测评等方面的国家金融科技测评中心、鹏城实验室、粤港澳大湾区数字经济研究院、新一代通信与智能计算研究院等都为深圳金融科技行业的进一步发展做出了突出贡献。各具特色、模式多元的金融科技企业正在深圳扎根落户，2022 年底，20 家在深的金融科技企业被纳入香蜜湖金融科技指数的 88 个成分股中，数量约占国内的 1/4。作为我国金融科技产业的"晴雨表"，香蜜湖金融科技指数的变动客观反映了深圳金融科技领域一流生态体系建设的初步成功，为深圳实现"建设成为具有国际影响力的金融科技中心城市"的目标奠定了坚实基础。

金融科技发展的落脚点和关键点在于金融科技应用场景的丰富性、全面性和具体性。作为粤港澳大湾区首屈一指的金融科技发展重要城市，深圳在银行、保险、证券、基金、支付、供应链金融等各方面都成功实现了细分领域的具体场景构建。

在银行方面，由平安银行打造的"星云物联网平台"旨在使用全流程

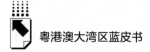
反欺诈和风控模型解决银企信息不对称的问题，通过连通产业链上下游、交易过程透明化等方式拓展信贷服务路径，增强用户获得感。2022 年 6 月末，平安银行实施的"星云物联计划"已在智慧车联、智慧制造、智慧能源、智慧农业等六大产业领域落地 20 多个创新项目，服务企业超 18000 家，支持实体经济融资发生额累计超 4600 亿元。

在保险方面，深圳也在多年经营中取得了长足进展。目前，在深的多家主流保险公司正以建设"保险+科技+服务"的全新服务模式为业务核心，致力于为大湾区金融生态体系提供科技和制度保障，实现互利共赢。在深圳金融科技"引擎"不断加速运转的大环境下，全国首家知识产权金融全业态联盟在深成立。经过两年发展，该联盟在 118 家金融机构及科技企业的助力下成功转型升级为全国首家知识产权金融协会，迄今为止服务科技企业已超 2000 家。与此同时，深圳独创的"专利权质押融资保证保险"模式已累计为 1460 家中小型科技企业承保放款金额 33.67 亿元、坏账金额 463 万元，在新冠疫情期间为中小企业提供了有力的政策与资金支撑，助力中小企业顺利渡过难关。该模式为解决中小企业融资困难和知识产权货币化、落地化落后等实际问题交出了一份令人满意的答卷，为粤港澳大湾区其他城市提供了一条行之有效的路径。

在数字支付方面，经过三年的实践，作为首批数字人民币试点城市之一的深圳已在加速扩容，扩大试点范围、应用场景，延伸服务"触角"，并成功实现了从"尝鲜"到"常用"、从"支付"到"智付"、从"产品"到"产业"的"三大跳跃"，便利的数字化支付场景大大增强了人民的日常生活获得感。截至 2022 年 8 月末，正式落地深圳的数字人民币应用场景高达 105 万个，数字人民币钱包开立数量为 2671 万个，累计交易金额达 184 亿元。[1] 同年 5 月，深圳数字人民币预付式消费平台在教培行业成功落地，数字人民币应用场景也逐步从零售拓展到产业互联网、数字政务、跨境支付、

---

① 《深圳已正式落地数字人民币应用场景 105 万个　开立数币钱包 2671 万个》，东方财富网，2022 年 9 月 15 日，https：//finance.eastmoney.com/a/202209152509757858.html。

供应链金融等宏观领域，进一步惠及实体经济。此外，全面应用于银行系统架构中的鲲鹏芯片、中信银行投产并使用的"凌云"系统、微众银行打造的"微金小云"智能客服机器人及云催收平台等都是深圳近年来数字技术与金融业务深度融合的生动写照。

（三）佛山

2019 年，中共中央、国务院印发的《粤港澳大湾区发展规划纲要》指出，要以珠海、佛山为龙头建设珠江西岸先进装备制造产业带，支持佛山深入开展制造业转型升级综合改革试点工作。作为粤港澳大湾区的重要节点城市和三大极核之一，佛山在推动大湾区经济建设、提供与金融科技应用场景相匹配的配套服务、促进金融产业与科技成果进一步深度融合等方面发挥着至关重要的支撑作用。

作为粤港澳大湾区城市集群制造业的中流砥柱，佛山展现了强劲的经济增长韧性与广阔的金融科技发展前景。目前，佛山是全国唯一制造业转型升级综合改革试点城市，共拥有约两个万亿级产业集群和 8 个千亿级产业集群，在通用设备制造业、专用设备制造业、医药制造业、汽车制造业等第二产业的细分领域中具有比较优势，并于近几十年的发展中取得不俗成绩，打响了"佛山制造"这张"金字招牌"，使其享誉海内外。

在经济形势较为复杂严峻的 2022 年，佛山经济仍然稳中向好发展。GDP 达 12698.39 亿元，规上工业总产值和规上工业增加值排名均提升至全国第五，分别为 2.87 万亿元与 5761.84 亿元。[①] 此外，佛山还致力于推动现代化数字科技和智能技术融入制造业，推动制造业转型升级，保证其高质量发展。在广东省制造业企业 500 强中，90 家隶属于佛山的优质企业入选，数量位居全省第一。2022 年，佛山市场主体总数达 132.2 万户，其中新登记市场主体多达 35.5 万户，占比接近 1/3，增长 18.6%，位居全省第一[②]；

---

① 《佛山经济成绩单出炉　工业经济稳中提质》，南方网，2019 年 7 月 31 日，https：// economy. southcn. com/node_ 07c7517b53/8f2871d750. shtml。

② 佛山市市场监督管理局。

高新技术企业增加 1600 家，增长 22.5%；签约 1 亿元以上项目 428 个，总投资 3465 亿元。2023 年，佛山将引入一系列重点项目，着重打造一批名产名企名厂品牌，在构建品牌矩阵的同时，积极探寻制造业与数字化、智能化相结合的可行路径和具体方案。

"佛山智造"与"香港科创"的合作转化也极大地促进了粤港澳大湾区重要城市集群之间科技成果和具体数字金融场景的分享与互通，不仅促进了两地间人才与知识的流动，帮助探索科技成果转化的新模式和新机制，还实现了高水平科技成果与高质量科技企业的精准对接。2023 年 6 月，佛山有关部门在香港科学园举办了火炬科技成果直通车（佛山站）暨广东高校科技成果转化路演大赛香港专场活动。本届直通车共征集 50 多项升级需求，涵盖智能装备、智能机器人、智能家居、电子信息、汽车、新能源、无人机等 10 多个产业，旨在挖掘一批优质科技成果落地转化。迄今为止，该活动已连续举办 5 年，2023 年首次将"触角"伸向香港。佛山与香港在地缘经济、文化与政治上有许多相同之处，迄今为止，香港共有 80 多万人祖籍在佛山，而作为粤港澳大湾区的"制造之都"，佛山一直是香港投资的首选地之一。港佛两地在金融与科技领域的"梦幻联动"既能帮助佛山高新区积极探索"人才+项目+产业+金融"的用才助才新模式，又能使香港的先进科创资源合理向内地流动，实现两地间的互利共赢。在佛山高新区管委会的带领下，香港数码港、香港科学园、思谋集团等香港园区、科研基地和企业都参与了此次科技成果直通车，助力打通科技成果"最后一公里"，加强粤港澳高校间的协同合作。

过去十年间，佛山注重各功能区域的多样化经济发展模式与未来前景，加快金融科技产业相关领军项目的发展步伐，同时"反哺"实体经济，支撑其做大做强。2022 年，佛山市顶住国际复杂形势和国内疫情的压力，认真贯彻执行市委、市政府的决策部署，成功实现了经济持续稳增长、三大产业结构转型升级的总目标。从经济总量来看，顺德区经济总量高居佛山市五区第一位，GDP 突破 4000 亿元大关，达 4166.39 亿元；南海区以 3730.59 亿元的 GDP 紧随其后。从经济增速来看，高明区以 3.5%

的增速蝉联榜首，禅城区以 3.1% 的微弱劣势居第二位。2022 年佛山在大湾区 9 市 GDP 中稳居第三位，仅次于深圳和广州，GDP 达 5747.79 亿元，同比增长 2.8%，增量为 273 亿元。① 佛山市五区在数字化与智能化的技术支持下，成功让佛山市基于粤港澳大湾区提供的优良营商环境焕发了全新的竞争活力。

具体来看，佛山经济总量的持续走高主要得益于广东金融高新区等工业设计项目的投入建设和不断发展。2007 年，广东金融高新区落地佛山，截至 2022 年，该金融高新区已成功吸引超 1500 家国内外知名金融机构及企业和约 2500 亿元投资金额，充分集聚了多元化的金融及类金融业态；其投资机构联盟链于 2022 年成功入选优秀金融科技风控创新案例，是保障粤港澳大湾区乃至亚太地区金融服务链顺利运行的至关重要的一环。其中，由广东金融高新区主创的千灯湖创投小镇就坐落于该区核心区域，是广东省 142 家省级特色小镇创建对象中唯一的金融类特色小镇。自 2017 年建设伊始，小镇的首要目标始终是将自身打造成华南地区最具品牌影响力的创新创业创投生态圈。截至 2022 年 11 月底，小镇基金规模已逾 1900 亿元，集聚基金类机构 1362 家，其中更是包括 IDG 资本、深创投集团、粤科金融集团等"金凤凰"企业。小镇范围内基金类机构实际投资额累计已超 1002 亿元，投资项目超 1300 个，实现了互联网、信息服务、生物医药、环保类、新材料、半导体、高端制造等国家重点支持产业全覆盖。

与此同时，佛山南庄高端精密智造产业园在禅城区启动建设，为提高制造业"智造"比重、打造具备更强辐射带动能力的"佛山之心"做出了突出贡献。该产业园不仅在规划阶段就明确了"一带一廊两翼三社区"的未来空间战略布局，还安排了一批科技含量高、市场前景好的"智造"项目落户园区内部，为禅城区未来都市工业的起步与发展打了一针"强心剂"，同时保障了禅城区新旧动能转换的顺利进行和发展内核的稳定。广东金融高新区和佛山南庄高端精密智造产业园等佛山特色"智造"项目

---

① 佛山各区统计局。

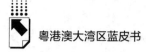

的茁壮发展充分印证了金融产业与科技成果相结合的必要性和正确性，为佛山转型升级为国际金融后台基地、加速构建粤港澳大湾区金融产业生态圈铺平了道路。

四 粤港澳大湾区金融科技发展的有利条件与存在问题

（一）有利条件

1. 政策扶持力度大，发展前景广阔

"十四五"规划提出，在今后 5~15 年国民经济与社会发展的关键阶段中，要重视粤港澳大湾区发展新兴产业与提升科技创新的能力，加强粤港澳大湾区产学研三位一体、协同发展，继续搭建广珠澳科技创新走廊，充分推动河套深港、横琴粤澳等地的科创成果落地，为实现将粤港澳大湾区建设成为综合实力强、世界排名靠前的一流湾区的最终目标做好万全准备。

从宏观政策层面来看，粤港澳大湾区的蓬勃发展有赖于一系列完整的、与时俱进的总纲政策的出台。首先，2017 年签署的《深化粤港澳合作 推进大湾区建设框架协议》奠定了粤港澳大湾区的雏形。其次，2019 年出台的《粤港澳大湾区发展规划纲要》总体展示了粤港澳大湾区的未来发展方向和可持续发展路径。该纲要不仅提出了六条基本原则，更对"广州—深圳—香港—澳门"科技走廊的深入建设与珠海、佛山、珠海、东莞等重要节点城市的产业布局和体制改革做出详细规划，旨在进一步提高区域发展协调性，增强对周边区域的辐射带动作用。此外，《粤港澳大湾区城际铁路建设规划（2020—2030 年）》的编制与发布，将深圳建设成为中国特色社会主义先行示范区的举措，珠海横琴、广州南沙、深圳前海三个自贸试验区建设方案的落地，珠三角国家自主创新示范区的建成都加速了大湾区配套基础设施的建设，促进与加强了大湾区与内地城市的深度融合和纽带联系，为大湾区综合竞争力的提升提供了保障。

从微观政策层面来看，粤港澳大湾区为实现以建设"广州—深圳—香港—澳门"科技走廊为主，以发展珠海、佛山、江门、东莞等重要节点城市为辅的多层次城镇发展体系远大目标所出台的一系列相关政策为大湾区金融科技产业的发展提供了绝佳机遇。目前，粤港澳大湾区"9+2"合作机制和产业集群正在加紧发展，形成更深刻的"破圈""拆墙"之势；粤港澳产学研创新联盟正于政府和业界相关人士的助力推动下有条不紊地组织，包括江门大广海湾经济区、中山粤澳全面合作示范区在内的一批重大粤港澳合作平台在积极建设中；《深圳市扶持金融科技发展若干措施》《深圳市金融业高质量发展"十四五"规划》等强相关政策的发布，使得深圳得以持续扩大其集聚效应和人才"虹吸效应"，吸引一批驰名中外的金融科技企业和高质量的复合型人才在大湾区会聚；由广东金融高新区打造的"数字金融+高端制造创新示范基地"为粤港澳大湾区发展数字经济、生命科学等战略性新兴产业提供了科技背景和创新动力。

2. 经济实力雄厚，创新禀赋丰富

湾区在全球经济发展中具有不可替代的作用与地位，湾区经济也是一国经济总量的重要组成部分。作为我国开放程度最高、经济活力最强的区域之一，粤港澳大湾区虽仅占我国国土面积的 0.6%，却贡献了约12.57%的国民经济体量，充分展示了其经济的活跃性和强大的竞争力。改革开放以来，粤港澳大湾区内的核心城市凭借"一国两制"的制度红利、开放成熟的金融体系、优越便利的市场环境等有利因素一跃成为国内经济发展的"领头羊"和"佼佼者"。近年来，粤港澳大湾区深厚的经济实力和活跃的科创因子使得其探索金融科技的手段愈加多样，金融科技综合实力愈加强劲。

2017~2022 年，粤港澳大湾区经济持续稳健发展，经济总量稳步增长，综合实力显著增强。数据显示，粤港澳大湾区经济总量于 2022 年突破 13 万亿元大关，创历史新高。其中，珠三角九市 GDP 为 10.5 万亿元，约占大湾区经济总量的 80%，港澳两地经济也实现回暖，持续稳中向好发展。据统计，香港 GDP 为 28270 亿港元，约 24280 亿元；澳门 GDP 为 1773 亿澳门

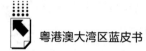

元，约 1470 亿元。① 在新冠疫情波及全球、国际形势波诡云谲、经济全球化受挫严重的不利环境下，粤港澳大湾区成功"逆风翻盘"，在打造世界一流湾区的道路上勇攀高峰，愈战愈勇。

粤港澳大湾区各中心城市与重要节点城市在经济发展方面均有亮眼表现，为建设国际级城市集群打下了坚实基础。2022 年，深圳以 32388 亿元的 GDP 位居大湾区内地九市第一，同比增长 3.3%，广州、佛山、东莞紧随其后，广州以 28839 万亿元的 GDP 位居第二；佛山、东莞两市 GDP 均突破万亿元。《世界湾区发展指数研究报告（2022）》指出，香港、深圳、广州、澳门在世界四大湾区核心城市中位居前十。其中，香港、深圳处于第二梯队，与旧金山、悉尼并列，综合评分超过 0.6 分；广州、澳门位于第三梯队。在交通基础指标排行榜单中，香港、深圳、广州霸榜前三，在城市港口集装箱吞吐量、城市航空货运吞吐量两项指标上均有优异表现；"深圳—香港—广州"科技集群在 2022 年发布的全球科技集群 100 强中排名第二，仅次于"东京—横滨"科技集群，获得了较高的国际认可度。此外，作为建设大湾区的重要"引擎"，前海合作区也交出了一份优秀的答卷。2022 年，前海合作区 GDP 为 1948.68 亿元，实际使用外资 58.64 亿美元，在基础设施、投资贸易、金融服务、科技研发等诸多领域都取得了傲人的成绩，充分促进了大湾区人才和资源的流动及要素的合理分配。

粤港澳大湾区注重发挥区位优势，利用现有优质资源，为经济发展持续注入科技创新活力。2022 年，粤港澳大湾区被确定为国家级工程"东数西算"8 个国家算力枢纽节点之一，其"数字湾区"的发展建设也获得了国家战略性资源的大力支持。《粤港澳大湾区蓝皮书：粤港澳大湾区建设报告（2022）》显示，粤港澳大湾区拥有 5 个 GDP 万亿元量级城市、6 万余家高新技术企业、50 个国家重点实验室、16 家量子计算领域初创公司、25 家全球 500 强企业；孵化器和众创空间、PCT 国际专利有效申请量均居全国第

---

① 广东省统计局。

一，研发费用与投资规模也位于世界前列。粤港澳大湾区在5G、人工智能、互联网、电子、装备等关键科技领域都具备领先优势，近年来也在科技创新、对外开放、数字经济、现代产业、人文生态等方面取得了阶段性、突破性进展。一批批半导体与集成电路、高端装备制造、智能机器人、区块链与量子信息战略性新兴产业集群和独角兽企业都在粤港澳大湾区落地生根，众多富有前瞻性和挑战性的重大科技项目也逐渐布局，为粤港澳大湾区未来转型发展为国际科技创新中心奠定了坚实基础。

3. 城市集群联系紧密，核心城市各有所长

在实现经济可持续发展的同时，大湾区不忘细化城市分工，深耕各自优势领域。例如深圳着重打造"金融中心科技城市"招牌，吸引华为、腾讯金科、招商金科等含"科"量高的龙头企业集聚，汇聚科技力量，点燃金融火炬；制造业较为发达的佛山、珠海等地则通过推动传统制造业转型升级实现产品量产和"智造"；作为"千年商都"的广州着力于打造国际商贸中心，增强综合交通枢纽功能，充分发挥国家中心城市和综合性门户城市的引领作用；具备良好科研基础的澳门则致力于完成芯片领域"从0到100"的转化，同时，和香港一起扮演"超级中介人"的角色，为打造粤港澳大湾区优势互补、互利互惠的产业格局添砖加瓦。

粤港澳三地高新企业协同发展的方式同样促进了优质科创资源的流动和集聚及科创成果的井喷。近年来，以香港、澳门为"前店"，负责设计及销售产品，以广东为"后厂"，主营生产制造的"前店后厂"模式正不断优化升级，朝一体化方向集中发展，一些高新产业也不断发展孕育，在构建"双循环"新发展格局中扮演愈加重要的角色，为金融产业发展注入新兴科技力量。多家国家级、省级国际科技合作基地落地大湾区，专利授权量逾70万件，年增长率高达40%；科技财政支出占比稳居7%以上，全社会研发投入增长率达14.52%。[①] 粤港澳三地分工合作增强了城市间的密切联系和

---

① 《粤港澳，正在造"创新湾区"》，中金在线，2023年5月20日，http://mp.cnfol.com/26046/article/1684576816-140937194。

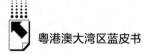

纽带关系，形成并完善了技术成果从诞生到落地实践的链条，为大湾区打造"最佳科技集群"做出重要贡献。

4.人才储备充足，优质高校云集

人才是保障产业结构优化、推动科技成果转化、促进经济社会变革的关键要素和重要引擎，人才集聚和人力资本质量的提升有利于粤港澳大湾区在建设世界级城市群、塑造国家竞争优势方面持续发力，也是粤港澳大湾区高质量发展的根本保障和有力支持。作为特大型城市群，粤港澳大湾区总面积约5.6万平方公里，相当于纽约湾区与旧金山湾区的总和，总人口逾8700万人，相当于世界其他三大湾区的人口总和。与我国其他区域相比，粤港澳大湾区拥有较为显著的人口红利和人才优势。目前，粤港澳大湾区具备人口众多、人口年龄结构相对年轻、劳动力人口比重高的主要特征，人才主要以香港—深圳—东莞—广州为主轴，呈"西北—东南"方向分布，其中，香港、澳门、深圳、广州人才分布较为密集，"香港+深圳"的双核心布局也逐渐发挥辐射效应，为大湾区源源不断地引进相关人才。

为吸引尖端人才在粤就业，粤港澳大湾区充分用好便民惠民政策优势，不断优化现有基础设施，打造"便利湾区"，提高人才黏度。广深港高铁和港珠澳大桥的正式通车、粤港澳大湾区"软联通"的进一步深化都意味着粤港澳大湾区世界级立体交通体系的建设已初具规模，未来，人流、物流、资金流、信息流的互联互通将更加高效便利；区域内"1小时生活圈"及"30分钟医疗救治圈"的形成，表明粤港澳大湾区"人才通"已现雏形；深圳"孔雀计划"、广州"红棉计划"、东莞"蓝火计划"、惠州"人才双十行动"、香港和澳门的"科技人才入境计划"等，都体现了粤港澳大湾区对高层次人才的重视。港澳居民内地就业行政许可的取消、港澳居民得以申请港澳居民居住证与内地教师资格证消息的发布、广东省52所高校开始面向港澳招生等举措，注定了粤港澳大湾区将继续深入涵养"产业+人才"生态圈，更高质量的港澳人才将通过广东自贸试验区、高校、科研院所、跨国公司等载体逐步深入内地，更活跃地参与大湾区科技基础设施建设的实践过程，不仅能更好地发挥港澳教育制度的特殊优势和天然禀赋，还能为粤港澳大湾区金融科技产业的未来发展献计献策。

作为世界四大湾区之一，粤港澳大湾区拥有优质的教育资源，云集众多QS世界百强高校和一批批高质量的国际化高校与综合性大学。为满足粤港澳大湾区高水平人才培养的需要，持续为经济发展注入创新动力，广东正在有条不紊地推动一批顶尖大学与大湾区各地合作创办新大学、一批广东特色高校的新建、一批大湾区特批重点高等教育项目的综合建设，旨在实现粤港澳大湾区教育资源从量变到质变。2021年，广东首次实现省内21个地级市本科院校全覆盖，香港大学、香港中文大学、香港科技大学、中山大学、华南理工大学等享誉国内外的重点高校集中分布在香港和广州，凸显了科技人才优势。深圳虽在本地名牌大学的建设上稍有所落后，但近年来本地的南方科技大学和深圳大学都在办学方面取得了一定成就，深圳大学的工商管理和金融学等5个专业更是成功入选国家级特色专业名单，获得国内社会认可。除此之外，深圳还吸引了诸如北京大学、清华大学、哈尔滨工业大学、中山大学、香港中文大学等知名高校在深设立所属分校区和研究院。目前，粤港澳大湾区高校总数已逾200所，集聚超210万名高素质人才和近20万名海外留学生，一系列扶持政策的出台也在不断助力粤港澳大湾区成为外资和高端技术人才的"理想国"和最终栖息地。

5. 国际化程度高，搭建国际桥梁

习近平总书记提出，"粤港澳大湾区在全国新发展格局中具有重要战略地位"，要"使粤港澳大湾区成为新发展格局的战略支点、高质量发展的示范地、中国式现代化的引领地"。[1] 粤港澳大湾区是我国开放程度最高、与国际接轨最频繁的区域之一，整合大湾区的金融资源、提高大湾区国际化程度，有助于粤港澳大湾区在构建"双循环"新发展格局中持续贡献湾区力量，发出时代最强音。目前，粤港澳大湾区计划将港澳两个中心城市分别定位为全球金融中心和世界旅游休闲中心，利用港澳两地得天独厚的优越条件

---

[1] 《高质量高标准加快建成国际一流湾区》，求是网，2023年4月28日，http://www.qstheory.cn/dukan/hqwg/2023-04/28/c_1129576030.htm。

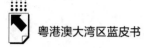

进一步搭建更为开放、专业的国际事务交流平台。以香港为例，"一国两制"的制度红利使得香港能够最大化其"自由港"作用，加速国内国际贸易往来的互联互通。同时，作为"一带一路"倡议的"超级联系人"，香港优越的地理区位、良好的营商环境、完善的司法制度，都有利于协助内地和共建"一带一路"国家开展友好合作，不断开拓新的经济增长点，其充足的外汇储备和完善的金融制度也为我国资金"引进来""走出去"的战略提供了有力支撑。澳门不仅拥有保存较为完善的、历史悠久的葡萄牙文化，也具备与葡语国家相近的文化背景和法律体系，能够合理扮演东西方沟通的"中间人"角色，精准助力内地与葡语系及欧盟国家搭建沟通桥梁，推动双边及多边贸易投资，为中国企业"走出去"提供了便利之门，也为国际投资者来华贸易提供了稳妥的踏板。此外，自20世纪中叶起，澳门便成为许多东南亚侨眷的"第二故乡"，深厚的社会底蕴和多元的侨眷网络有利于澳门在参与东盟国家投资磋商时发挥独特优势，开拓广阔的未来市场。

（二）存在问题

1. 规划引领不到位

金融科技的顶层设计主要聚焦于《金融科技发展规划（2022—2025年）》，为中国人民银行编制的第二轮金融科技发展规划，依据"十四五"规划部署，从宏观层面对我国发展金融科技进行统筹规划。该规划虽对全国范围内的金融科技发展具有普遍适用性，但对特定区域缺乏针对性，尤其是粤港澳大湾区战略定位的特殊性。该规划的内容包括指导思想、基本原则、发展目标、重点任务和实施保障，但暂无进一步相关配套细则。近几年，粤港澳大湾区的金融科技发展主要遵循该规划，《粤港澳大湾区发展规划纲要》中也有小部分提及，但目前尚无专门针对粤港澳大湾区金融科技的具体政策。粤港澳大湾区的金融科技发展在顶层设计上有所欠缺且相关配套细则不够完善，总体来说在规划引领方面较为粗略。

2. 赋能机制有所欠缺

随着我国数字化进程的加快，不同地区、行业、企业之间，对信息、网络技术的拥有程度、应用程度以及创新能力的差别造成的信息落差进一步加大，即"数字鸿沟"持续扩大。数据资源失衡错配、无序滥用导致数据要素流动存在堵点，进而导致"数据壁垒"的出现，以及数据割裂形成的"数据孤岛"的存在。以上三大问题加剧了信息不对称，大小金融机构间数字化发展的马太效应日益严重，进一步阻碍了金融科技领域互联互通。与此同时，部分大型互联网平台公司采取跨行业发展战略，资本向金融科技领域无序扩张造成竞争失衡局面，进而扰乱了金融科技领域秩序。

3. 复合型人才稀缺

在人口红利逐渐削弱的背景下，人才红利的重要性得以凸显。虽然粤港澳大湾区人才吸引能力比京津冀和长三角两大城市群出色，但对比世界其他三大湾区，粤港澳大湾区人才比重明显偏低。例如就高等教育人才数量而言，美国与日本高等教育人才数量的比重超过了40%。《2022年全球人才竞争力指数》报告显示，深圳、广州作为大湾区的主要核心城市分别排名第99、第113，落后于上海、北京。以科技为技术驱动的金融创新，要求人才需要精通金融和科技，对人才的要求更加严苛，不再仅追求单领域优秀人才。在此背景下，复合型人才需求增多，但大湾区内复合型人才供给远远不足，金融科技复合型人才的稀缺，会进一步放缓大湾区金融科技的发展。

4. 地区分布不平衡

金融基础方面，香港有交易所、深圳有证券交易所、广州有期货交易所；人才集聚方面，人才集中在广深两地，大湾区发展较好的城市在人才争夺战中具有极大优势，从而轻易获胜；科研基础方面，众多科研院所和大学集中在港澳广深，同时港澳广深由于经济发展水平高、财政相对充裕，研发投入领先其他城市；企业分布方面，无论是世界500强企业、"专精特新"城市还是金融科技竞争力及创新排行榜，广深企业占绝大多数，大湾区其他内地城市只有零星企业上榜；制度支持方面，广深两地政策支持力度最大，有偏向性地向发达地区倾斜。由此可见，在金融科技发展的方方面面存在地区分布不平衡现象，港澳广深拥有极大优势，掌握更多主动权，东莞、佛

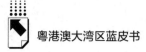

山、珠海掌握少量话语权，而惠州、中山、肇庆、江门有极少机会能"露头"。若不解决地区分布不平衡问题，马太效应将会进一步加剧。

5. 创新监管体系不完善

虽然中国银保监会发布的《银行保险机构消费者权益保护管理办法》已为我国金融消费者提供了切实的法律保障，但金融与科技的进一步融合给现阶段监管体系下金融消费者的权益保护带来难题。金融科技持续创新，而传统的金融监管体系缺乏灵活性，因此亟须探索并完善新的创新监管体系。对此，我国尝试推进"监管沙盒"试点。但由于还处于探索阶段，对比国外成熟完善的"监管沙盒"机制，中国版"监管沙盒"还略显粗略。在规则方面，现有制度并未对消费者具体保护机制的相关规则进行细化，例如信息披露、损失赔偿等。在立法方面，现有法律与"监管沙盒"机制并不高度适配，在某些领域缺乏法律依据和授权，且立法进程也较缓慢。总之，现阶段的"监管沙盒"机制在保护金融消费者权益方面还存在较大的局限性。

五 促进粤港澳大湾区金融科技高质量发展的对策建议

粤港澳大湾区金融科技发展处于初期阶段，规划引领方面的制度探索可以为其注入发展活力。加强粤港澳金融科技规划引领，从宏观层面指导粤港澳大湾区金融科技更高质量发展。最重要的是找准大湾区金融科技发展的定位和目标，着眼于服务民生、普惠、绿色低碳发展、人民币国际化"四个服务"。在《金融科技发展规划（2022—2025年）》顶层设计和《粤港澳大湾区发展规划纲要》发展规划下，金融管理部门应制定专门针对粤港澳大湾区金融科技发展的具体政策和进一步完善相关的配套细则。金融机构应制定全方位数字化转型战略，推动金融科技深度应用，加快数字化转型。同时在制度探索过程中应注重顶层设计和配套衔接，使一系列制度体系环环相扣，方能起到精准高效引领作用。

（一）打通赋能机制

打通金融科技赋能机制，充分发挥金融科技的赋能作用，增强与提高金融服务实体经济的能力和效率。重视"数字鸿沟"问题，以硬件设施升级为重点弥合"接入鸿沟"、以软件服务优化为抓手弥合"使用鸿沟"、以数字素养培育为特色弥合"能力鸿沟"，从打通数据流动堵点入手解决"数据壁垒"和"数据孤岛"问题，从而缩小金融机构间数字化发展差距，推动金融科技领域互联互通。同时重点关注竞争失衡问题，强化反垄断和防止资本无序扩张，维护金融科技领域秩序。只有畅通金融科技赋能机制，才能进一步发挥金融科技的普惠服务价值，在服务小微企业、个体工商户、乡村振兴等方面发挥更加突出的作用。

（二）强化人才培养

复合型人才是粤港澳大湾区金融科技高质量发展的关键所在，金融科技复合型人才的培养应从两方面协同发力。一是金融科技人才评价体系。需要明确金融科技人才能力要求，制定衡量微观个体的、统一的能力量化标准，全面评估金融科技人才能力。逐步推进金融科技人才职业资格、人才评定标准互认，逐步实现"一地评定，湾区内互认"。二是金融科技人才培养体系。以复合化和国际化为培养标准：金融科技人才不仅需要熟练掌握相关金融知识，还应持续学习并精通前沿科技手段；粤港澳大湾区的战略定位为国际一流湾区，金融科技复合型人才必须具有国际视野，具备立足现实、放眼世界的全球眼光和认清形势、顺应时代的发展眼光。

（三）优化区域布局

在发展金融科技的过程中，需要格外关注公平性和均衡性，急需采取措施改善发展差距过大的局面，强调协调发展。在金融科技试点方面，试点范围大部分集中在广深两地，其他城市的资源和机遇较少。应进一步扩大金融科技试点范围，在粤港澳大湾区金融科技发展相对滞后的城市中指定区域和

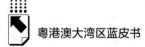

场景进行协助试点应用，扩大试点范围从而使布局更加均衡；在金融科技区域交流方面，尝试"以强带弱"模式，将金融科技发展良好与金融科技发展相对滞后的城市进行两两组队，组内加强交流，实行精准扶持，从而改善马太效应，缩小发展差距；在金融科技政府扶持方面，在当前政策重点支持发展较好的城市发展金融科技的主旋律下，应对其他城市给予政策偏向，特别是在财政补贴方面，解决珠三角九市资源和资金约束问题。

（四）探索"监管沙盒"机制

强化金融科技创新行为监管，坚持金融创新在审慎监管的前提下进行。"监管沙盒"是针对金融科技创新的一项特定制度，金融科技企业可以在这个安全空间内测试金融创新产品、服务等，本质上是一种"试错机制"，防患于未然。我国于2019年开启"监管沙盒"试点，但目前还存在诸多不足之处，需要进一步探索和完善。首先，需要得到国家层面更多重视，加大在"监管沙盒"机制方面的人力及物力投入力度，尤其是专业人才的配备，方能更好地推进制度落地；其次，从前期的试点工作中汲取经验与教训，当前规则制定方面过于粗略，需要持续在信息披露、损失赔偿等方面进行进一步细化，尽量避免监管漏洞；最后，法律作为最基础和权威的保障，必须提高二者的适配程度，加快协同立法进程，做到"监管沙盒"机制"有法可依"，切实保障金融消费者的合法权益。

参考文献

薛莹、胡坚：《金融科技助推经济高质量发展：理论逻辑、实践基础与路径选择》，《改革》2020年第3期。

黄卓、王萍萍：《金融科技赋能绿色金融发展：机制、挑战与对策建议》，《社会科学辑刊》2022年第5期。

杨涛：《理性认识金融科技监管沙盒的改革探索》，《人民论坛·学术前沿》2022年第17期。

王信：《粤港澳大湾区金融科技发展的若干思考》，《南方金融》2021 年第 10 期。

周东洋：《打造粤港澳大湾区金融科技新高地》，《中国贸易报》2023 年 3 月 2 日，第 1 版。

广州互联网金融协会：《广州金融科技联盟成立——发出广州金融科技最强音》，《金卡工程》2017 年第 6 期。

李合龙、陈孝明：《金融科技对粤港澳大湾区科技创新的影响研究》，《暨南学报》（哲学社会科学版）2023 年第 6 期。

卓泳、吴瞬：《深圳金融科技五大"秘诀"领跑 抢占金融竞争制高点》，《证券时报》2023 年 2 月 4 日，第 A02 版。

付升华：《粤港澳大湾区产业发展现状与佛山定位》，《广东经济》2022 年第 8 期。

刘春红、武岩：《香港国际金融中心助力粤港澳大湾区建设》，《宏观经济管理》2023 年第 2 期。

周烨：《探索金融科技融合发展新路径 推动粤港澳大湾区金融科技发展》，《中国科技产业》2022 年第 10 期。

B.4
粤港澳大湾区数字创新生态系统发展现状与对策研究[*]

张 慧[**]

摘 要: 在数字技术驱动的数字创新环境下，数字创新生态系统作为新兴的创新范式受到了广泛关注。本报告在明确数字创新生态系统核心构成要素的基础上，构建了粤港澳大湾区数字创新生态系统发展水平指标体系，并进行了数据统计分析。结果发现：粤港澳大湾区数字技术提供商、数字知识创造和应用者、数字平台运营者、数字消费者四个生态主体发展水平较高，但面临数字知识创造存在短板、数字创新生态主体间互动不足、城市间数字创新协同不足等问题。针对上述问题，本报告从政府引导、政策制定和发展路径三个角度提出了政策建议，大湾区应从数字创新生态系统的视角看待区域数字创新发展，找到适合大湾区发展的数字创新生态系统类型，补齐短板、激活活力、促进协同，最终达到区域数字创新的最佳目标。

关键词: 粤港澳大湾区 数字创新生态系统 生态主体

一 引言

近年来，世界各国积极将数字创新作为占据未来数字经济竞争制高

---

[*] 本报告得到教育部人文社会科学研究青年基金项目（项目编号：19YJC790183）、广东省普通高校青年创新人才类项目（项目编号：2018WQNCX031）、广东省软科学项目（项目编号：2019A101002055）的支持。

[**] 张慧，博士，广东外语外贸大学粤港澳大湾区研究院讲师，主要研究方向为产业经济学。

点的选择，如美国政府向人工智能、量子技术等"未来技术"领域投入
1000 亿美元；英国陆续发布人工智能、数字经济等一系列战略行动计
划，并不断完善、更新《英国数字战略》，以提升其在数字标准治理的
全球领导地位；我国"十四五"规划中指出，要在人工智能、量子信
息、集成电路等领域实施一批国家重大科技项目，并于 2021 年印发了
《"十四五"数字经济发展规划》。在数字创新的背景下，组织创新面临
更为复杂多元的市场环境与制度环境。如果仅依靠单一的数字创新生态
主体或者企业间合作的数字创新，显然无法满足数字创新的复杂性制度
需求，以及多元化、个性化的用户需求。数字创新生态系统作为新兴的
创新范式，是由多元的数字创新生态主体组成的，各个生态主体能够在
系统内通过协同创新、互惠共生，共同创造价值，其构建有助于打破产
业、区域和企业边界，实现数字化的价值共创，对于高质量数字创新成
果产出至关重要。

粤港澳大湾区是中国数字创新发展领先区域，具有数字产业发展基础雄
厚、数字创新资源丰富、数字融合应用场景丰富等优势，在国家"数字强
国"建设大局中肩负重大使命。粤港澳大湾区数字经济发展规模连续多年
位列全国第一，2022 年广东数字经济增加值已达到 6.41 万亿元，数字经济
占地区生产总值的比重高达 50%，"数字湾区"总体态势持续向好。同时，
在数字创新方面，粤港澳大湾区的表现十分突出，截至 2022 年底，大湾区
数字经济核心产业发明专利有效量为 29.2 万件，占国内总量的 24%。那么，
在数字创新生态系统逐渐成为数字创新的一种新范式下，作为全国数字创新
发展领先区域的粤港澳大湾区，其数字创新生态系统发展情况如何？存在哪
些问题？未来应该选择怎样的发展路径？基于上述问题，本报告将借鉴已有
相关文献，明确数字创新生态系统的生态主体构成，构建粤港澳大湾区数字
创新生态系统发展水平指标体系，并通过数据统计分析事实、发现问题、找
出发展路径。

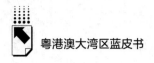

二　基础指标说明

（一）数字创新生态系统的构成

稳定的生态系统是由不同的生态主体组合形成的，数字创新生态系统的生态主体是指影响数字创新活动组织实施和发展轨迹，并具有共同属性的参与个体。借鉴 Fransman（2010）针对 ICT 产业构建的 ELM 模型，本报告拟将数字创新生态系统的生态主体分为数字技术提供商、数字知识创造和应用者、数字平台运营者、数字消费者四类。其中，数字技术提供商是直接实施数字创新的生态主体，为消费者提供数字产品或服务，涵盖数字技术创新企业和网络运营商；数字知识创造和应用者是数字创新生态系统中知识和基础技术的供应者，可以为数字技术提供商、数字平台运营者提供知识和基础技术，涵盖知识创造和应用的实体机构和人才；数字平台运营者是构建和运营数字平台的主体，为数字创新生态主体互动和资源整合提供平台和基础设施；数字消费者则为数字技术提供了多元化应用场景、经济资源和市场需求信息，是数字创新成果的使用者（见表1）。作为数字创新生态系统的一个重要组成部分，上述四个生态主体在获取自身利益的同时对其他生态主体产生影响，进而形成生态主体之间的共生关系。

表1　数字创新生态系统的生态主体

生态主体	内涵	功能
数字技术提供商	提供数字创新最终成果的主体	直接实施数字创新
数字知识创造和应用者	从事知识创造和应用的主体	提供知识和基础技术
数字平台运营者	构建和运营数字平台的主体	为数字创新生态主体互动和资源整合提供平台和基础设施
数字消费者	数字创新成果的使用者	提供多元化应用场景、经济资源和市场需求信息

（二）粤港澳大湾区数字创新生态系统发展水平指标体系

本报告根据数字创新生态系统的构成，进一步构建出能够反映粤港澳大湾区数字创新生态系统发展水平的指标体系（见表2）。从指标体系设计的技术实现上来看，首先确定指标体系所涵盖的维度，选取大湾区数字技术提供商发展水平、大湾区数字知识创造和应用机构发展水平、大湾区知识创造和应用人才发展水平、大湾区数字平台运营者发展水平、大湾区数字消费者发展水平五个维度。其次选择各维度下具体的指标并进行变量测度，大湾区数字技术提供商发展水平选择了大湾区数字技术提供商规模、大湾区数字技术提供商创新水平两个指标；大湾区数字知识创造和应用机构发展水平选择了大湾区拥有的普通高等学校数量、大湾区拥有的科研院所数量、大湾区高校及科研机构创新水平三个指标；大湾区知识创造和应用人才发展水平选择了大湾区数字人才就业情况、大湾区ICT人才就业情况两个指标；大湾区数字平台运营者发展水平选择了大湾区数字技术中心和智能计算中心数量、大湾区5G基站和数据中心数量两个指标；大湾区数字消费者发展水平选择了大湾区数字化转型水平、大湾区数字消费水平两个指标。最后，收集粤港澳大湾区数据对上述指标进行量化和统计分析。

表2　粤港澳大湾区数字创新生态系统发展水平指标体系

一级指标	二级指标	三级指标
粤港澳大湾区数字创新生态系统发展水平	大湾区数字技术提供商发展水平	大湾区数字技术提供商规模
		大湾区数字技术提供商创新水平
	大湾区数字知识创造和应用机构发展水平	大湾区拥有的普通高等学校数量
		大湾区拥有的科研院所数量
		大湾区高校及科研机构创新水平
	大湾区知识创造和应用人才发展水平	大湾区数字人才就业情况
		大湾区ICT人才就业情况
	大湾区数字平台运营者发展水平	大湾区数字技术中心和智能计算中心数量
		大湾区5G基站和数据中心数量
	大湾区数字消费者发展水平	大湾区数字化转型水平
		大湾区数字消费水平

三 粤港澳大湾区数字创新生态系统发展现状与存在问题

（一）大湾区数字技术提供商发展水平

1. 大湾区数字技术提供商规模

数字技术提供商是直接实施数字创新的生态主体，是数字创新生态系统的重要组成部分。粤港澳大湾区的数字技术提供商主要集中在电子信息制造业与信息传输、软件和信息技术服务业两大领域。其中，粤港澳大湾区电子信息制造业以广东为主体，2021年在粤开展经营的规模以上电子信息制造业企业9112家，占全国的37.72%，总体规模稳居全国首位。在通信设备、消费电子、新型显示、锂电子电池等电子信息制造业的重点细分领域，大湾区集聚了华为、比亚迪、TCL、OPPO、创维等知名企业，移动通信手机、微型电子计算机、集成电路等产品产量居全国前列，综合实力和整体竞争力处于全国领先水平。粤港澳大湾区各城市中，深圳是规模以上电子信息制造业企业最为集聚的城市，2021年达4186家，约占大湾区的一半，东莞的规模以上电子信息制造业企业较多，2021年达2087家，占大湾区的23.42%，已形成珠江东岸电子信息产业带，并在整个大湾区产生了可观的集聚效应、产业链带动效应（见图1）。

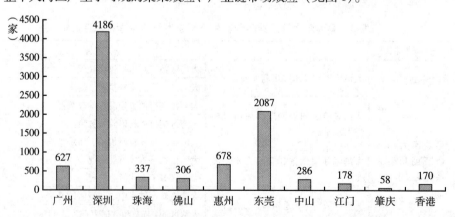

图1 2021年粤港澳大湾区各城市规模以上电子信息制造业企业数量

资料来源：《广东统计年鉴2022》《香港统计年刊（2022年版）》，澳门官方未统计相关数据。

粤港澳大湾区信息传输、软件和信息技术服务业企业规模也较大，2021年在粤经营的规模以上企业有 5338 家，位于全国前列。其中，规模以上软件和信息技术服务业企业数量达 4213 家，占比最高，为 78.92%（见图 2）。大湾区内地 9 市在腾讯、华为、中兴等行业龙头企业的带动下，信息传输、软件和信息技术服务业的各项指标均居全国前列，2021 年该行业企业数量占全国的 13.96%、软件业务收入占全国的 16.44%、软件产品收入占全国的 13.91%、信息技术服务收入占全国的 16.27%。香港电脑及资讯科技服务业发展也较快，2021 年香港该行业约有 10509 家机构单位，软件服务业国际化水平较高。2021 年广东省规模以上互联网和相关服务业企业数量为819 家，占比不高，为 15.34%，但已形成了良好的产业生态，拥有了一批综合实力较强的互联网企业，深圳市腾讯计算机系统有限公司、网易公司、腾讯音乐娱乐集团等 18 家企业入选了 2022 年中国互联网综合实力企业 100强。2021 年广东省规模以上电信、广播电视和卫星传播服务业企业数量为306 家，占比较低，为 5.73%，但近年来大湾区内地 9 市信息通信业综合实力持续提升、网络供给和服务能力显著增强，且香港是全球通信业最为发达的地区之一，未来大湾区相关领域的发展前景广阔。

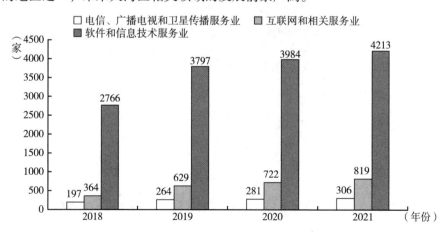

图 2　2018~2021 年广东省规模以上信息传输、软件和信息技术服务业企业数量

资料来源：历年《广东统计年鉴》。

2. 大湾区数字技术提供商创新水平

粤港澳大湾区数字技术提供商的创新水平较高，数字经济核心产业发明专利快速增长。根据国家知识产权局发布的最新数据，截至 2022 年底，粤港澳大湾区、长三角地区和京津冀地区数字经济核心产业发明专利有效量分别为 29.2 万件、34.0 万件和 27.6 万件，合计占国内总量的 71%（见图 3），呈现"三强鼎立"的态势。从数字创新的细分产业领域来看，粤港澳大湾区在半导体及集成电路、新一代通信与网络、新兴软件开发、物联网、人工智能等数字经济核心产业领域的创新研发水平较高，在上述领域的发明专利授权量、行业创新人才数量和创新企业数量均居全国前列，特别是 2021 年广东省在光电器件的发光二极管、集成电路设计的储存器、基带芯片、显示驱动芯片和物联网网络层的非授权频谱无线广域通信设备等领域的创新研发水平全国领先，发明专利授权量、行业创新人才数量和创新企业数量均位居全国第一（见表 3）。

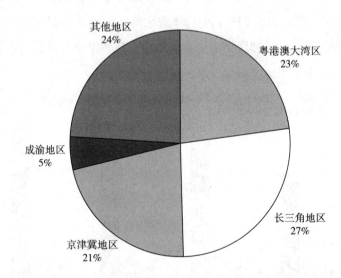

图 3 截至 2022 年底我国各区域数字经济核心产业发明专利有效量

资料来源：国家知识产权局网站。

表3 2021年广东省数字技术创新研发水平

数字技术分类			发明专利授权量全国排名	行业创新人才数量全国排名	创新企业数量全国排名
半导体及集成电路	光电器件	发光二极管	1	1	1
		半导体激光仪器	2	2	2
	集成电路设计	储存器、基带芯片、显示驱动芯片	1	1	1
		CPU芯片、SoC芯片、EDA	4	4	4
新一代通信与网络	通信系统设备	服务器、卫星通信、基站设备、网关建设	2	2	2
	网络与信息安全设备	身份管理与访问控制、防病毒网关、流量监控及违法行为管控设备	2	2	2
	电子终端设备	无人机、智能穿戴设备、智能手机	2	2	2
	5G相关产业	芯片、射频器件、PCB、5G基站、网络运营	2	2	2
		5G产业关键材料	4	4	4
新兴软件开发	基础软件	数据系统、数据库、嵌入式软件	2	2	2
	应用软件	应用软件开发	1	2	1
物联网	物联网感知层	芯片、传感器	3	3	3
	物联网网络层	非授权频谱无线广域通信设备	1	1	1
	物联网平台层	操作系统	2	2	2
人工智能	人工智能基础层	智能传感器、数据储存及传输设备	2	2	2
	人工智能技术层	机器学习、语言处理、计算机视觉、VR/AR、人机交互	2	2	2

资料来源：根据《广东省新一代电子信息产业专利统计分析报告》相关数据整理。

在粤港澳大湾区数字经济核心产业发明专利有效量中，企业拥有量所占的比重超过七成，高新技术企业是推动大湾区数字创新的主要力量。利用国内海量数据和丰富的应用场景，大湾区数字技术创新力量崛起，数字经济领域的独角兽企业不断涌现。《全球独角兽企业 500 强发展报告（2022）》显示，粤港澳大湾区共有 62 家独角兽企业，其中数字经济领域的独角兽企业有 40 家，占比高达 64.52%（见图 4）。从城市和产业细分领域分布来看，深圳拥有 22 家数字经济领域的独角兽企业，包括机器人、大数据、半导体、人工智能、消费电子等数字技术创新领域的企业 12 家，电子商务、新零售、金融科技、健康科技等数字技术应用领域的企业 10 家；广州有 11 家数字经济领域的独角兽企业，涵盖人工智能、半导体、工业互联网、软件服务、机器人等数字技术创新领域的企业 7 家，电子商务、共享经济、健康科技等数字技术应用领域的企业 4 家；香港有 5 家数字经济领域的独角兽企业入选全球独角兽企业 500 强榜单，包括区块链数字技术创新领域的企业的 1 家，金融科技、电子商务、健康科技等数字技术应用领域的企业 4 家；珠海和东莞各有 1 家数字经济领域的独角兽企业，分别属于半导体和机器人数字技术创新领域。

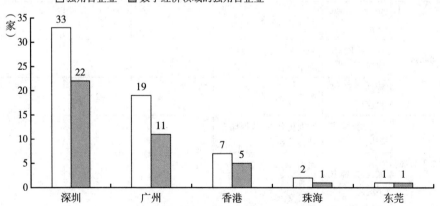

图 4　2022 年粤港澳大湾区数字经济领域的独角兽企业数量

资料来源：《全球独角兽企业 500 强发展报告（2022）》。

（二）大湾区数字知识创造和应用机构发展水平

1. 大湾区拥有的普通高等学校数量

高校在数字创新生态系统中扮演着数字知识创造者、数字知识传播者、数字人才培养者等重要角色，其发展水平与区域数字创新绩效的提升密切相关。粤港澳大湾区内地 9 市拥有的普通高等学校数量位于全国前列，其中2021 年广州的普通高等学校数量高达 83 所，约占内地 9 市普通高等学校总量的六成，但内地 9 市其他城市的普通高等学校数量较少（见图 5）。深圳近年来虽然在建设高校上的投入力度较大，但 2021 年普通高等学校数量仅有 8 所，与其经济体量和数字经济发展水平不匹配。值得注意的是，大湾区内地 9 市仍缺乏世界一流大学和高水平研究型大学，根据 2023 年 QS 最新发布的世界大学排名，大湾区内地 9 市尚未有高校进入 QS 世界大学前 100 名，这不利于数字技术基础研究和前沿数字技术研究的开展。香港和澳门分别拥有 22 所、12 所普通高等学校，其中香港有 6 所高校进入 2023 年 QS 世界大学前 100 名，具有数字知识创造和数字技术研发的优势基础。

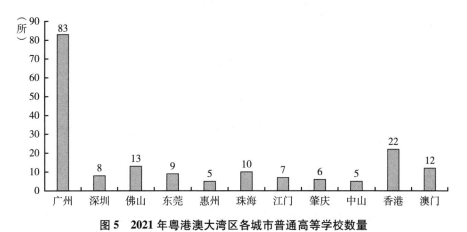

图 5　2021 年粤港澳大湾区各城市普通高等学校数量

资料来源：2022 年粤港澳大湾区内地 9 市及澳门统计年鉴、《香港统计年刊（2022 年版）》。

近年来，粤港澳大湾区内地 9 市正加快与港澳开展高水平研究型大学合作办学，截至 2023 年上半年，大湾区内地 9 市与港澳已建成北京师范大学—香港浸会大学联合国际学院、香港中文大学（深圳）以及香港科技大学（广州）3 所合办高校，香港大学（深圳）、澳门科技大学珠海校区、香港城市大学（东莞）、香港理工大学（佛山）、香港都会大学（肇庆）等合办高校也在加快推进（见表 4）。与港澳合作办学项目的相继落地，有效弥补了大湾区内地 9 市缺乏世界一流大学和高水平研究型大学的缺憾，对于大湾区数字创新生态系统的发展大有裨益。其一，大湾区内地 9 市可利用与港澳合办高校加快数字技术基础研究，提高数字技术学术研究成果和专利产出；其二，依托与港澳合办高校，大湾区内地 9 市有望落地一批数字技术创新联合实验室、产学研示范基地等创新载体；其三，利用港澳高校平台，大湾区内地 9 市可以吸引全球著名科学家和科研团队来粤设立数字创新实验室。

表 4 截至 2023 年上半年粤港澳大湾区内地 9 市与港澳合作办学情况

城市	学校	进度
广州	香港科技大学(广州)	已招生
深圳	香港中文大学(深圳)	已招生
深圳	香港大学(深圳)	筹建中
珠海	澳门科技大学珠海校区	建设中
珠海	北京师范大学—香港浸会大学联合国际学院	已招生
东莞	香港城市大学(东莞)	建设中
佛山	香港理工大学(佛山)	筹建中
肇庆	香港都会大学(肇庆)	筹建中

资料来源：根据相关资料整理。

2. 大湾区拥有的科研院所数量

与高校扮演的角色相似，科研院所在数字创新生态系统中扮演着数字知识创造者、数字知识传播者、数字科技成果转化者等重要角色。粤港澳大湾区内地 9 市科研院所云集，2023 年已超 3 万家，特别是随着粤港澳大湾区综合性国家科学中心建设的推进，国家重点实验室、广东省实验室等高水平实验室加快布局（见表 5）。截至 2023 年，粤港澳大湾区拥有 50 家国家重点实验室（含香港16家、澳门4家）。其中，粤港澳大湾区内地9市已设立6家数字经济领域的国家重点实验室，上述实验室的研究领域涵盖电子制造、无线通信、移动网络和移动多媒体技术等，依托单位为大湾区内地9市高校和高科技企业。香港和澳门也依托港澳高校分别设立了两家数字经济领域的国家重点实验室，研究领域涵盖电子制造、集成电路、物联网等领域。同时，粤港澳大湾区已设立9家广东省实验室，其中3家为数字经济领域的实验室，研究领域涵盖网络空间科学与技术、先进制造科学与技术、人工智能与数字经济等。

表5 粤港澳大湾区数字经济领域的国家重点实验室和广东省实验室

类别	城市	名称	领域	依托单位
国家重点实验室	广州	光电材料与技术国家重点实验室	光电材料与技术	中山大学
国家重点实验室	广州	发光材料与器件国家重点实验室	下一代光电信息功能材料与器件	华南理工大学
国家重点实验室	广州	省部共建精密电子制造技术与装备国家重点实验室	精密电子制造技术与装备	广东工业大学
国家重点实验室	深圳	无线通信接入技术国家重点实验室	无线通信接入技术	华为技术有限公司
国家重点实验室	深圳	移动网络和移动多媒体技术国家重点实验室	移动网络和移动多媒体技术	中兴通讯股份有限公司
国家重点实验室	肇庆	新型电子元器件关键材料与工艺国家重点实验室	电子元器件材料	广东风华高新科技股份有限公司
国家重点实验室	香港	超精密加工技术国家重点实验室	超精密加工技术	香港理工大学
国家重点实验室	香港	先进显示与光电子技术国家重点实验室	先进显示与光电子技术	香港科技大学
国家重点实验室	澳门	模拟与混合信号超大规模集成电路国家重点实验室	集成电路	澳门大学
国家重点实验室	澳门	智慧城市物联网国家重点实验室	物联网	澳门大学
广东省实验室	深圳	深圳鹏城实验室	网络空间科学与技术	广东省政府

续表

类别	城市	名称	领域	依托单位
广东省实验室	佛山	佛山季华实验室	先进制造科学与技术	广东省政府
广东省实验室	广州、深圳	广州琶洲实验室、深圳光明实验室	人工智能与数字经济	广东省政府

资料来源：根据相关资料整理。

此外，为了充分利用港澳高校及科研院所雄厚的科研力量，粤港澳大湾区已成立20家粤港澳联合实验室，联合实验室可以通过课题实施、学术交流、科技资源共享等方式，促进粤港澳三地科研人员深化合作，并通过举办高端学术论坛，推进三地政府人员、学者、知名企业家深入交流。其中，数字经济领域的联合实验室占一半，包括粤港澳离散制造智能化联合实验室、粤港澳人机智能协同系统联合实验室、粤港大数据图像和通信应用联合实验室、粤港澳智慧城市联合实验室、粤港澳数据驱动下的流体力学与工程应用联合实验室等，研究方向涵盖智能制造、人工智能、量子科技、未来网络、智慧城市、物联网等多个领域（见表6）。总体而言，粤港澳大湾区已集聚了一批数字经济领域的高水平科研院所，这些科研院所将成为大湾区开展数字技术攻关的中坚力量及助力大湾区数字科技成果转移转化的加速器。

表6　粤港澳大湾区数字经济领域的粤港澳联合实验室

城市	实验室名称	领域
深圳	粤港澳光热电能源材料与器件联合实验室	光热电能源材料与器件
广州	粤港澳光电磁功能材料联合实验室	光电磁功能材料
广州	粤港澳离散制造智能化联合实验室	智能制造
深圳	粤港澳人机智能协同系统联合实验室	人工智能
广州	粤港量子物质联合实验室	量子科技
深圳	粤港大数据图像和通信应用联合实验室	未来网络
深圳	粤港澳智慧城市联合实验室	智慧城市

城市	实验室名称	领域
深圳	粤港澳数据驱动下的流体力学与工程应用联合实验室	智能流体力学
珠海	粤港澳商品物联网联合实验室	物联网
佛山	粤港澳智能微纳光电技术联合实验室	智能微纳光电技术

资料来源：根据相关资料整理。

3. 大湾区高校及科研机构创新水平

在数字创新生态系统中，高校及科研机构是推动数字知识创造和应用的重要主体。粤港澳大湾区内地9市中，虽然绝大多数的科技研发在企业，绝大多数的科技研发支出在企业，但近年来大湾区内地9市高校及科研机构的科技研发参与度越来越高。从2010~2020年广东省高校及科研机构R&D经费内部支出占比来看，这一占比从2010年的6%上升到2020年的11%（见图6），这说明大湾区内地9市高校及科研机构对科技研发越来越重视，其创新水平越来越高。相比之下，香港和澳门虽然集聚了世界一流的大学及科研机构，但高新技术产业发展相对滞后，港澳的R&D经费内部支出更多地来自高校及科研机构而不是企业，港澳高校及科研机构的研发实力雄厚。总体而言，粤港澳大湾区内地9市高校及科研机构日益提升的创新水平，以及港澳高校及科研机构雄厚的研发实力，为大湾区数字创新生态系统的前沿技术研发提供了坚实的基础。

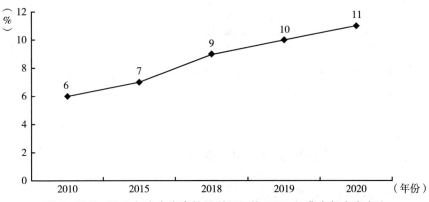

图6　2010~2020年广东省高校及科研机构R&D经费内部支出占比

资料来源：历年《广东统计年鉴》。

　　与此同时，高校及科研机构是数字创新生态系统中开展数字技术基础研究的主力军。粤港澳大湾区内地 9 市对基础研究的重视程度越来越高，从 2017~2021 年广东省基础研究支出及其占省科学技术支出的比重来看，基础研究支出从 2017 年的 7.65 亿元增加到 2021 年的 124.75 亿元，比重从 2017 年的 0.93% 提高到 2021 年的 12.69%（见图 7）。相对而言，港澳高校及科研机构的基础研究更为出色，在数字技术、人工智能等诸多基础性、前沿性领域的研究水平较高。近年来，广东省科技计划项目正面向港澳高校及科研机构开放，在全国率先实现了省财政资金跨境流动，截至 2021 年港澳高校及科研机构人才共牵头承担了 96 项广东省科技计划项目，其中香港 86 项、澳门 10 项，推动了大湾区基础研究的开展。总体而言，粤港澳大湾区对高校及科研机构的基础研究的高度重视和高投入，能够为进行数字技术基础研究和前沿数字技术研究，产生颠覆性数字创新成果提供强力支撑。

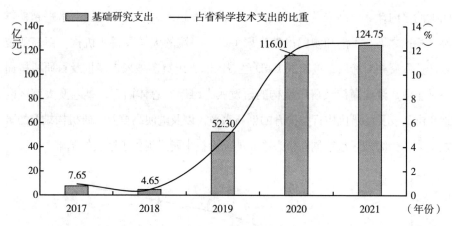

图 7　2017~2021 年广东省基础研究支出及其占省科学技术支出的比重

资料来源：历年《广东统计年鉴》。

（三）大湾区知识创造和应用人才发展水平

1. 大湾区数字人才就业情况

数字创新生态系统中，数字人才也是从事数字知识创造和应用的重要主体。粤港澳大湾区信息化发展水平较高，制造业信息化投资增长强劲，数字经济发展规模和增速均引领全国发展，吸引了各领域数字人才的集聚，数字人才规模居全国前列。根据《粤港澳大湾区数字经济与人才发展研究报告》统计数据，从区域分布来看，深圳、广州和香港是大湾区信息产业的三大领军城市，也是数字人才的主要集聚地，三个城市的数字人才数量占大湾区数字人才总量的比重分别为34.96%、24.72%和22.95%。大湾区其他城市的数字人才占比均较低，东莞、佛山、惠州、珠海和澳门五个城市的数字人才占比分别为7.76%、3.85%、2.52%、2.23%和1.00%（见图8）。这表明，尽管粤港澳大湾区数字人才总量较高，但大湾区各城市间数字人才呈现不均衡甚至单极化发展趋势，部分城市仍存在较大数字人才供需缺口，需要进一步提升自身对数字人才的吸引力和集聚力。

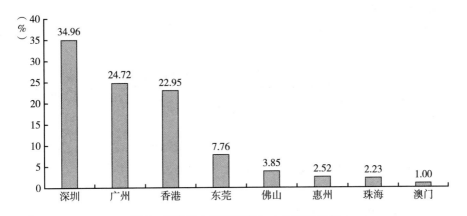

图8 粤港澳大湾区数字人才的区域分布

资料来源：《粤港澳大湾区数字经济与人才发展研究报告》。

从行业分布来看，ICT行业和制造业两大行业的数字人才占比分别为39.86%、11.84%，均高于10%，是数字人才最集聚的行业。消费品行业和金融行业的数字人才占比分别为7.24%、6.07%，均高于5%，是数字人才次集聚的行业。公司服务、教育、建筑、媒体通信等其他行业的数字人才占比均低于5%，数字人才集聚性较弱（见图9）。由此可以看出，数字人才在ICT行业的集聚非常明显，说明粤港澳大湾区的基础型数字经济发展实力雄厚。

同时，虽然制造业的数字人才占比低于 ICT 行业，但仍是粤港澳大湾区数字化融合程度最高的传统行业。与此同时，粤港澳大湾区各城市数字人才的行业集聚度存在明显不同，深圳在 ICT 行业最具数字人才优势，广州在软件与 IT 服务行业保持较强的数字人才优势，珠海的数字人才更偏向于制造业，东莞、佛山、惠州三个城市在制造业和消费品行业的数字人才优势明显，香港在金融、教育、旅游度假、公司服务、交通物流、零售等行业的数字人才集聚度较高，澳门在旅游度假行业和教育行业的数字人才优势突出，形成了良好的互补关系。

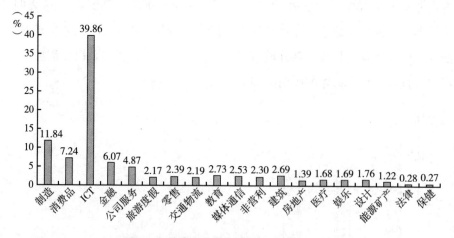

图 9　粤港澳大湾区数字人才的行业分布

资料来源：《粤港澳大湾区数字经济与人才发展研究报告》。

2. 大湾区 ICT 人才就业情况

ICT 是数字人才最集聚的行业，其就业情况能反映出数字人才的集聚水平。粤港澳大湾区 ICT 行业高度发达，ICT 人才集聚度高，2021 年在粤就业的 ICT 人数为 80.6 万人，仅次于北京的 101.2 万人，在全国位列第二。在粤港澳大湾区各城市中，深圳、广州和香港的 ICT 人才最多，2021 年 ICT 就业人数分别为39.34 万人、26.51 万人和 10.80 万人，三者 ICT 人才占比之和接近 90%，其他城市的 ICT 人才数量较少。深圳、广州、珠海和香港 ICT 就业人数占所有行业就业人数的比重较高，分别为 7.88%、6.58%、4.16% 和 3.97%，其他城市的这一比重较低（见图 10）。值得注意的是，虽然珠海的 ICT 就业人数较少，但 ICT 就业人数占所有行业就业人数的比重在大湾区各个城市中位列第三，这体现出珠海对于发展信息产业和数字经济的重视和投入。总体而言，粤港澳大湾区拥有优越的 ICT 产业发展环境，也十分重视相关产业发展和投资，吸引了大量 ICT 人才集聚，为数字创新生态系统的发展提供了人才支撑。

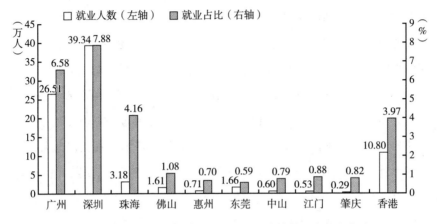

图 10　2021 年粤港澳大湾区 ICT 行业人才就业人数和占比

资料来源：《广东统计年鉴 2022》《香港统计年刊（2022 年版）》，澳门官方统计无 ICT 行业数据。

值得注意的是，随着粤港澳大湾区数字经济及 ICT 产业的迅猛发展，ICT 技术研发创新和应用创新活动会更加丰富，大湾区对 ICT 人才的需求将持续上升。然而，粤港澳大湾区 ICT 岗位需求持续增长的同时人才供给不足问题逐渐显现，根据《中国 ICT 人才生态白皮书》中的预测，到 2025 年我国 ICT 人才缺口将达到 2135 万人，这给大湾区集聚 ICT 人才带来了挑战。具体来看，粤港澳大湾区 ICT 人才供给不足主要体现在以下几个方面：一是人工智能、自然语言处理、数据科学、信号处理等新兴技术领域的岗位人才需求增加，现有人才的技能水平不足；二是 ICT 人才存在结构性问题，既缺乏集成电路、半导体等领域的高精尖人才及数字化领导者，又缺乏 ICT 基层技术人才；三是 ICT 人才地域分布不均衡，ICT 人才在深圳、广州、香港的聚集明显，佛山、东莞等大湾区其他城市的 ICT 人才储备和供给不足的问题愈加凸显。因此，粤港澳大湾区应正视 ICT 人才缺口扩大问题，从而避免其限制未来数字化进程。

（四）大湾区数字平台运营者发展水平

1. 大湾区数字技术中心和智能计算中心数量

数字平台是数字创新生态系统发展的物质基础和万物互联基础，为数字创新生态主体开展创活动提供平台和基础设施。伴随智能化、数字化快速发展，粤港澳大湾区在数字技术研究中心、算力中心、5G 基站、数据中心等方面加快创新，布局了一批高水平数字平台。从数字技术研究中心布局来看，2022 年粤港澳大湾区内地 9 市共认证 773 家工程技术研究中心，其中数字经济领域的技术研究中心数量为 344 家，占比接近一半。在数量上，位于深圳的数字经济领域的技术研究中心最多，达 167 家，在大湾区其他城市中，广州有 70 家、佛山有 18 家、东莞有 37 家、珠海有 22 家、惠州有 15 家、中山有 9 家、江门有 6 家（见图 11）。在占比上，数字经济领域的技术研究中心占比较高的城市是东莞、惠州、深圳，这些城市电子信息产业较为发达，也更加重视数字经济领域的技术研究中心的布局。此外，香港已设立 6 家国家工程技术研究中心香港分中心，拥有 1 家国家专用集成电路系统工程技术研究中心香港分中心。

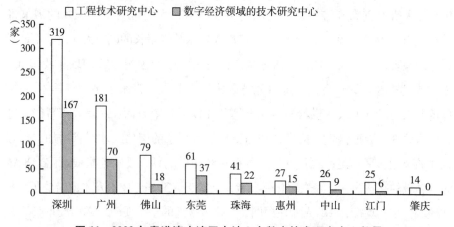

图 11 2022 年粤港澳大湾区内地 9 市数字技术研究中心数量

资料来源：根据 2022 年度广东省工程技术研究中心认定名单整理。

从算力中心布局来看，"东数西算"国家项目强调在粤港澳大湾区、京津冀、长三角、成渝等八大国家算力枢纽节点间建设算力网络，以满足全国各地日益增长的算力需求。截至2021年底，八大国家算力枢纽节点建成或正在建设的智算中心有12家，占全国的比重接近50%，包括粤港澳大湾区枢纽的2家、长三角枢纽的6家、京津冀枢纽的2家、成渝枢纽的1家、甘肃枢纽的1家（见表7）。粤港澳大湾区枢纽的两家智算中心分别为广州人工智能公共算力中心和深圳市人工智能融合赋能中心，将成为大湾区数字经济发展的"数字底座"和公共技术创新服务平台，大湾区企业和研究机构可以依托两大智算中心提供的强大算力，驱动AI模型进行数据深度加工，实现AI应用创新。同时，广州、深圳等大湾区城市出台了政策推进智算中心建设，加快对智算中心的投资和布局，香港也在筹建人工智能超算中心，未来大湾区内将有更多智算中心落地或筹建。

表7　截至2021年底八大国家算力枢纽节点的智算中心建设情况

国家算力枢纽节点	建成或正在建设的智算中心
粤港澳大湾区枢纽	广州人工智能公共算力中心
	深圳市人工智能融合赋能中心
长三角枢纽	商汤科技人工智能计算中心
	南京智能计算中心
	昆山智算中心
	杭州人工智能计算中心
	腾讯智慧产业长三角(合肥)智算中心
	合肥先进计算中心
京津冀枢纽	中国电信京津冀大数据智能算力中心
	河北人工智能计算中心
成渝枢纽	成都智算中心
甘肃枢纽	庆阳智算中心
宁夏枢纽	—
内蒙古枢纽	—
贵州枢纽	—

注：截至2021年底，宁夏、内蒙古、贵州枢纽并未有建成或正在建设的智算中心。
资料来源：根据相关资料整理。

2. 大湾区5G基站和数据中心数量

5G基站、数据中心等新型信息基础设施是数字创新生态系统中的基础性战略资源，对于推动数字创新发挥着愈来愈重要的作用。粤港澳大湾区高度重视5G基站和数据中心建设，5G基站和数据中心已进入快速发展阶段。截至2022年底，广东省累计建成5G基站站点数量22.60万座，5G用户数为6352万户，均位居全国第一（见图12）。广州、深圳争创5G示范城市，2022年分别累计建成7.64万座、6.50万座，基本实现中心城区5G网络连续覆盖。粤港澳大湾区其他内地城市基本实现城区核心区域5G网络连续覆盖，港澳也在加快推出5G服务。同时，粤港澳大湾区加速发展5G产业，基本形成了5G器件、5G核心网络与基站设备、5G智能终端等5G产业生态链，5G产值占全国的份额超过50%，华为、中兴在通信设备市场的份额占全国的75%、占全球市场的份额超过1/3，成为世界级产业集聚区。此外，粤港澳大湾区积极推动5G技术创新，推进鹏城实验室、广东省新一代通信与网络创新研究院、国家5G中高频器件创新中心等创新平台建设。2022年，华为、中兴的5G标准必要专利分别占全球的14.59%、8.14%。

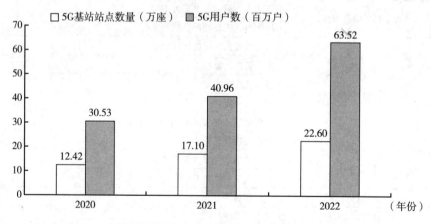

图12　2020~2022年广东省5G基站站点数量和5G用户数

资料来源：广东省工业和信息化局网站。

粤港澳大湾区数据中心建设规模居全国前列，截至2022年底，广东省已投产使用的数据中心数量接近200个，已投产使用的数据中心主要分布在大湾区内地9市，其中广州、深圳在用的数据中心占内地9市的比重超过一半。从数据中心机架规模来看，截至2022年底，广东省已投产数据中心机架32.3万架（见图13），综合算力指数、存力指数均排名全国第一。广州和深圳大型互联网、金融企业，云计算厂商和制造业对数据中心需求较多，所以两个城市已投产的数据中心机架数量较多，合计占比超过50%。从互联网数据中心（IDC）市场规模来看，粤港澳大湾区数字经济规模较大，产业互联网、互联网业务创新等带来的新需求逐渐形成规模，对IDC业务的带动作用逐渐显现。广深及周边区域IDC市场规模稳步扩张，2016~2022年，IDC市场规模从53.3亿元扩张到180.8亿元，年平均增速为22.58%，是国内IDC产业分布的核心区域之一。香港作为经济繁荣且信息科技发达的大湾区城市，也已形成了相对成熟的数据中心市场体系，在引领亚洲数字化浪潮中发挥着重要作用。

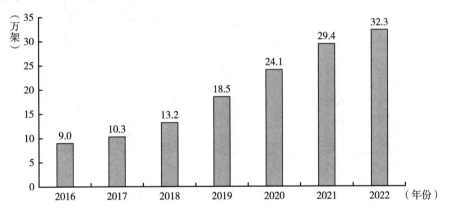

图13　2016~2022年广东省数据中心机架规模

资料来源：广东省工业和信息化局网站。

（五）大湾区数字消费者发展水平

1. 大湾区数字化转型水平

在数字创新生态系统中，数字消费者是数字创新成果的使用者，能够为数字创新生态主体提供多元化应用场景、经济资源和市场需求信息。近年来，粤港澳大湾区数字经济持续保持高速增长，2016~2022年，广东省数字经济增加值从 3.00 万亿元增加到 6.41 万亿元，连续多年位列全国第一，2022 年广东省数字经济占比高达 50%（见图 14），数字经济已成为大湾区高质量发展的新引擎。数字经济的快速发展加快了粤港澳大湾区实体经济的数字化转型步伐，为大湾区带来了庞大的数字技术创新应用市场和丰富的数字技术融合应用场景，数字技术创新成果已应用到大湾区产业转型升级、政府治理能力提升、智慧城市发展等领域。根据腾讯发布的《数字化转型指数报告 2021》，广东省数字化转型在全国领先优势明显，用云量（云计算）规模和赋智量（AI）规模分别位列全国第三和第二（见表 8），这表明粤港澳大湾区数字化转型指数仍持续走高，对数字技术创新成果的消费需求也在扩大。

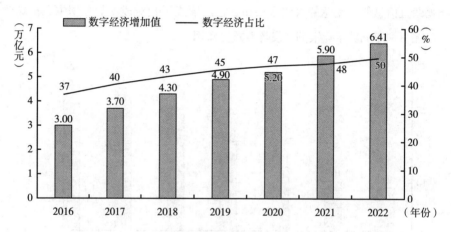

图 14　2016~2022 年广东省数字经济增加值和数字经济占比

资料来源：根据历年《广东统计年鉴》和相关数据资料整理。

**表 8　2021 年数字经济发达区域用云量（云计算）规模和
赋智量（AI）规模排名（部分）**

省（市）	用云量（云计算）规模	赋智量（AI）规模
广东	3	2
江苏	6	4
浙江	4	6
上海	1	3
北京	2	1

资料来源：《数字化转型指数报告 2021》。

在数字技术与实体经济的深度融合发展下，粤港澳大湾区传统产业数字化转型速度加快，其中传统制造业数字化转型诉求强烈，是大湾区数字技术与传统产业融合度最高的领域。粤港澳大湾区制造业数字化、网络化、智能化发展水平居全国第一梯队，天眼查数据显示，全国智能制造相关企业数量已接近 18 万余家，广东省智能制造企业数量最多，超过 2.8 万家，居全国首位。同时，粤港澳大湾区在智能制造产业领域拥有众多龙头企业，这些企业引领着大湾区制造业数字化转型。《互联网周刊》发布的《2021 智能制造 50 强》中，粤港澳大湾区有 9 家企业上榜，占 18%，其中深圳有 4 家企业上榜，广州、佛山、珠海、惠州、东莞分别有 1 家企业上榜，主要分布在 ICT 制造、汽车制造、无人机、工业机器人、智能装备制造等智能制造领域。未来，随着数字技术的革新和制造业的不断升级，粤港澳大湾区智能制造必将走向更加广阔的舞台，对数字创新成果的消费需求也会越来越大。

2. 大湾区数字消费水平

伴随数字消费浪潮，电子商务、传统零售、消费品等行业正在加速数字化、在线化、智能化，对数字技术的需求增多。其中，电子商务属于数字原生行业，数字化规模明显领先于传统行业，对数字技术创新的需求也更多。粤港澳大湾区是全国电子商务最活跃的区域之一，也是电子商务企业最为集聚的区域之一，2021 年广东省有电子商务交易活动的企业数高达 1.93 万家，企业电子商务销售额高达 3.79 万亿元，明显高于浙江、江苏、北京、上海等国内其他省（市）（见图 15），两项指标均位列全国第一。港澳传统零售业占地区生产总值的比重较高，随着数字化的不断发展，具有电子商务基础的零售业在港澳将呈指数级增长，数字支付应用也将愈加广泛。庞大的电子商务消费市场使大湾区数字技术的使用量大幅提升，特别是数字技术正持续掀起创新潮流，为电子商务企业提供更多的机会和可能，越来越多的电子商务企业将借助数字技术实现更为高效的发展。

传统零售业和消费品业的数字化进程加快，为数字技术创造了更为丰富

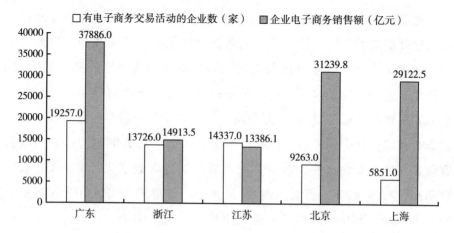

图 15　2021 年我国部分省（市）电子商务交易活动企业数和销售额

资料来源：《中国统计年鉴 2022》。

的应用场景。从传统零售业来看，粤港澳大湾区传统零售业数字化规模在全国排名前列，2021 年实物商品网上零售额达 2.84 万亿元，占社会消费品零售总额的比重高达 63.25%。同时，大湾区传统零售业的数字化程度较高，半数以上的传统零售企业处于"线上化"（数字化 2.0），部分传统零售企业已开始迈入"数智化"（数字化 3.0），部分传统零售企业已具备"平台化/生态化"（数字化 4.0）能力。从消费品业来看，粤港澳大湾区消费品业迎来了数字化热潮，2023 年广东省发布了《广东省实施消费品工业"数字三品"三年行动方案》，着力增强全社会消费品工业数字化转型的意识、培育发展消费品数字化转型服务商、搭建消费品数字化转型公共服务平台，可以预见未来三年大湾区消费品业数字化进程将加快，数字技术在大湾区消费品业的应用也将更加广泛。

（六）存在问题

问题之一：大湾区数字知识创造存在短板。

粤港澳大湾区在数字技术提供商、数字平台运营者、数字消费者三个维度的各项指标均居全国前列，但在数字知识创造和应用者维度的各项指标仍有待提高。这一问题产生的原因有以下几点：一是相较于知名高校云集的北京、上海、浙江等省（市），广东省尚缺乏世界一流大学和高水平研究型大学，而高校是数字创新生态系统中从事知识创造和应用的关键生态主体，顶尖高校的缺乏使大湾区在数字知识创造和数字基础研究的产出方面相对薄弱。虽然港澳拥有世界一流大学，但目前港澳高校在粤开展知识创造仍存在一定的制度阻碍，体制机制还有待进一步完善；二是相较于旧金山湾区、纽约湾区等世界其他一流湾区，粤港澳大湾区高校没有建立完善的将科研成果转化为生产力的体制机制，导致大湾区高校参与数字知识创造和数字科技成果转化的深度还不够；三是粤港澳大湾区企业数字化转型步伐较快，各行各业对数字人才的需求正在急剧增长，但当前高校对数字人才的培养还无法满足庞大的市场需求，大湾区在数字新兴技术人才、数字化领导者、数字基层技术人才等不同人才梯队方面仍存在人才供需缺口。

问题之二：大湾区数字创新生态主体间互动不足。

虽然数字创新生态系统中单个生态主体的发展十分重要，但单个生态主体不是产生高水平数字创新生态系统的必要条件，数字创新生态系统的发展是由所有生态主体通过互惠共生共同推动的。粤港澳大湾区在数字技术提供商、数字知识创造和应用者、数字平台运营者、数字消费者单个生态主体方面的发展水平较高，但大湾区数字创新生态主体间的互动性尚不足、系统构成要素整合能力还不够强，导致数字技术提供商仍主要从国际和国内其他发展水平较高的区域获取先进的数字知识和技术、高校数字创新人才培养无法满足数字企业需求、数字平台促进数字创新生态主体互动和资源整合功能不显著等诸多问题的出现。在推动数字创新的相关政策中，粤港澳大湾区的多数相关政策是针对单一数字创新生态主体的，没有从数字创新生态系统的视角出发，制定促进多重生态主体组合匹配、协同创新、共同演化的政策。同时，粤港澳大湾区相关政策中缺乏应选择何种数字创新生态系统类型、如何促进数字创新生态系统健康发展、怎样提升数字创新生态系统辐射能力等方面的考量，引导数字创新生态主体互动的作用不足。

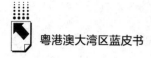

问题之三：大湾区城市间数字创新协同不足。

粤港澳大湾区各个城市的数字创新资源禀赋不同，形成了良好的互补关系。港澳在数字知识创造和应用方面具有基础和优势，且可作为大湾区内地9市连接国际数字创新资源的重要纽带，而大湾区内地9市的数字产业发达、数字平台集聚、数字消费市场庞大，可为港澳数字知识技术成果转化提供丰富的应用场景。同时，在大湾区内地9市中，广州和深圳的知识创造和获取能力强、数字技术提供商集聚，珠海、东莞、佛山、惠州等城市的数字制造、消费品业等数字消费领域市场广阔，互补性强。然而，当前大湾区各个城市间数字创新生态主体的协同性不足，主要体现在以下几个方面：一是大湾区各个城市更加注重自身数字创新方面的发展，未从数字创新生态系统的视角考量自身扮演的角色以及如何通过生态系统匹配整合资源，导致大湾区城市间数字创新协同不足；二是港澳科研人才和团队在粤开展知识创造仍面临体制机制制约，不利于大湾区内地9市协同港澳开展数字知识和技术创新及在全球配置数字创新资源；三是大湾区内地9市中，重大数字平台及数字创新人才主要集聚在广州、深圳，但当前广深重大数字平台对大湾区其他城市的辐射力尚不足，数字人才向大湾区其他城市的流动不足，在数字资源共享共建方面协同不够。

四　结论与政策建议

本报告借鉴既有研究成果，界定了数字创新生态系统的生态主体构成，在此基础上构建了粤港澳大湾区数字创新生态系统发展水平指标体系，经过数据统计分析得出，粤港澳大湾区单个数字创新生态主体发展水平较高，推动了大湾区数字创新生态系统快速发展，但各数字创新生态主体间的协同创新性不足。因此，未来可以从以下三个方面加以提升。

第一，粤港澳大湾区各城市政府应充分发挥引导作用，提高数字技术提供商、数字知识创造和应用者、数字平台运营者、数字消费者等数字创新生态主体的发展水平，补齐大湾区在数字知识创造和应用方面的短板，激活各个数字创新生态主体的发展活力，加强数字创新生态主体间的互动合作，从而促进区域数字创新生态系统健康发展，提升生态系统辐射能力，带动大湾区数字创新水平大幅提升，将大湾区打造成为具有国际影响力的数字创新高地。

第二，在数字创新相关政策制定中，粤港澳大湾区各城市政府不仅要强调单一数字创新生态主体发展的重要性，还要从数字创新生态系统的视角出发，有针对性地制定促进数字创新生态主体间、中心城市间要素组合匹配和协同发展的政策，带动区域数字创新生态主体全面塑造发展新优势。与此同时，支持华为、中兴等数字创新龙头企业构建自身的企业数字创新生态系统，辐射带动区域数字创新生态发展。

第三，粤港澳大湾区数字创新能力全国领先，集聚了以华为、腾讯等为代表的数字技术提供商，拥有以港澳高校及科研机构为引领的数字知识创造和应用者，数字平台和数字基础设施建设步伐加快，数字消费市场广阔，各个数字创新生态主体发展水平均较高。由此，粤港澳大湾区数字创新生态系统更加适合选择主体多元、多中心的综合发展模式，需要通过促进数字创新生态主体协同创新，最大限度地发挥生态系统合力，从而实现区域数字创新的最佳目标。

参考文献

艾志红：《数字创新生态系统价值共创的演化博弈研究》，《技术经济与管理研究》2023年第4期，第25~30页。

林艳、卢俊尧：《什么样的数字创新生态系统能提高区域创新绩效——基于NCA与QCA的研究》，《科技进步与对策》2022年第24期，第19~28页。

宁连举等：《数字创新生态系统共生模式研究》，《科学学研究》2022年第8期，第1481~1494页。

邵云飞等：《从0到1：数字化如何赋能创新生态系统构建?》，《技术经济》2022年第6期，第44~58页。

孙永磊等：《数字创新生态系统的演化和治理研究》，《科学学研究》2023年第2

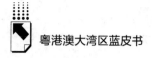

期，第 325~334 页。

魏江、赵雨菡：《数字创新生态系统的治理机制》，《科学学研究》2021 年第 6 期，第 965~969 页。

阳镇等：《构建面向数字创新的知识生态系统》，《清华管理评论》2022 年第 12 期，第 64~73 页。

杨柏等：《数字化转型下创新生态系统演进的驱动机制》，《科研管理》2023 年第 5 期，第 62~69 页。

杨伟等：《"种群—流量"组态对核心企业绩效的影响——人工智能数字创新生态系统的实证研究》，《科学学研究》2020 年第 11 期，第 2077~2086 页。

张超等：《数字创新生态系统：理论构建与未来研究》，《科研管理》2021 年第 3 期，第 1~11 页。

张昕蔚：《数字经济条件下的创新模式演化研究》，《经济学家》2019 年第 7 期，第 32~39 页。

A. Beltagui et al. ，"Exaptation in a Digital Innovation Ecosystem：The Disruptive Impacts of 3D Printing，" *Research Policy* 49 （2020）：10-38+33.

B. K. Chae， "A General Framework for Studying the Evolution of the Digital Innovation Ecosystem：The Case of Big Data，" *International Journal of Information Management* 45 （2019）：83-94.

M. Fransman， *The New Ict Ecosystem：Implications for Policy and Regulation* （Cambridge University Press，2010），pp. 21-33.

Y. Suseno， C. Laurell， N. Sick， "Assessing Value Creation in Digital Innovation Ecosystems：A Social Media Analytics Approach，" *The Journal of Strategic Information Systems* 27 （2018）：335-349.

F. Sussan， Z. J. Acs， "The Digital Entrepreneurial Ecosystem，" *Small Business Economics* 49 （2017）：55-73.

B.5
粤港澳大湾区数字贸易发展与对策研究

刘雅莹*

摘　要： 发展数字贸易、实现对外贸易全链条数字化赋能是全球数字化浪潮下粤港澳大湾区对外贸易高质量发展的迫切任务。本报告聚焦粤港澳大湾区数字贸易，首先，从整体、行业、企业、政策支持、人才储备和科研能力等角度对粤港澳大湾区数字贸易发展现状进行了分析，并深入考察了广州、深圳、香港、澳门等中心城市情况。其次，梳理了粤港澳大湾区发展数字贸易的经济优势、政策优势、产业优势和技术优势。再次，挖掘粤港澳大湾区发展数字贸易的潜在问题，包括：城市间的数字贸易发展不平衡；高层次人才相对匮乏，核心技术攻关能力相对偏弱；存在"数据孤岛"现象，数据流动受阻。最后，为粤港澳大湾区发展数字贸易提出对策建议：为对接全球高标准数字贸易规则开展先行先试；调研和学习各自由贸易试验区相关实践和先进经验；加快完善粤港澳大湾区数字基础设施布局；重视数字人才培养，突破关键核心技术；破解"数据孤岛"难题，促进数据高效流动。

关键词： 粤港澳大湾区　数字贸易　数字人才

以数据为关键生产要素、以互联网为重要承载平台的数字贸易推动新一

---

* 刘雅莹，博士，广东外语外贸大学粤港澳大湾区研究院专职研究员，主要研究方向为国际贸易、数字贸易。

代信息技术与全球价值链的深度融合，给全球生产分工带来了颠覆性变革，是赋能对外贸易高质量发展的重要驱动力。2019 年发布的《中共中央 国务院关于推进贸易高质量发展的指导意见》首次提出加快数字贸易发展，党的二十大报告明确提出"推动货物贸易优化升级，创新服务贸易发展机制，发展数字贸易，加快建设贸易强国"。与此同时，我国积极申请加入《数字经济伙伴关系协定》（Digital Economy Partnership Agreement，DEPA），推动达成《金砖国家数字经济伙伴关系框架》。由此可见，我国将发展数字贸易视为推动贸易高质量发展的重要内容，积极参与数字经济和数字贸易国际合作与相关规则制定，持续推进高水平对外开放。2023 年 4 月 25 日印发的《国务院办公厅关于推动外贸稳规模优结构的意见》明确提出，支持粤港澳大湾区全球贸易数字化领航区发展，加快贸易全链条数字化赋能，充分发挥先行示范效应，适时总结发展经验。同时要求，2023～2025 年在粤港澳大湾区每年遴选 5～10 个数字化推动贸易高质量发展的典型案例，并推广应用。因此，发展数字贸易、实现对外贸易全链条数字化赋能是粤港澳大湾区在新时期的迫切任务。

一 粤港澳大湾区数字贸易发展现状分析

狭义的数字贸易是指贸易对象数字化，即以数字形式存在的要素、产品和服务成为重要的贸易标的，使得贸易内容从物理世界延伸至数字世界。广义的数字贸易不仅包括贸易对象数字化，还包括贸易方式数字化。贸易方式数字化是指，无论贸易对象是否以数字形式存在，只要贸易过程存在以数字技术为重要支撑，例如以数字化订购、数字化支付、数字化交付的货物和服务贸易均可算作数字贸易。我国采用经济合作与发展组织（Organization for Economic Co-operation and Development，OECD）、世界贸易组织（World Trade Organization，WTO）和国际货币基金组织（International Monetary Fund，IMF）于 2020 年联合发布的《数字贸易测度手册》中的定义，将数字贸易定义为"所有通过数字交付和数字订购的跨境贸易"，即"OECD-

WTO-IMF 数字贸易概念框架"。① 数字交付贸易侧重于贸易对象数字化，根据联合国贸易和发展会议（United Nations Conference on Trade and Development，UNCTAD）工作组关于可数字化交付服务的定义，指通过信息和通信技术（Information and Communications Technology，ICT）网络远程交付的跨境贸易。数字订购贸易侧重于贸易方式数字化，根据 OECD 关于电子商务的定义，指通过在计算机网络上接收或下达订单的方式进行的跨境贸易，贸易对象不限于数字化产品，包括各类货物和服务。《"十四五"服务贸易发展规划》首次将数字贸易列入国家服务贸易发展规划，并将数字贸易划分为数字产品贸易、数字服务贸易、数字技术贸易和数据贸易四类，具体包含的内容如表 1 所示。

表 1　数字贸易类型

类型	包含内容
数字产品贸易	数字游戏、数字影视、数字动漫、数字音乐、数字广告、数字出版等
数字服务贸易	远程教育、远程医疗、互联网平台服务、数字金融与保险、管理与咨询等传统服务的数字交付部分等
数字技术贸易	计算机软件服务、通信技术服务、大数据服务、人工智能服务、云计算服务、区块链技术服务、工业互联网服务等
数据贸易	数据跨境流动等

（一）整体发展情况

广东发展数字贸易具有坚实的数字经济基础。根据中国信通院测算，2022 年广东的数字经济规模达 6.41 万亿元，年增长率为 8.6%，占广东地区生产总值（GDP）的比重由 2021 年的 47.5%上升至 49.7%，提高了2.2 个百分点。广东的数字经济规模连续六年位居全国第一，是当之无愧

---

① 中华人民共和国商务部服务贸易和商贸服务业司编撰的《中国数字贸易发展报告（2021）》。

的数字经济大省。具体到数字贸易本身，2016~2021 年，广东的数字贸易实现了从逆差394.9 亿美元到顺差2.7 亿美元①。2021 年，广东的数字贸易进出口总额为 812.3 亿美元，年增长率为 22.7%。其中，数字贸易出口额为 407.5 亿美元，年增长率为 27.7%，占省内服务贸易出口总额的51.5%；数字贸易进口额为 404.8 亿美元，年增长率为 18%，占省内服务贸易进口总额的 60.1%。2022 年，广东的数字贸易进出口总额为820.5 亿美元，其中出口额为 436.3 亿美元，进口额为 384.2 亿美元。广州和深圳作为粤港澳大湾区中心城市，数字贸易发展势头良好，是广东发展数字贸易的"排头兵"。根据扬子江国际数字贸易创新发展研究院发布的《2022 年中国城市数字贸易指数蓝皮书》，深圳和广州的数字贸易综合指数排名分别为第三和第四，仅居北京和上海之后。广州和深圳在贸易数字化基础和数字贸易规模方面表现优异，深圳在数字贸易规模方面排名第一，但在贸易数字化应用和数字政务环境方面表现相对一般（见表2）。

表2　2022 年中国城市数字贸易指数中 4 个一级指标排名

排名	贸易数字化基础	贸易数字化应用	数字贸易规模	数字政务环境
1	上海	上海	深圳	成都
2	北京	北京	北京	南京
3	广州	杭州	广州	杭州
4	深圳	深圳	上海	青岛
5	杭州	成都	成都	西安
6	成都	武汉	宁波	深圳
7	南京	重庆	南京	广州
8	重庆	南京	青岛	苏州

资料来源：《2022 年中国城市数字贸易指数蓝皮书》。

---

① 文中使用到的未特别注明出处的数据，基本来源于《中国统计年鉴》《广东统计年鉴》，或各级政府相关资料。

（二）行业发展情况

参考国家统计局《数字经济及其核心产业统计分类（2021）》，本报告选取"计算机与通信技术"、"电子技术"和"计算机集成制造技术"等与数字经济最为相关的产品对数字贸易进行分析。据《广东统计年鉴》统计，2012~2021年，广东"计算机与通信技术"、"电子技术"和"计算机集成制造技术"产品进出口贸易整体呈现增长态势（见图1）。2012~2021年，"计算机与通信技术"产品进出口总额由2232.41亿美元增长至2390.31亿美元，"电子技术"产品进出口总额由1246.83亿美元增长至2445.19亿美元，"计算机集成制造技术"产品进出口总额由82.63亿美元增长至132.09亿美元。其中，"计算机与通信技术"产品进出口总额涨势较为平缓，基本维持不变。但若将时间范围拉长，2000年"计算机与通信技术"产品进出口总额仅为206.19亿美元，至2021年增长了10.6倍。无论是出口额还是进口额，"电子技术"产品的增长都更为明显。"电子技术"产品的出口额由316.41亿美元增长至542.98亿美元，进口额由930.42亿美元增长至1902.21亿美元。同时，广东一直是"计算机与通信技术"产品的出口省份，2021年的贸易顺差为1273.61亿美元，也是"电子技术"产品的进口省份，2021年的贸易逆差为1359.23亿美元。这三类产品的贸易情况可以反映部分广东数字贸易的增长式发展，特别是在2018年前后以"电子技术"为代表的相关行业和产品的贸易增长出现了明显加速。

跨境电子商务（简称"电商"）是数字贸易最具代表性的内容之一。广东的跨境电商进出口总额从2015年的148亿美元增长至2022年的6454亿美元，规模扩大43.6倍，年平均增长率为71%，增速惊人。至2022年，其占全国跨境电商进出口总额的31%。自2015年起，国务院分7个批次在全国165个城市设立跨境电子商务综合试验区，粤港澳大湾区内地9市已全部入选。根据《2021年度中国城市跨境电商发展报告》，广州跨境电商发展综合排名第一，深圳综合排名第二，粤港澳大湾区内地9市中，广州、深圳和东莞属于第一梯队的"引领发展城市"，佛山、珠海、惠州、中山和江门

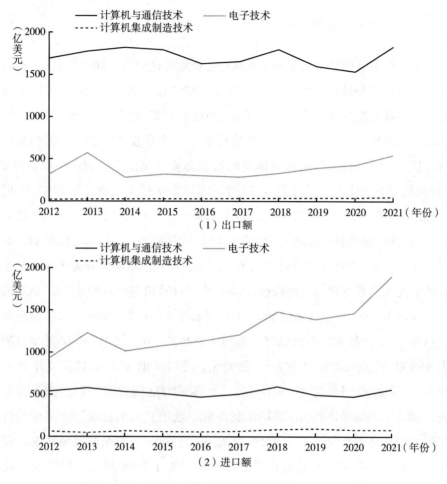

图1　2012～2021年广东省数字贸易相关产品进出口情况

资料来源：历年《广东统计年鉴》。

属于第二梯队的"发展加速城市"，肇庆属于第三梯队的"潜力巨大城市"，整体发展态势良好。本报告选取最能反映电子商务活跃程度的指标"快递件数"间接考察粤港澳大湾区内地9市的跨境电商发展情况。2021年，粤港澳大湾区内地9市快递件数达224.95亿件，占全国快递件数的1/5，这充分说明了粤港澳大湾区是全国电子商务和跨境电商活跃地区。其中，广州、深圳、东莞和佛山的快递件数较多（见图2），电子商务和跨境电商较发达。

广州的表现尤为突出，全年快递件数为 106.78 亿件，以一城之力占全国快递件数的近 1/10，是当之无愧的"跨境电商第一城"。

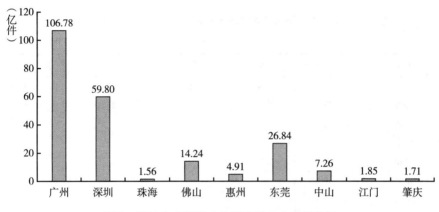

图2　2021 年粤港澳大湾区内地 9 市快递件数

注：由于统计口径不一致，港澳数据暂未计入。
资料来源：《广东统计年鉴 2022》。

（三）企业发展情况

2022 年 11 月，广东省商务厅公布了《2022 年广东省数字贸易龙头企业名单》，认定了 31 家信息技术类、9 家金融服务类、10 家文化娱乐类、20 家贸易数字化平台类和 30 家研发设计类，共计 100 家数字贸易龙头企业，其在粤港澳大湾区内地 9 市的具体分布情况如表 3 所示。其中，深圳 43 家、广州 35 家、佛山 14 家、东莞 5 家、珠海 2 家、惠州 1 家。当前阶段，数字贸易龙头企业主要集中在深圳和广州两个城市。深圳的 43 家数字贸易龙头企业主要是以华为、中兴为代表的信息技术类以及贸易数字化平台类，而金融服务类和研发设计类偏少。广州五大类数字贸易龙头企业分布相对均衡，同时金融服务类数字贸易龙头企业表现强势，占了 9 家金融服务类数字贸易龙头企业中的 8 个席位。除深圳和广州之外，佛山的表现不俗。佛山拥有 14 家数字贸易龙头企业，特别是研发设计类，围绕美的集团涌现出美的厨房电器制造有限公司、美的暖通设备有限公司、美的

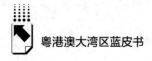

电热电器制造有限公司、美的制冷设备有限公司等一批数字贸易龙头企业。

表3　2022年粤港澳大湾区内地9市的数字贸易龙头企业分布情况

单位：家

城市	信息技术类	金融服务类	文化娱乐类	贸易数字化平台类	研发设计类
广州	5	8	5	7	10
深圳	23		5	12	3
珠海	2				
佛山		1		1	12
惠州					1
东莞	1				4
中山					
江门					
肇庆					
总计	31	9	10	20	30

资料来源：根据《2022年广东省数字贸易龙头企业名单》整理。

（四）政策支持情况

随着新一代信息技术的变革和发展，数字经济和数字贸易迎来了"黄金发展时期"，国家、广东省和粤港澳大湾区各城市都高度重视，出台了一系列支持政策和专项规划（见表4）。国家层面，《中共中央 国务院关于推进贸易高质量发展的指导意见》将"加快数字贸易发展"作为"大力发展服务贸易"的重要内容，之后《国务院办公厅关于推进对外贸易创新发展的实施意见》《"十四五"服务贸易发展规划》《"十四五"对外贸易高质量发展规划》中均明确提出"大力发展数字贸易"并单独成段。2020年4月，国家认定首批12家国家数字服务出口基地，其中广州天河中央商务区在列，并于次年11月发布《关于支持国家数字服务出口基地创新发展若干措施的通知》。立法方面，近年来我国依次出台了《中华人民共和国网络安全法》《中华人民共和国数据安全法》《中华人民共和国个人信息保护法》等，使得数字交易和数字贸易的开展有法可依。省级层面，《广东省推动服务贸易高质量发展行动计划（2021—2025年）》提出发展数字贸易，培育数字贸易载体和数字服务出口集聚区，创建国家数字贸易示范区。广东于2002年便通过了《广东省电子交易条例》，是电子商务相关法规在地方的先行示范。2021年，《广东省数字经济促进条例》通过并实施，为省内数字经济和数字贸易发展保驾护航。2022年、2023年连续两年的《广东省数字经济工作要点》均对数字贸易相关内容做出专门部署安排。2022年，广东省商务厅认定了100家数字贸易龙头企业。市级层面，粤港澳大湾区各城市出台了相关政策和专项规划明确支持发展数字贸易。例如，2022年11月广州市商务局等8部门联合印发的《广州市支持数字贸易创新发展若干措施》为构建广州数字贸易高质量发展促进体系提供"真金白银"的支持，预计每年投入1.5亿元；同月，深圳市商务局发布《深圳市数字贸易高质量发展三年行动计划（2022—2024年）》，提出开展数字贸易新基建、培育数字贸易主体市场、打造数字贸易服务平台、完善数字贸易治理新体系、优化数字贸易营商环境等重点任务。

表4　国家、广东省和粤港澳大湾区各城市部分数字贸易相关政策和专项规划

时间	部门	政策名称
国家层面		
2019年11月	中共中央、国务院	《中共中央 国务院关于推进贸易高质量发展的指导意见》
2020年10月	国务院办公厅	《国务院办公厅关于推进对外贸易创新发展的实施意见》
2021年10月	商务部等24部门	《"十四五"服务贸易发展规划》
2021年11月	商务部	《"十四五"对外贸易高质量发展规划》
2021年12月	国务院	《"十四五"数字经济发展规划》
省级层面		
2021年4月	广东省人民政府	《广东省人民政府关于加快数字化发展的意见》
2021年9月	广东省工业和信息化厅	《广东省数字经济促进条例》
2021年11月	广东省人民政府办公厅	《关于推进跨境电商高质量发展的若干政策措施》
2022年1月	广东省人民政府	《广东省推动服务贸易高质量发展行动计划(2021—2025年)》
市级层面		
2021年8月	佛山市商务局	《佛山市推进外贸高质量发展若干措施(征求意见稿)》
2021年9月	惠州市人民政府	《惠州市鼓励跨境电子商务高质量发展若干措施》

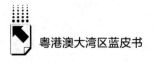

粤港澳大湾区蓝皮书

续表

时间	部门	政策名称
2022 年 3 月	中山市人民政府	《中山市支持跨境电商高质量发展二十四条》
2022 年 4 月	江门市商务局	《江门市电子商务发展"十四五"规划》
2022 年 8 月	珠海市人民政府	《珠海市人民政府关于支持数字经济高质量发展的实施意见》
2022 年 11 月	广州市商务局等 8 部门	《广州市支持数字贸易创新发展若干措施》
2022 年 11 月	深圳市商务局	《深圳市数字贸易高质量发展三年行动计划(2022—2024 年)》
2022 年 11 月	东莞市人民政府	《东莞市数字经济发展规划(2022—2025 年)》

注：所列政策和专项规划都明确提出了支持发展数字贸易。

（五）人才储备和科研能力情况

数字贸易的发展高度依赖新一代信息技术和新型数字基础设施，与高新技术与科技研发紧密联系在一起。因此，在讨论粤港澳大湾区数字贸易发展现状时有必要考察其人才储备和科研能力。人才储备方面，广东普通本专科在校学生数由 2000 年的 29.95 万人增加至 2021 年的 253.98 万人，高等教育毛入学率也由 11.35% 提升至 57.65%。由于统计口径不同，《中国统计年鉴》显示 2021 年香港 15 岁以上接受高等教育的人数为 220.28 万人，占 33.79%，澳门 14 岁以上接受高等教育的人数为 17.68 万人，占 30%。同时，高层次人才集聚效应凸显。以博士毕业生为例，2000 年广东的博士毕业生人数仅为 417 人，到 2021 年则增加至 3735 人（见表 5）。科研能力方面，R&D 经费能反映一个地区对科学技术发展的支持程度。广东省 R&D 经费内部支出由 2011 年的 107.12 亿元增长至 2020 年的 3479.88 亿元，R&D 经费支出占 GDP 的比重由 0.99% 提升至 3.14%。与此同时，广东省 2020 年科技研究机构达到 31772 个，R&D 人员数达到 117.54 万人。专利申请授权量和技术合同成交额则能反映一个地区科研技术的产出情况。2000~2021 年，广东省专利申请授权量从 15799 件增长至 872209 件，技术合同成交额从 48.21 亿元增长至 4292.73 亿元。从高等院校来看人才储备和科研能力，

154

广东拥有中山大学、华南理工大学、暨南大学等 8 所"双一流"高校，香港拥有香港大学、香港中文大学等以及澳门拥有澳门大学等亚洲乃至全球知名的高等学府。由此可见，粤港澳大湾区的人才储备丰富、科研能力强劲，且呈现快速增长的态势。

表 5　部分年份广东省高层次人才情况

单位：人

	2000 年	2005 年	2010 年	2015 年	2019 年	2020 年	2021 年
享受国家津贴新增人数	164	—	137	—	—	168	—
高级职称批准人数	6111	19336	19031	16581	30330	35649	36756
博士后招收人数	163	380	560	1297	3835	4215	4427
博士招生人数	1053	2802	3307	3540	5697	6394	7023
博士在校生人数	2558	9049	12341	14474	19430	22127	25020
博士毕业生人数	417	1342	2436	2947	3085	3393	3735

资料来源：相关年份《广东统计年鉴》。

（六）中心城市情况

1. 广州

广州是"海上丝绸之路"发源城市、改革开放前沿城市，是中国唯一两千年来不曾中断对外贸易的商业城市，具有千年商都的历史积淀和鲜明的商贸特色。2022 年，广州的数字贸易额为 411.23 亿美元，同比增长20%，近三年的年平均增长率为 27.8%。其中，数字贸易额超过亿美元的企业有 20 家，超过千万美元的企业有 147 家。数字贸易已经成为广州扩大高水平对外开放、融入新一轮全球化的新引擎。2022 年，广州市商务局等 8 部门联合印发《广州市支持数字贸易创新发展若干措施》，预计每年投入 1.5 亿元支持广州数字贸易发展。跨境电商方面，广州享有"跨境电商第一城"的美誉。广州是最早参与国家跨境电商试点城市和第二批中国跨境电子商务综合试验区城市，是跨境电商的"探路者"和"排头兵"。根据《广州蓝皮书：广州国际商贸中心发展报告（2023）》，2022年广州跨境电商进出口额为 1375.9 亿元，较 2014 年增长了 93 倍，首次突破千亿元大关，继续领跑全国。近年来，基于在服装、鞋包、饰品等产业上的传统优势，广州培育了希音、Temu、唯品会、棒谷科技等一批跨境电商标杆企业。以希音为例，近年来希音依靠广州成为中国异军突起的跨境电商，在胡润研究院发布的《2023 全球独角兽榜》上以 4500 亿元价值排名全球独角兽企业第四。

2. 深圳

长期以来，深圳拥有深厚的对外贸易和电子信息产业基因，具备发展数字经济的独特优势。对外贸易方面，2022 年深圳进出口总额为 3.67万亿元，占广东省进出口总额的 44.21%，占全国出口总额的 8.73%，多年稳居全国城市首位。其中，出口额为 2.19 万亿元，进口额为 1.48万亿元。2021 年，深圳进口的主要产品包括"集成电路"和"自动数据处理设备及其部件"，进口额分别为 1093.04 亿美元和 177.48 亿美元；出口的主要产品包括"自动数据处理设备及其部件"，出口额为 340.82亿美元。出于发展电子信息产业的需要，深圳进口"集成电路"的需求极大。电子信息产业方面，2022 年深圳计算机、通信和其他电子设备制造业规模以上企业数为 4186 家，工业总产值为 2.44 万亿元，占全市规模以上工业总产值的 57.4%；以网络与通信、半导体与集成电路、超高清视频显示、智能终端、智能传感器为代表的新一代电子信息技术产业增加值为 5641.66 亿元，较上一年增长 1.2%；以软件与信息服务、数字创意、现代时尚为代表的数字与时尚产业增加值为 3103.66 亿元，增长率为 13.0%。深圳拥有华为、中兴、腾讯等全球领先的通信技术生产和服务企业，可以为数字贸易的发展提供先进且便捷的数字技术支持。同时，深圳市政府高度重视数字贸易发展，于 2022 年 11 月出台了《深圳市数字贸易高质量发展三年行动计划（2022—2024 年）》，从开展数字贸易新基建、培育数字贸易主体市场、打造数字贸易服务平台、完善数字贸易治理新体系、优化数字贸易营商环境等 5 个方面提出 18 项重点任务，并明确"到2024年，全市数字贸易进出口总额达630亿美元，数字贸易出口额达315亿美元"的发展目标。

3. 香港

相较于广州、深圳等内地城市在数字经济、数字贸易领域的快速发展，香港经济的数字化转型相对迟滞。其原因可能在于：制造业不强，存在产业"空心化"现象；仍然以转口贸易为主；在数字技术研发方面的投资不足；等等。据《中国统计年鉴2022》统计，以金额计，2020年香港进口商品的45.85%来自内地，出口商品的59.51%去往内地，外商直接投资金额的32.37%来自内地，对外直接投资金额的48.73%去往内地。2021年原产地为中国内地经香港输往其他地方的转口货物估值为8823亿港元。从深圳的角度看，2022年，深圳对香港的出口额为6424.51亿元，占深圳出口总额的29.28%（见表6）。由此可见，香港在连接内地和世界的经济往来方面发挥着十分重要的作用，但仍局限于发挥"中转站"的作用。香港特区政府于2022年6月成立数字化经济发展委员会，推动香港数字化经济发展。香港在数字金融领域大有可为。作为亚洲乃至国际金融中心，香港拥有众多金融科技公司、完善的信息通信基础设施、相对灵活的法律体系、自由开放规范的营商环境、强劲的研发和创新能力，香港基于独特的优势成为大湾区的金融数据枢纽，推动金融数据跨境流动。在新时期，香港需要找准"香港所长"与"国家所需"的交点，在全球数字化浪潮中再一次扮演好连接内地和世界的关键角色。

表6　2022年深圳对主要国家（地区）或国际组织的进出口情况

单位：亿元，%

国家(地区)或国际组织	出口额	出口占比	进口额	进口占比
中国香港	6424.51	29.28	84.67	0.57
美国	3453.78	15.74	364.10	2.46
中国台湾	376.66	1.72	3446.31	23.30
韩国	456.94	2.08	1488.61	10.06

国家(地区)或国际组织	出口额	出口占比	进口额	
日本	683.97	3.12	989.17	6.69
东盟	2245.41	10.23	3596.41	24.31
欧盟27国	3103.87	14.14	697.30	4.71

注："出口占比"和"进口占比"分别指占2022年深圳市出口总额和进口总额的比重。

资料来源：《深圳市2022年国民经济和社会发展统计公报》。

4. 澳门

澳门经济发展主要依赖于服务业，其发展数字贸易的优势在于背靠内地、面向世界和广大葡语国家。2019年，澳门GDP为4362亿澳门元，第二产业增加值为188.4亿澳门元，占4.32%，第三产业增加值为4173.6亿澳门元，占95.68%（见图3）。具体到行业层面，制造业增加值为28.1亿澳门元，占比不足1%。与之形成鲜明对比的是，公共行政、社会服务及个人服务（包括博彩业）增加值为2666.6亿澳门元，占61.13%。澳门的支柱性行业为服务业，对GDP的贡献程度由高到低为：公共行政、社会服务及个人服务（包括博彩业），银行、保险、不动产、租赁及商业服务，批发零售、维修、酒店、餐厅及酒楼业。就业方面，同样以服务业为主，2019年澳门文娱博彩及其他服务业的就业人数为9.7万人，占总就业人数的1/4。对外贸易方面，澳门以进口贸易为主，2021年澳门进口总额为1538.8亿澳门元，出口总额为129.6亿澳门元。出口总额中的109.6亿澳门元为再出口，占84.57%。同时，进口总额中来自内地的进口额为485.2亿澳门元，占31.53%，出口总额中去往内地的出口额为18.1亿澳门元，占13.97%。由此可见，澳门的对外贸易仍然以转口贸易为主，在经贸往来中是连接内地与世界的通道之一。为了主动对接国家战略，近年来澳门积极探索发展数字经济和数字贸易。例如，2022年底工信部指导、中国信通院牵头的"星火·链网"国际超级节点（澳门）落地，加强了澳门数字基础设施建设，可促进当地区块链应用发展及跨境互联互通，有利于数字贸易的开展。澳门将在数字基础设施建设、发展数字贸易核心产业、提高数字贸易创新能力、加强数字贸易监管能力等方面做出积极尝试，以推动当地产业数字化转型和数字贸易发展。在数字化浪潮中，澳门的定位是我国高水平对外开放的窗口，在服务我国与葡语国家和东南亚国家经贸合作中发挥特殊的作用。

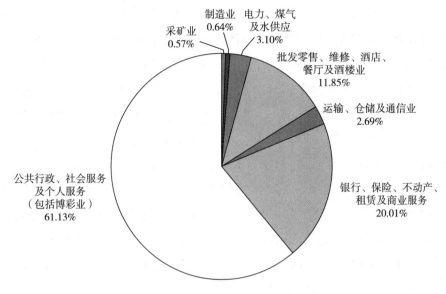

图 3　2019 年澳门 GDP 构成

注：第二产业包括"采矿业""制造业""电力、煤气及水供应"，其他为第三产业；为剔除新冠疫情的影响，本报告使用了 2019 年的数据进行分析。

资料来源：《中国统计年鉴 2022》。

二　粤港澳大湾区发展数字贸易的有利条件

（一）粤港澳大湾区发展数字贸易的经济优势

粤港澳大湾区是国内市场化程度最高、对外开放程度最高、经济实力最强的区域之一，具备成为国际一流湾区和世界级城市群的经济基础。2022 年，粤港澳大湾区 11 个城市 GDP 为 13.01 万亿元，较上一年增长 3.01%，拥有深圳、广州、香港、佛山、东莞 5 个 GDP 过万亿元的城市。消费方面，2022 年广东的社会消费品零售总额为 4.49 万亿元, 占全国的比重为 10.21%。其中, 广州为国家首批 5 个国际消费中心城市之一, 2022 年的社会消费品零售总额接近 1.03 万亿元。深圳的社会消费品零售总额为 0.97 万亿元, 进一步迈向"消费万亿俱乐部"。此外, 东莞和佛山的社会消费品零售总额分别为 4254.87 亿元和 3593.57 亿元。受疫情影响, 香港和澳门近年来的社会消费品零售总额有所下跌, 2022 年分别为 3499 亿港元和 577 亿澳门元。对外贸易方面, 2022 年广东的对外贸易总额为 8.31 万亿元, 占全国的 19.75%, 较上一年增长 0.5%, 连续 37 年位居全国第一。其中, 出口额为 5.33 万亿元, 增长 5.5%, 进口额为 2.98 万亿元, 下降 7.4%。深圳的对外贸易总额为 3.67 万亿元, 其中出口额为 2.19 万亿元, 进口额为 1.48 万亿元, 对外贸易总额连续 30 年居内地城市首位。企业方面, 2022 年《财富》世界 500 强排行榜中, 粤港澳大湾区共计 24 家企业入选, 其中 17 家广东企业和 7 家香港企业。排名靠前的 3 家企业分别是中国平安保 (集团) 股份有限公司 (深圳)、中国华润有限公司 (香港) 和正威国际集团有限公司 (深圳)。粤港澳大湾区雄厚的经济实力以及在贸易方面的传统优势能够为数字贸易发展注入持久动力。

(二) 粤港澳大湾区发展数字贸易的政策优势

粤港澳大湾区高举推动数字经济和数字贸易发展的大旗, 无论是省级层面还是市级层面, 乃至区级层面, 都积极出台支持数字经济和数字贸易发展的政策, 是全国范围内出台相关政策最活跃、支持力度最大的区域, 目前已经形成了"省—市—区"支持数字经济、数字贸易发展的立体的政策生态环境。粤港澳大湾区在制造业数字化转型、数字基础设施建设、跨境电商发展、数字政府建设等方面频发相关支持性政策, 为大力发展数字贸易保驾护航。一是制造业数字化转型方面的政策措施。"政策组合拳"包括省级层面的《广东省制造业数字化转型实施方案 (2021—2025 年) 》《广东省制造业数字化转型若干政策措施》等, 市级层面的《广州市推进制造业数字化转型若干政策措施》《佛山市加快制造业产业集群数字化智能化转型工作方案 (2022—2025 年) 》等, 区级层面的《深圳市龙华区关于推动工业投资加速制造业数字化转型发展的若干措施》

等。二是数字基础设施建设方面的政策措施。"政策组合拳"包括省级层面的《广东省推进新型基础设施建设三年实施方案（2020—2022 年）》等，市级层面的《深圳市推进新型信息基础设施建设行动计划（2022—2025 年）》《深圳市支持新型信息基础设施建设的若干措施》等，区级层面的《广州市南沙区加快数字新基建发展三年行动计划（2020—2022 年）》等。具体到新一代数字基础设施中的 5G 建设，以广州为例，近年来密集发布了《广州市加快 5G 发展三年行动计划（2019—2021 年）》《2020 年广州市进一步加快 5G 发展重点行动计划》《广州市进一步加快 5G 产业发展若干措施》《广州市加快 5G 应用创新发展三年行动计划（2021—2023 年）》等政策文件，可见对这一领域的重视程度。三是跨境电商发展方面的政策措施。省级层面，2021 年 11 月广东省人民政府办公厅印发《关于推进跨境电商高质量发展的若干政策措施》。市级层面，以"跨境电商第一城"广州为例，广州已经形成了多维度的跨境电商政策矩阵，包括但不局限于《关于推动电子商务跨越式发展的若干措施》《广州市推动跨境电子商务高质量发展若干措施》《广州市把握 RCEP 机遇促进跨境电子商务创新发展的若干措施》《广州市推动跨境电商国际枢纽城市建设若干政策（征求意见稿）》。其中，《广州市把握 RCEP 机遇促进跨境电子商务创新发展的若干措施》为全国首个跨境电商 RCEP 政策汇编指引。四是数字政府建设方面的政策措施。广东 2018 年出台《广东省"数字政府"建设总体规划（2018—2020 年）》以来，于 2023 年印发《广东省人民政府关于进一步深化数字政府改革建设的实施意见》，并提出到 2025 年全面建成"数字政府 2.0"的发展目标。广州和深圳于2022 年分别出台了《广州市数字政府改革建设"十四五"规划》和《深圳市数字政府和智慧城市"十四五"发展规划》。数字政府建设能够为发展数字贸易提供高效的政府服务和指引以及友好的营商环境。综合来看，多层次、全方位的"省—市—区"政策支持生态环境是粤港澳大湾区发展数字贸易的政策优势。

（三）粤港澳大湾区发展数字贸易的产业优势

粤港澳大湾区发展数字贸易的产业优势主要在于制造业优势及其数字化转型。一是巩固传统制造业优势的同时大力发展先进制造业。2022 年底召开的中共广东省委十三届二次全会明确提出"制造业当家",把制造业这份厚实家当做优做强。2021年印发的《广东省制造业高质量发展"十四五"规划》提出,到2025年制造业增加值占GDP比重保持在30%以上,2023年印发的《中共广东省委 广东省人民政府关于高质量建设制造业强省的意见》将这一目标进一步调高为到2027年比重达35%以上。广东一直在制造业生产上具备突出优势,现在更加重视并有意识巩固和强化这一优势。具体到产业层面,广东立志于巩固提升十大战略性支柱产业和培育壮大十大战略性新兴产业(见表7)。先进制造业方面,《广东统计年鉴2022》显示,2021年粤港澳大湾区内地9市先进制造业增加值为1.86万亿元,占全省的比重为89.24%。深圳市先进制造业增加值达6669.84亿元,占规模以上工业增加值的比重为69.6%,无论是规模还是占比都是全省之最(见图4)。除传统的制造业强市深圳、广州、佛山、东莞之外,在先进制造业方面,惠州也有不错的表现,先进制造业增加值为1424.27亿元,占规模以上工业增加值的比重为64.3%,高于广州(59.8%)、佛山(49.4%)、东莞(51.7%)。近年来,惠州在石化能源新材料、电子信息、生命健康等先进制造业上发展较快。整体而言,粤港澳大湾区内地9市在先进制造业方面,无论是规模还是占比都领先于全国。二是制造业数字化转型态势良好。广东在制造业数字化转型方面进行了多方面的尝试,取得了一些成效、积累了一些经验。广东以"一链一策""一行一策""一企一策"推动制造业数字化转型,构建以"工业互联园区+行业平台+专精特新企业群+产业数字金融"为核心的新制造生态系统。通过鼓励工业互联网平台提供数字化转型服务产品,带动更多企业"上云用云",加快数字化转型。以具体企业为例,佛山的美的集团是制造业企业数字化转型的典型案例。美的集团在2020年确定的核心战略"全面数字化、全面智能化"的指导下,实现了100%业务运行数字化和70%决策行为数字化,在疫情期间提供了更好的商业服务、进入了更多的细分市场,并拓宽了未来的发展空间。其内部孵化的工业互联网平台和云服务商"美云智数",除了帮助协调内部各业务单元、构建服务于企业客户的统一平台,还充分发挥数字化转型的经验优势,为200多家行业领先企业提供数字化转型服务。整体上看，广东制造业数字化转型态势良好，正在形成一批可复制、可推广的制造业数字化转型的企业案例和行业方案。广东在制造业上的传统优势和近年来在制造业数字化转型中积累的经验，辅以香港和澳门发达的服务业，为粤港澳大湾区发展数字贸易奠定了坚实的产业基础。

表7 十大战略性支柱产业和十大战略性新兴产业

战略性支柱产业	战略性新兴产业
新一代电子信息	半导体与集成电路
绿色石化	高端装备制造
智能家电	智能机器人
汽车产业	区块链与量子信息
先进材料	前沿新材料
现代轻工纺织	新能源
软件与信息服务	激光与增材制造
超高清视频显示	数字创意
生物医药与健康	安全应急与环保产业
现代农业与食品	精密仪器设备

资料来源：根据《广东省人民政府关于培育发展战略性支柱产业集群和战略性新兴产业集群的意见》整理。

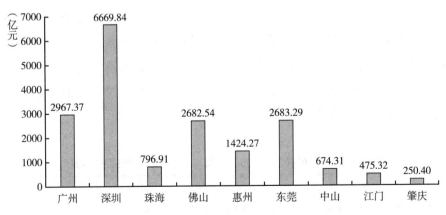

图4 2021年粤港澳大湾区内地9市先进制造业增加值情况

注：由于统计口径不一致，港澳数据暂未计入。
资料来源：《广东统计年鉴2022》。

163

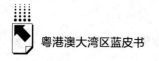

（四）粤港澳大湾区发展数字贸易的技术优势

粤港澳大湾区、京津冀地区、长三角地区是国内技术底蕴最深厚、创新能力最强的三个区域，本报告分别选取广东、北京和上海等省（市）从数字贸易相关行业就业人员情况以及相关工业产品产量两个方面进行比较分析（见表8），以考察粤港澳大湾区发展数字贸易所具备的技术优势。首先，从信息传输、软件和信息技术服务业看相关行业就业人员情况。2021年，广东在信息传输、软件和信息技术服务业的就业人员数为80.6万人，低于北京的101.2万人，高于上海的50.7万人，位居全国第二；人员平均工资为213031元，在全国属于较高水平，但低于上海、北京、浙江、海南等4地。其次，从移动通信手持机、微型计算机设备、集成电路看相关工业产品产量。2021年，广东产出移动通信手持机66965.36万台，远高于北京的11624.50万台和上海的2892.24万台，冠绝全国；产出微型计算机设备5935.41万台，低于四川和重庆，但高于北京和上海；产出集成电路539.39亿块，低于江苏、甘肃，位居全国第三。2021年，广东产出的移动通信手持机、微型计算机设备、集成电路分别占全国产量的40.30%、12.71%、15.01%，凸显出其在相关行业上的产业优势和技术优势。此外，粤港澳大湾区还拥有深圳市新一代信息通信产业集群、深圳高新区下一代互联网创新型产业集群、东莞智能移动终端产业集群、惠州云计算智能终端创新型产业集群等与数字经济和数字贸易发展密切相关的高新技术产业集群。由此可见，粤港澳大湾区具备发展数字贸易的技术优势。

表8　2021年广东省、北京市、上海市的数字产业相关技术指标

指标	广东省	北京市	上海市
相关行业就业人员数（万人）	80.6	101.2	50.7
相关行业就业人员平均工资（元）	213031	290038	303573
移动通信手持机（万台）	66965.36	11624.50	2892.24

指标	广东省	北京市	上海市
微型计算机设备（万台）	5935.41	647.31	3093.27
集成电路（亿块）	539.39	207.75	364.95

注："相关行业就业人员数"指城镇非私营单位信息传输、软件和信息技术服务业就业人员数，"相关行业就业人员平均工资"指城镇非私营单位信息传输、软件和信息技术服务业就业人员平均工资，"移动通信手持机""微型计算机设备""集成电路"等均为2021年的工业产品产量。

资料来源：《中国统计年鉴2022》。

三 粤港澳大湾区发展数字贸易的潜在问题

（一）粤港澳大湾区城市间的数字贸易发展不平衡

香港、澳门、广州和深圳四大中心城市是粤港澳大湾区发展的核心引擎，是经济数字化转型的引领城市，为构建"数字湾区"提供了广阔的想象空间。然而，粤港澳大湾区中心城市与其他城市之间经济基础、产业结构、科研能力的不同导致了粤港澳大湾区城市间的数字贸易发展不平衡，制约了粤港澳大湾区数字贸易的进一步发展。本报告从对外贸易、数字贸易龙头企业、电商基础、科研能力等角度分析粤港澳大湾区城市间的数字贸易发展不平衡问题。对外贸易方面，2021年深圳进出口总额占粤港澳大湾区内地9市的44.89%，广深佛莞进出口总额占粤港澳大湾区内地9市的85.73%，其余的珠海、惠州、中山、江门和肇庆进出口总额仅占14.27%。数字贸易龙头企业方面，2022年广东省认定的100家数字贸易龙头企业全部分布在粤港澳大湾区，其中深圳43家、广州35家、佛山14家、东莞5家、珠海2家、惠州1家。电商基础方面，从最能反映电子商务活跃程度的指标"快递件数"来看，广深佛莞占粤港澳大湾区内地9市快递件数的92.31%，其中广州的占比为47.47%。科研能力方面，广深佛莞占粤港澳大湾区内地9市规模以上工业企业R&D人员数的81.56%，其中深圳占

40.80%；广深佛莞占粤港澳大湾区内地9市规模以上工业企业R&D经费内部支出的84.61%，其中深圳占45.52%。从对外贸易、数字贸易企业龙头、电商基础、科研能力等角度看，广深佛莞特别是广州和深圳在数字贸易发展上具备绝对实力，与粤港澳大湾区内地9市其余城市拉开了较大距离。

广州和深圳属于粤港澳大湾区数字贸易发展第一梯队，数字基础设施水平较高，相关政策支持力度较大，聚集了广东的数字产业、数字技术和数字人才。佛山和东莞属于第二梯队，制造业基础较好，但相较于广深而言数字化转型相对滞后。中山、江门和肇庆相对远离中心城市，产业、资金、人才都处于被"虹吸"的状态，数字贸易发展相对落后。由于特殊的历史背景和地理位置，香港和澳门在国际贸易方面具备独特优势，但在数字化转型方面相对滞后。同时，港澳和粤港澳大湾区其他城市由于处于不同的关税区，且政府运作机制迥异，在数据跨境流动和政府间协同推进数字贸易发展方面存在诸多困难。

（二）高层次人才相对匮乏，核心技术攻关能力相对偏弱

数字技术领域的专业化高层次人才供给和储备不足、核心技术攻关能力相对偏弱，对粤港澳大湾区数字贸易的进一步发展难以形成有效的智力支持。数字技术高层次人才相对匮乏，一方面是难以培养孵化满足市场需求的本地高层次人才，另一方面是对全球著名专家和国际高水平人才的吸引力有限。关于本地高层次人才培养，虽然各高校陆续设置了数字技术相关的专业和课程，但鲜有数字贸易、专门服务于数字贸易的技术课程设置和专业研发。课堂上传授的内容与产业的实际发展之间存在明显的脱节现象，数字贸易日新月异的发展远远超过了相关技术知识更新迭代的速度。同时，高校和科研机构的相关专业人才与数字技术产业、数字贸易领域的交流较少，几乎没有参与真正的产业实践。这些科研人员难以获得有效的产业信息互动和反馈用于调整自己的研究方向，使其更符合产业发展需求，研究成果和相关技术也难以转化、落地实现经济效益。关于科技引才，近年来粤港澳大湾区各城市启动了一系列人才引进计划，取得了一定成效，人才总量逐年增加。但

是与京津冀和长三角地区相比，粤港澳大湾区仍然存在高层次人才规模偏小、国际化程度不高的问题。由于缺少国际化的工作和生活环境，以及教育、医疗、住房、社会保障等方面的人才公共服务部分缺位，国内国家级人才、两院院士以及国际著名专家等数字技术领域的高层次人才的首选地仍然是北京和上海。

与高层次人才相对匮乏相对应的是，粤港澳大湾区的科研基础和创新能力仍与京津冀和长三角地区存在较大差距。最显而易见的是，粤港澳大湾区的世界高水平大学和科研机构数量少于京津冀和长三角地区，这与其经济发展水平不相匹配。科研基础相对薄弱和高层次人才相对匮乏在很大程度上削弱了粤港澳大湾区在数字领域核心技术的攻关能力。

（三）存在"数据孤岛"现象，数据流动受阻

"数据孤岛"是指数据在生成和存储过程中，因生成的形式和标准不一致、存储的空间不同等，数据集之间无法流通、处于半封闭状态，而不具备整体价值的一种现象。在讨论实体经济数字化转型时，这种"数据孤岛"现象常常存在与企业内部、产业之间、跨境城市之间，严重阻碍了数据流动，是粤港澳大湾区数字贸易发展的掣肘。一是企业内部的"数据孤岛"问题。一般而言，一个企业内部往往存在多个部门，各部门在经营活动中都会产生海量的业务数据，由于业务性质不同，各部门可能选择不同平台生成和储存数据。这就导致了不同数据集无法在企业内部被共享和使用，形成企业内部的"数据孤岛"，不利于部门间的协同合作以及企业做出整体经营决策。二是产业之间的"数据孤岛"问题。企业之间、产业之间由于在软件使用、数据管理、信息系统建设上的相互独立，加之平台数据资源的开放程度不高以及产业链上下游之间的协同水平不高，难以实现数字资源共享以及基于共同数据资源的合作，形成产业之间的"数据孤岛"，不利于产业整体发展和高质量发展。三是跨境城市之间的"数据孤岛"问题。如果说企业内部和产业之间的"数据孤岛"问题在一定程度上属于实体经济数字化转型中的共性问题，那么特

殊背景导致的粤港澳大湾区跨境城市之间的"数据孤岛"问题则更具"湾区特色"。香港、澳门和粤港澳大湾区内地 9 市法律体系、行政程序、关税标准等的不同造成了数据流动的壁垒，阻碍了粤港澳大湾区内部数据资源的流动。数据难以跨境流通、共享开发和高效利用是粤港澳大湾区发展数字贸易亟待破解的难题。

四　粤港澳大湾区发展数字贸易的对策建议

（一）为对接全球高标准数字贸易规则开展先行先试

数字贸易属于规则密集型的贸易模式。为争取和维护数字贸易竞争优势，围绕数字贸易规则制定权和话语权展开的国际竞争日益激烈。2021 年 11 月商务部等 10 部门联合印发的《关于支持国家数字服务出口基地创新发展若干措施的通知》提出，"对接国际高水平自由贸易协定数字贸易规则开展先行先试，为我国参与制定相关国际规则提供实践经验"。粤港澳大湾区作为新一轮高水平对外开放的前沿区域，拥有两个特别行政区香港和澳门、中国（广东）自由贸易试验区、两个国家服务贸易创新发展试点城市广州和深圳、1 个国家数字服务出口基地广州天河中央商务区，理应在数字贸易国际规则对接与制度创新上主动作为、先行先试。目前，全球具有代表性的高标准数字贸易规则包括《全面与进步跨太平洋伙伴关系协定》（CPTPP）、DEPA、欧盟的《通用数据保护条例》、美国的《澄清域外合法使用数据法》等。我国已经正式申请加入 CPTPP 和 DEPA 两项具有高标准数字贸易规则的贸易协定，这为粤港澳大湾区对接高标准数字贸易规则、进行制度创新提供了机遇。一方面，粤港澳大湾区应当加强与协定相关国家的数字贸易往来，从技术层面对接当前高标准数字贸易国际规则，积累与国家开展数字贸易的实际操作经验。另一方面，应当鼓励和组织科研机构和研究人员对 CPTPP 和 DEPA 开展数字贸易规则方面的专项研究。在数字贸易便利化、数字知识产权保护、数据跨境流动、数据监管与治理等方面进行制度创新，为建立数字贸易治理体系、提高数字贸易治理能力现代化水平提供"湾区样本"。

（二）调研和学习各自由贸易试验区相关实践和先进经验

除了积极参与数字贸易国际实践以及主动研究高标准数字贸易国际规则之外，还应当调研和学习国内各自由贸易试验区的相关实践和先进经验。目前，我国已批复设立 21 个自由贸易试验区，各自由贸易试验区根据战略定位和自身优势，对接国际高标准数据贸易规则开展先行先试，逐步积累大量可复制、可推广的经验。上海方面，2020 年上海自由贸易试验区临港新片区启动建设"信息飞鱼"全球数字经济创新岛，探索新型数据监管关口，在数据跨境流动方面先行先试创新探索"临港模式"。目前，"信息飞鱼"全球数字经济创新岛以《探索数据跨境流动 推进国际数据港建设》案例成功入选全面深化服务贸易创新发展试点第三批"最佳实践案例"。北京方面，2022 年北京市商务局印发《北京市关于打造数字贸易试验区实施方案》，提出打造"三位一体"的数字经济和数字贸易开放格局，即立足中关村软件园国家数字服务出口基地打造"数字贸易港"和数字经济新兴产业集群、立足金盏国际合作服务区打造数字经济和贸易国际交往功能区、立足自贸区大兴机场片区打造数字贸易综合服务平台。浙江方面，2021 年浙江印发《中共浙江省委 浙江省人民政府办公厅关于大力发展数字贸易的若干意见》，其为全国首个以省委、省政府名义印发的数字贸易文件，明确提出"458"数字贸易构架。"458"数字贸易构架指建设数字产业集聚区、数字金融创新区、数字物流先行区、数字监管标杆区等 4 区；完善数字贸易产业、平台、生态、制度、监管等 5 个体系；提出聚焦数字贸易全产业链、做好数字贸易示范区等 8 项核心任务。调研和学习各地区数字贸易实践和经验，与各自由贸易试验区资源和信息互通有无、在数字贸易领域开展合作，能够高效推动粤港澳大湾区数字贸易高质量发展进程。

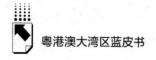

（三）加快完善粤港澳大湾区数字基础设施布局

数字贸易发展需要数字基础设施作为支撑。目前，粤港澳大湾区数字基础设施布局存在预研不足、尚未制定科学规划目标等问题，需要自上而下的顶层设计和统筹规划。在数字基础设施布局中适当关注除香港、澳门、广州、深圳等中心城市之外的粤港澳大湾区城市，以发挥数字基础设施之间的协同合作效应。重点突出、兼顾均衡的数字基础设施布局是未来粤港澳大湾区内部实现数字贸易相对均衡发展的先决条件。此外，还应当重点推进以下战略性工作。首先，加强信息通信技术、工业互联网信息技术等新一代信息技术基础设施建设。加强信息通信技术基础设施建设。推动粤港澳大湾区各地的"千兆城市"建设；加快5G基站建设，尽快实现5G网络在城乡主要区域的基本覆盖，打造全国领先的5G网络；支持5G技术在粤港澳大湾区各领域的多场景创新应用。加强工业互联网信息技术基础设施建设。推动工业互联网标识解析国家顶级节点（广州）扩容，扩大工业互联网二级节点在粤港澳大湾区其他城市的覆盖面；建设一批面向行业和企业的工业互联网平台，借助工业互联网平台实现工业大数据的整合、开发和应用，加快粤港澳大湾区企业和产业的数字化转型。其次，加快推进智能算力基础设施建设。依托"东数西算"工程，加强全国一体化算力网络粤港澳大湾区国家枢纽节点建设，推进韶关数据中心集群发展，统筹粤港澳大湾区城市之间的数据中心布局；推进国家超级计算广州中心和国家超级计算深圳中心等高性能计算中心的升级扩容和更新换代；加快深圳"鹏城云脑"智能超算、东莞大科学智能计算、珠海横琴先进智能计算等平台建设。最后，共建数字技术科技创新平台。依托粤港澳大湾区国家技术创新中心，在数字领域整合区域内高等院校和科研机构资源，争取更多相关国家重点实验室落户，实现相关省级实验室提质增效；探索重大科技基础设施多方共建共享机制，引导具备条件的高等院校、科研机构和企业共同建设一批数字技术科技创新平台。

（四）重视数字人才培育，突破关键核心技术

培育孵化满足市场需求的本地数字技术人才队伍。鼓励高校部分数字技术相关专业以市场和就业为导向，对教学方案和课程设置进行重新审视并调整，为数字产业和数字贸易的发展培养一批专业技能过硬、实践能力强、具备创新精神的数字技术后备人才。积极探索产学研一体化的合作新模式，在数字技术领域推动学术界和产业界之间人才的双向流动。鼓励企业参与高校数字技术人才的培养，鼓励高校和科研机构的科研人员创新创业、转化落地自己的科技成果，鼓励企业专业化人才前往高校进行再培训。

引进国际高水平的数字技术人才。制定数字技术引才指导目录，重点引进能够支撑数字贸易发展的新一代信息技术、区块链、5G等方向的全球著名专家和国际高水平人才。做到境外人才"引得进"，依托广州南沙、深圳前海、珠海横琴等平台，对数字贸易领域境外人员执业条件进行适当放宽，实行个人所得税优惠，特别是对数字技术境外高端人才和紧缺人才实行"一事一议""一人一议"。做到境外人才"留得下"，在安居保障、社会保障、医疗服务、国际化教育、家属安置等方面提供全方位的人才公共服务。"以才引才"，打造国际化工作和生活环境，构建境外高层次人才集聚强磁场。

粤港澳大湾区协同合作攻关数字领域核心技术。加强基础研究、前沿研究和瓶颈研究，设立关键核心技术专项资金，协力攻关当下数字贸易发展最迫切需要的核心技术。支持和鼓励粤港澳大湾区数字技术研发和创新的跨境合作，支持共建数字技术科技研发平台，便利科研机构和人员共享重大科技基础设施和大型科研设备；鼓励粤港澳大湾区内地9市数字科技企业在港澳乃至海外设立研发中心和技术中心，引导具备先进数字技术的跨国公司在粤港澳大湾区设立全球研发中心；处理好跨境合作中科技成果归属、权益分配、知识产权等问题，将粤港澳大湾区打造成数字技术领域的全球科技创新中心。

（五）破解"数据孤岛"难题，促进数据高效流动

"数据是数字经济时代的石油"，是数字贸易发展的基础性生产要素。

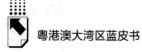

粤港澳大湾区发展数字经济需要解决企业内部、产业之间、跨境城市之间的"数据孤岛"问题，打破数据流动壁垒，将分散在各处的零散数据集整合成具有价值的数据资产。解决企业内部的"数据孤岛"问题。要想从源头上解决企业内部的"数据孤岛"问题，需要建设功能强大的统一数字平台，对数据生成、处理、储存、运用进行标准化管理，提高企业数字化水平。美的集团的"美云智数"是近年来企业内部解决"数据孤岛"问题，成功实现企业数字化转型的经典案例。解决产业之间的"数据孤岛"问题。工业互联网是新一代信息通信技术与工业经济深度融合的新兴基础设施、应用模式和工业生态。建设工业互联网，并将工业互联网融入产业链上的生产和经营活动是破解产业之间"数据孤岛"问题的关键，这可以实现产业链上不同企业和上下游产业之间的数据信息标准化和统一可用，形成具有经济价值的产业链数据集群。解决跨境城市之间的"数据孤岛"问题。要想解决粤港澳大湾区跨境城市之间的"数据孤岛"问题，需要加强粤港澳三地政府的合作，建立粤港澳大湾区数据管理小组和常态化管理机制。在大湾区层面统筹数据的整合共享和开发利用，实现跨境数据的统一标准和统一管理，推进跨境数据合规、安全、高效、自由流动。破解粤港澳大湾区数据跨境流动难题，促进数字贸易发展，能够为未来更大范围内数据跨境流动治理体系的构建提供"湾区思路"。

产业篇

Industry Reports

B.6

粤港澳大湾区交通运输发展研究*

张　琳　刘轩语**

摘　要： 粤港澳大湾区不仅是国内三大城市群之一，还是世界四大湾区之一。粤港澳大湾区的交通运输建设及发展是坚持"一国两制"制度体系的重要举措，也是"一带一路"建设的重要环节，在我国现代化建设过程中处于战略地位。本报告首先对粤港澳大湾区的交通运输发展现状进行阐述，并与部分国内城市群和世界级湾区的交通运输发展现状进行对比；其次，深入探讨粤港澳大湾区交通运输发展对经济、产业、社会和环境等诸多方面的影响；最后，针对当前粤港澳大湾区交通运输发展存在的问题进行分析，并提出相应的对策建议。

* 本报告得到国家自然科学基金项目（项目编号：42101247）、广东省基础与应用基础研究基金项目（项目编号：2023A1515011591）、广东省普通高校特色创新类项目（项目编号：2021WTSCX023）的资助。

** 张琳，博士，云山青年学者，广东外语外贸大学粤港澳大湾区研究院副研究员，硕士生导师，主要研究方向为经济地理、城市规划、粤港澳大湾区协同发展；刘轩语，广东外语外贸大学会计学院本科生。

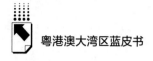

关键词： 粤港澳大湾区　交通运输　城市群

一　引言

粤港澳大湾区由珠江三角洲九市（广州市、深圳市、佛山市、珠海市、东莞市、中山市、惠州市、肇庆市和江门市）和两个特别行政区（香港特别行政区、澳门特别行政区）组成。粤港澳大湾区总面积达 5.6 万平方公里，2021 年末常住人口约 8669.2 万人、生产总值约 13.2 万亿元，是我国最开放和最具活力的区域之一。粤港澳大湾区不仅是国内三大城市群之一，也是世界四大湾区之一，在国家发展全局中占有重要的战略地位。建设和发展粤港澳大湾区是坚持"一国两制"方针的创新之举，不仅能促进内地和港澳的交流与合作，也有利于推动港澳地区的经济和社会发展，维护港澳地区的长期繁荣与稳定。此外，粤港澳大湾区的建设将有助于推动"一带一路"倡议的实践，为"21 世纪海上丝绸之路"的建设提供强有力的支撑。

中共中央、国务院于 2019 年实施《粤港澳大湾区发展规划纲要》以来，粤港澳大湾区各方面的互联互通效果显著，粤港澳三地合作交流不断深入，粤港澳大湾区协调发展程度不断提升。当前，社会发展的互联互通不仅包括陆（铁路、公路）、海（海运）、空（航空）、网（电信和管道）四位一体的"硬联通"，也包括政策、规则和标准三位一体的"软联通"（陈朋亲和毛艳华，2023）。粤港澳大湾区在"硬联通"和"软联通"这两个方面均取得了显著提升，其中交通运输方面在粤港澳大湾区协调发展过程中占据重要地位。

近些年，粤港澳大湾区的综合交通运输体系不断完善。在公路方面，港珠澳大桥顺利通车、"澳车北上"政策落地实施等加速推进了粤港澳大湾区"1 小时生活圈"目标的实现。在轨道交通方面，紧紧围绕"一张网、一张票、一串城"的目标，不断扩大城际铁路建设规模，持续提高大湾区铁路网密度，加速打造"轨道上的大湾区"，从而大大缩短了跨城市通勤的时长、提高了跨城市交通运输的便捷性。在航空方面，以广州白云国际机场、深圳宝安国际机场、香港国际机场这三大国际航空枢纽为核心的世界一流机场群正在加速建成。在港口方面，粤港澳大湾区凭借地理位置的优势和政策支持，快速推进世界一流港口群建设，其中深圳港、广州港的集装箱吞吐量更是在全球前五名中占据双席。

基于此，本报告首先对粤港澳大湾区交通运输发展现状进行阐述，再将粤港澳大湾区交通运输发展现状与部分国内城市群（京津冀城市群、长三角城市群）以及世界三大湾区（美国旧金山湾区、美国纽约湾区、日本东京湾区）进行对比分析；其次，深入探讨粤港澳大湾区交通运输发展对经济、产业、社会和环境等多方面的影响；最后，针对粤港澳大湾区交通运输发展存在的问题进行剖析并提出相应的对策建议。

二 粤港澳大湾区交通运输发展现状及其与国内城市群、世界三大湾区的对比分析

（一）粤港澳大湾区交通运输发展现状[①]

粤港澳大湾区作为中国改革开放的重要窗口和经济发展引擎，交通运输在其发展过程中起着至关重要的作用。近些年，粤港澳大湾区交通基础设施建设得到了全面加强，形成了高效便捷的交通运输网络并为区域经济发展和人员流动提供了有力支持。

1. 轨道交通

粤港澳大湾区加快打造"轨道上的大湾区"，进一步完善现代综合交通运输体系（国家发展和改革委员会，2020）。截至2021年底，粤港澳大湾

[①] 粤港澳大湾区各类交通运输方式的营运里程、客运量、货运量等数据来源于2022年粤港澳大湾区珠江三角洲九市（广州市、深圳市、佛山市、珠海市、东莞市、中山市、惠州市、肇庆市和江门市）的统计年鉴，香港特别行政区、澳门特别行政区的数据缺失（除澳门公路通车里程参考《澳门统计年鉴2022》），此后不赘。

区内轨道交通客运量达16456.8万人次，货运量达3603.3万吨。大湾区内轨道交通营运里程达634.0公里，跨城市铁路主要有广深港高速铁路、广珠城际铁路、佛肇城际铁路等，已大面积覆盖大湾区中心城市（广州、深圳、香港、澳门）和节点城市（佛山、珠海、东莞、中山、肇庆、江门、惠州），致力于形成"轴带支撑、极轴放射"的多层次铁路网络。在连通大湾区外部区域的已开通和规划在建的铁路方面，往北通向北京市的铁路有京广高铁、京九铁路；往西北通向江西省的铁路有赣深高铁；通向湖南省的铁路有广清永高铁；往西有广茂铁路和海南省连接；通向贵州省的铁路有贵广高铁；通向广西的铁路有柳广铁路和南广高铁；往东北通向厦门市的铁路有厦深铁路。

2. 公路交通

公路是粤港澳大湾区主要的交通运输方式。粤港澳大湾区目前已通车运营的主要公路通道包括广州市环城高速公路、珠江三角洲地区环线高速公路、港珠澳大桥、南沙大桥等，正在建设中的公路通道包括深中通道、黄茅海跨海通道等。截至2021年底，粤港澳大湾区公路营运里程达62794.7公里，客运量达18051.2万人次，货运量达167630.6万吨，在大湾区互联互通建设中发挥了重要作用。

在高速公路建设方面，截至2019年底，粤港澳大湾区高速公路通车总里程达4500公里，大湾区的中心区域内高速公路密度为8.2公里/百平方公里，远高于纽约湾区和东京湾区（广东省交通运输厅，2020）。根据《广东省高速公路网规划（2020—2035年）》，到2035年，广东省将建成以"十二纵八横两环十六射"为主骨架的高速公路网络，总里程将达15000公里。

3. 水路运输

粤港澳大湾区正致力于打造世界一流港口群，加强粤港澳大湾区港口吸引力和竞争力。2021年，粤港澳大湾区内河航道通航里程达2576.0公里，客运量为905.4万人次，货运量为85945.3万吨，港口货物年吞吐量可达149766.5万吨。目前，香港港、广州港、深圳港、珠海港、东莞港和江门港已成功迈入亿吨大港的行列，其中深圳港、广州港和香港港均是重要的国际枢纽港。

4. 航空运输

粤港澳大湾区正以"高质量、高协调、可持续"为目标建设国际一流空港群，构建共建共享、深度融合的新型航空协同发展新格局，致力于将粤港澳大湾区打造成新时代民航强国的先行示范区，从而为建设世界一流湾区提供强有力的支撑和保障（中国民用航空局，2020）。目前，粤港澳大湾区的民用机场吞吐能力较强，2021年，航空客运量高达9813.3万人次，货运量达261.2万吨，以广州白云国际机场、深圳宝安国际机场、香港国际机场为主要枢纽的世界一流机场群正在加速崛起。

2011~2021年，粤港澳大湾区交通运输的客运量整体呈现下降趋势，2016~2019年出现小幅上升，2020~2021年再次呈现持续下滑态势；对于货运量而言，2011~2018年，粤港澳大湾区交通运输的货运量呈持续增长趋势，此后略有下降；针对港口货物吞吐量，2011~2021年，粤港澳大湾区整体呈现上升趋势（见图1）。

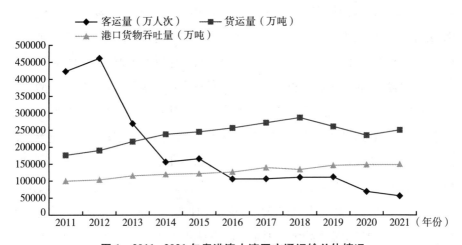

图1　2011~2021年粤港澳大湾区交通运输总体情况

（二）粤港澳大湾区交通运输发展现状与部分国内城市群的对比分析

长三角城市群是"一带一路"与长江经济带的重要交汇地，在我国现代化建设大局中占据重要地位。在交通基础设施建设方面，长三角城市群居全国前

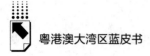

列，京沪铁路、上海浦东国际机场、上海港、南京长江大桥等皆是长三角城市群发达的交通运输网络的典型代表。现阶段，长三角城市群在轨道交通营运里程、公路营运里程、内河航道通航里程，以及客运量和货运量方面，均居国内三大城市群首位。京津冀城市群位于环渤海"心脏"地带，是著名的"首都经济圈"。对于交通运输的发展而言，京津冀城市群正加速构建以轨道交通为主干的多节点、网格状、全覆盖的交通运输网络，着力提升京津冀城市群的交通运输智能化管理水平（京津冀协同发展领导小组，2015）。京津冀城市群虽然在内河航道方面受自然条件限制，但是在轨道交通营运里程和公路营运里程方面都远超粤港澳大湾区，为环渤海地区的协调发展提供了有利条件。

　　长三角城市群和京津冀城市群尽管覆盖面广，但是均受一种制度体系的规范，关税制度一致、流通货币一致，因此，城市间沟通和协调的成本相对较低、难度相对较小。相比之下，由于特殊的制度背景，粤港澳大湾区各城市之间的协调和沟通难度较大，需要加快大湾区综合交通运输体系的构建，推动交通运输一体化进程，进而促进大湾区协同发展。粤港澳大湾区交通运输需求量大，然而目前大湾区交通运输水平相对较低。2021年粤港澳大湾区的轨道交通营运里程、公路营运里程均远低于长三角城市群和京津冀城市群，大湾区的内河航道通航里程低于长三角城市群，高于京津冀城市群（见图2）。就客运量而言，粤港澳大湾区的轨道交通客运量和公路客运量均居我国三大城市群末位，然而大湾区的航空客运量高于长三角城市群和京津冀城市群（见图3）。粤港澳大湾区的轨道交通货运量、公路货运量和港口货物吞吐量均低于长三角城市群和京津冀城市群，大湾区的内河航道货运量低于长三角城市群，高于京津冀城市群（见图4）。此外，我国三大城市群主要位于平原地区，轨道网和公路网密布，粤港澳大湾区的轨道密度在我国三大城市群中最低（见图5），其公路密度虽低于长三角城市群，但略微高于京津冀城市群（见图6）。在交通运输结构方面，粤港澳大湾区的人员流动和货物运输主要依赖公路交通，而非跨城市效率更高的轨道交通，这在一定程度上降低了大湾区城市之间的人员流动频率与货物运输效率。因此，粤港澳大湾区应加快优化内部的交通运输结构，切实提高交通运输效率，进而促进粤港澳大湾区的协同发展。

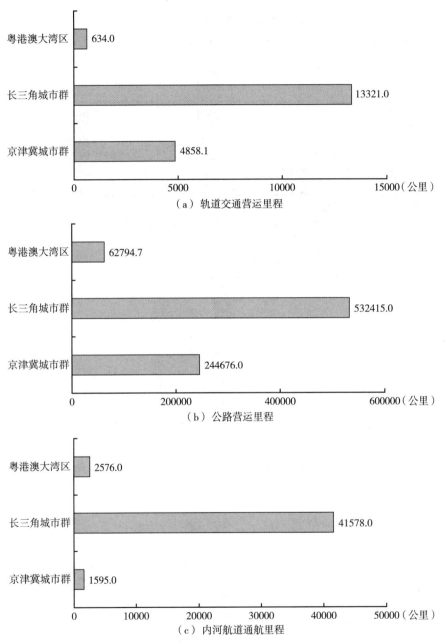

图2 2021年中国三大城市群各类交通运输方式的营运里程

资料来源：长三角城市群的数据来源于2022年上海市、江苏省、浙江省和安徽省的统计年鉴；京津冀城市群的数据来源于2022年北京市、天津市和河北省的统计年鉴。图3至图6相同，此后不赘。

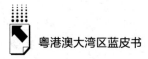

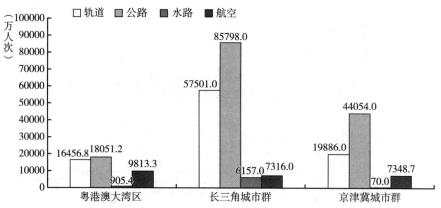

图3　2021年中国三大城市群各类交通运输方式的客运量

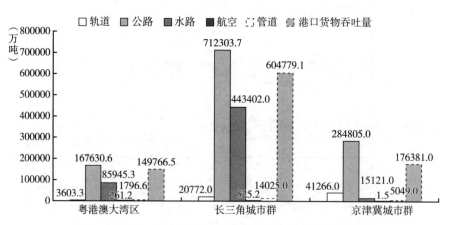

图4　2021年中国三大城市群各类交通运输方式的货运量

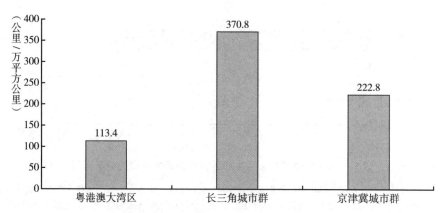

图5　2021年中国三大城市群的轨道密度

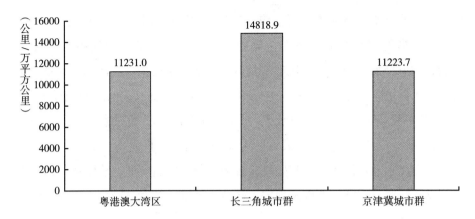

图6　2021年中国三大城市群的公路密度

　　综上所述，现阶段粤港澳大湾区在交通基础设施方面落后于长三角城市群和京津冀城市群，但大湾区的经济发展水平较高、产业体系较为完备、交通基础设施所承担的人员流动和货物运输需求量大，进而促使粤港澳大湾区交通运输利用率和效率有所提升。粤港澳大湾区综合交通运输效率的提升及其带来的溢出效应比长三角城市群和京津冀城市群更强。溢出效应是指一地区综合交通运输效率的提升不仅对该地区的经济增长起到推动作用，还对周边地区的经济发展产生辐射影响。由于粤港澳大湾区内地9市都位于广东省，城市间有更紧密的地理位置联系，其综合交通运输效率的提升带来的溢出效应会通过大湾区综合交通运输网络快速地向周边城市传递，从而产生较强的经济社会效应，因此，粤港澳大湾区综合交通运输效率的提升带来的溢出效应更加显著（宋敏和陈益鑫，2019）。尽管长三角城市群、京津冀城市群的交通基础设施较为发达，但部分交通基础设施存在衔接性较差的问题，从而阻碍了溢出效应的传递。

（三）粤港澳大湾区交通运输发展现状与世界三大湾区的对比分析

　　美国旧金山湾区被称为世界上最重要的高科技研发中心和科教重地，其交通运输发展始终走在世界前列，不仅有统一管理交通运输的职能机构——大都市交通委员会，而且交通基础设施较为完善，BART捷运系统是服务旧

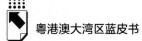

金山湾区的重要交通网络（贾颖伟，2003）。此外，旧金山湾区正致力于打造共建共享的智慧交通生态圈，有利于缓解旧金山湾区交通拥堵的压力（樊豪斌和蒋励，2022）。美国纽约湾区是著名的金融湾区。纽约湾区建立了发达的综合立体交通网络，拥有多条洲际公路和历史悠久的纽约地铁系统，有20多个机场，同时，纽约港是美国东海岸最大的集装箱中心（蔡达，2023）。日本东京湾区是日本最大的工业城市群和国际金融、交通、商贸及消费中心。东京湾区的交通基础设施较为完善，轨道交通运输体系包括新干线、城际铁路、市郊铁路以及地铁，同时横滨港、东京港等多个世界级港口都坐落于此。

粤港澳大湾区的航空港和集装箱港口实力强劲，对外交通运输发展潜力较大。在2021年全球旅客吞吐量排名前十的民用机场中，粤港澳大湾区的广州白云国际机场位居第八，而旧金山湾区、纽约湾区和东京湾区的机场均未上榜（见表1）。在2021年全球货物吞吐量排名前十的民用机场中，香港国际机场位居第一，而其他三大湾区的机场均未上榜（见表2）。当前，粤港澳大湾区正加快打造世界一流机场群。此外，在2021年全球集装箱吞吐量排名前十的港口中，粤港澳大湾区的深圳港、广州港、香港港分别位居第四、第五、第十，而其他三大湾区并无上榜港口（见表3）。总体上，在香港、澳门以及被称为我国改革开放窗口的深圳的带动下，粤港澳大湾区对外交流密切，对外交通运输能力不断提升。

表1　2021年全球旅客吞吐量排名前十的民用机场

单位：万人次

排名	机场	旅客吞吐量
1	哈兹菲尔德—杰克逊亚特兰大国际机场	7570.5
2	达拉斯—沃斯堡机场	6246.6
3	丹佛国际机场	5882.9
4	芝加哥奥黑尔国际机场	5402.0
5	洛杉矶国际机场	4800.7
6	夏洛特道格拉斯国际机场	4330.2

排名	机场	旅客吞吐量
7	奥兰多国际机场	4035.1
8	广州白云国际机场	4025.9
9	成都双流国际机场	4011.8
10	拉斯维加斯麦卡伦国际机场	3975.4

资料来源：《2021 年全球最繁忙机场 TOP10 中美大逆转!》，民航资源网，2022 年 4 月 12 日，http：//news.carnoc.com/list/582/582537.html。

表 2　2021 年全球货物吞吐量排名前十的民用机场

单位：万吨

排名	机场	货物吞吐量
1	香港国际机场	502.6
2	孟菲斯国际机场	448.0
3	上海浦东国际机场	398.3
4	泰德·史蒂文斯安克雷奇国际机场	355.5
5	首尔仁川国际机场	332.9
6	路易斯维尔国际机场	305.2
7	台北桃园国际机场	281.2
8	洛杉矶国际机场	269.2
9	成田国际机场	264.4
10	多哈哈马德国际机场	262.0

资料来源：《2021 年全球最繁忙机场 TOP10 中美大逆转!》，民航资源网，2022 年 4 月 12 日，http：//news.carnoc.com/list/582/582537.html。

表 3　2021 年全球集装箱吞吐量排名前十的港口

单位：标准箱

排名	港口	集装箱吞吐量
1	上海港	4702.5
2	新加坡港	3746.8
3	宁波舟山港	3108.0
4	深圳港	2876.0
5	广州港	2418.0
6	青岛港	2370.0
7	釜山港	2270.6

排名	港口	集装箱吞吐量
8	天津港	2026.0
9	洛杉矶港	2006.2
10	香港港	1780.0

资料来源：Alphaliner。

现阶段，旧金山湾区、纽约湾区和东京湾区则建立了较完善的综合立体交通网络，有利于各城市之间的人员流动、交通运输以及资源和信息流动，促进大湾区协同发展。旧金山湾区建立了综合立体的轨道交通运输体系，由城际铁路（走廊列车、通勤列车）、市郊铁路、BART 捷运系统以及轻轨运输系统构成。其中，BART 捷运系统是连接旧金山与其他城市群的轨道捷运交通系统，覆盖面广且有自动导轨运输列车，因此，运输效率较高。类似地，纽约湾区和东京湾区也建立了完善的轨道交通运输体系。其中，纽约湾区的轨道交通运输体系由城际铁路、市郊铁路（通勤铁路）和地铁构成。东京湾区的轨道交通运输体系则由新干线、城际铁路、市郊铁路以及地铁构成。由此可见，世界三大湾区都建立了多层次、多模式、大规模的轨道交通网络，相比之下，目前粤港澳大湾区尚未形成完善的交通网络体系，大湾区各城市的交通发展程度差距显著（张胜磊，2018）。一方面，粤港澳大湾区交通运输结构不平衡，大湾区主要依赖效率较低的公路交通。公路交通的运量较少且速度较慢的特点，导致其运输效率比轨道交通低，使大湾区各城市之间的资源和信息流动存在一定阻碍。例如，江门市、肇庆市、惠州市等缺乏便捷高效的城际交通，致使无法高效承接广深两地的产业和人才转移。另一方面，粤港澳大湾区的交通运输发展尚不充分，多数城市间的交通线路稀疏。目前，珠江口两岸跨江通道仅有虎门大桥和南沙大桥，交通运输效率较低，珠江口两岸的资源和信息流动存在一定阻碍，也影响了大湾区的发展。

旧金山湾区、纽约湾区和东京湾区的交通运输一体化程度较高，交通基础设施相对完善。例如，东京湾区十分重视湾区内各大港口之间的合作与协调（邓志新，2018），成功打造了一个由横滨港、东京港、千叶港、川崎港、木更津港、横须贺港这六个世界级港口接替相连的"马蹄形"港口群，年货物吞吐量 5 亿吨以上（卢文彬，2018），并且东京湾区各大港口已形成清晰的职能定位和分工。相较于此，粤港澳大湾区的交通运输一体化程度相对较低。一方面，粤港澳大湾区缺乏高层次的协调机制，导致交通运输结构不平衡不充分问题较为严峻。粤港澳大湾区交通运输存在规划缺乏科学性、结构欠佳等问题。相较于公路交通，轨道交通无论是在货物运输方面还是在人员流动方面都更加高效，但目前粤港澳大湾区仍然以公路交通为主，存在轨道交通基础设施密度低、人均占有量少、核心枢纽数量少，以及缺乏直通铁路等问题。因此，粤港澳大湾区各城市在短时间内无法实现完全的交通一体化（莫文志和何宝峰，2019）。另一方面，粤港澳大湾区交通运输共建共享一体化发展意识有待加强。大湾区的特殊之处在于具有"两种制度、三种货币"的制度环境，这需要更加有效的协调机制和共享利益分配机制来引导粤港澳大湾区各个城市协同发展。然而，粤港澳大湾区在这一方面相对薄弱，大湾区各城市缺乏共建共享意识，协调发展意识也较为薄弱，这导致各区域恶性竞争和分工不明确的现象时有出现，同时造成了大湾区各城市交通基础设施建设相对独立、各城市间交通基础设施衔接性较差的状况（闫茹，2018）。

三　粤港澳大湾区交通运输发展的影响

粤港澳大湾区具有"一个国家、两种制度、三个关税区、三种货币"的特点，粤港澳大湾区的建设是"21 世纪海上丝绸之路"建设中的重要环节，也是国家发展的重大战略任务。发挥要素联系作用的交通运输系统对推动粤港澳三地协同发展有重要意义。粤港澳大湾区是我国开放程度最高、经济活力最强的区域之一，其交通运输发展对于推进区域经济一体化、均衡化和产业集群发展起到关键作用，同时有利于社会治理和环境治理的进步。

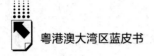

（一）对经济发展的影响

交通运输基础设施建设对经济发展有着直接且深远的影响（Givoni，2006）。交通运输的发展程度与地区生产总值存在正相关关系，然而不同的交通运输方式对不同行业的影响存在明显差异。其中，普通铁路运输和公路运输对农业、制造业总产值增长的影响比对服务业总产值增长的影响更显著，而水路运输对农业和制造业总产值增长的影响较大，航空运输则对服务业产生较大影响（唐升等，2021）。

粤港澳大湾区建设更加高效和快捷的交通运输网络，有利于提升大湾区的交通可达性，也有利于提高大湾区经济发展的均衡性。交通可达性是衡量到达目的地难易程度的指标（Andersson et al.，2010），也是城市集聚发展与经济均衡化发展的重要推动力量（李红昌等，2016）。城市之间交通可达性的提高，会影响人们交通出行的选择，进而影响城市资源和要素分配的方式与格局，加快资源和要素在城市之间的流动，这在一定程度上也增强了城市群中心区域的辐射作用，从而缩小区域之间的经济发展差距，提高区域经济发展的均衡性（Sasaki et al.，1997）。对于粤港澳大湾区而言，大湾区的快速交通网络建设有利于增强广州、深圳对其他城市的辐射作用，缩小地区间的经济发展差距，从而提高大湾区内部经济发展的均衡性。

不同地区交通运输发展对于提升经济发展的均衡性的作用不尽相同，主要原因在于交通可达性的差异。交通可达性高的地区，其交通运输发展更能提升该地区经济发展的均衡性（贾善铭和王亚丽，2019）。然而，目前粤港澳大湾区各城市交通运输网络的可达性具有较大差异，导致经济发展尚不均衡。因此，需要加快推进粤港澳大湾区交通运输基础设施建设，进而提升大湾区经济发展的均衡性。

交通运输发展不仅刺激区域经济发展、提升区域经济发展的均衡性，还对区域经济一体化产生促进作用。区域经济一体化是指减少阻碍经济运行的外在因素，通过协调统一的措施，建立起高效的区域经济发展格局。区域经济一体化是粤港澳大湾区建设和发展的重要战略任务，而交通运输发展则成为粤港澳大湾区经济一体化的关键因素和重要驱动力（覃成林和柴庆元，2018）。首先，交通运输基础设施建设改变了城市的空间布局，带动了交通基础设施周边的产业发展，从而进一步改变了城市的产业分布和格局，这不仅提高了城市居民收入水平和消费水平，也提升了城市的土地资源利用率（刘生龙和胡鞍钢，2011）。其次，交通运输快速发展大大缩短了城市之间的通达时间，使得各城市更加倾向于城市功能的精细化发展，有利于明确城市之间的职能分配和角色分工，各城市各司其职，集中力量专攻一个发展方向，不仅有利于各城市经济的高效发展，还有利于各城市的协同合作。例如，在粤港澳大湾区交通基础设施建设的背景下，深圳的定位是科技产业创新中心、香港的定位是国际金融中心、澳门则被定位为旅游休闲中心。因此，大湾区交通基础设施建设有利于各城市立足于自身定位，集中力量建设与城市适配的经济发展格局和产业格局，更高效、更高质量地促进粤港澳大湾区的协同合作（杨媛媛和杨励，2020）。此外，交通基础设施建设可以在一定程度上有效抑制商品价格的上下波动，完善和便捷的交通基础设施可以让居民出行和货物运输更加方便，降低货物运输成本，从而抑制相对价格的波动并致力于推动区域经济一体化（赵鹏，2018）。

（二）对产业发展的影响

交通基础设施建设能够显著提升粤港澳大湾区产业结构的合理性和科学性，有利于产业集群发展，促进粤港澳大湾区产业链协调发展，同时，交通基础设施建设对特定行业起到带动作用。具体地，首先，交通运输发展有利于产业升级。例如，高铁的开通促进了粤港澳大湾区劳动力的流动和资本的积累，从而实现劳动力和资本的再配置，推动大湾区产业结构由低级向高级的动态转化，加快促进产业结构升级（黎绍凯等，2020）。其次，交通运输发展有益于产业集群发展。当前，大湾区正加快打造交通运输一体化格局，使人才集聚、资本累积，为产业集群发展提供坚实的基础（徐青，2021）。最后，交通运输发展也有利于粤港澳大湾区产业链协调

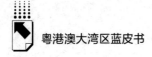

发展。广州、深圳、香港凭借临港（包括空港和海港）的区位优势，大力推动高端产业的产业链发展。佛山、东莞、珠海、澳门和惠州则受到广深港三个中心城市辐射作用的影响，形成了以制造业为主的产业分工格局，而江门、中山和肇庆由于交通圈的辐射形成了劳动密集型产业布局（詹荣富等，2020）。

此外，交通运输发展对一些特定行业（例如，物流、旅游等）的发展具有一定的带动作用。物流行业由于自身性质，升级和发展的先决条件是完善的交通运输网络，只有拥有完善的交通运输网络，物流行业才能有更多的机会提高运输效率和质量（刘光才等，2020）。对于旅游行业而言，交通基础设施建设提高了城市之间的可达性，由此可以连接无障碍一体化的旅游区域，优化了旅游空间结构，加速了旅游业的发展，带动了周边的旅游经济发展（罗金阁等，2020）。例如，港珠澳大桥的开通有助于提升粤港澳大湾区11个城市的旅游竞争力，减少了港澳与内地的阻碍，显著加强了各城市之间的旅游合作关系（张跃和杜洁莉，2023）。完善的交通基础设施有利于粤港澳大湾区旅游资源整合和要素流动，进而形成旅游产业的集聚效应，使广州、深圳、珠海等地区的旅客数量有所增加，也能加快实现香港、澳门与珠江三角洲地区的旅游一体化（陈金华和杨雪可，2021）。

（三）对社会治理的影响

在社会治理层面，交通基础设施建设具有两面性。一方面，交通基础设施建设能够促进区域产业的发展，增强人才吸引力，加快区域间人口流动，进而有利于提升社会就业率、完善社会福利（Chi，2012）。另一方面，交通基础设施建设过程中以及营运过程中产生的噪声和空气污染会间接损害城市居民的身体健康（Meehan and Whitfield，2017）。此外，交通基础设施施工过程中会增加交通事故发生的风险。

（四）对环境治理的影响

交通基础设施建设占用了大面积的土地和生态区，在一定程度上破坏了自然环境，同时，交通运输过程中排放的废气会对环境造成污染。近年来，城市快速扩张、大规模的交通基础设施建设造成了一系列诸如生态系统退化、空气污染和气候变化等环境问题（Torres et al.，2017）。然而，也有研究显示出相反的结果，在交通基础设施建设提高公共交通系统效率的前提下，交通基础设施的完善将减少交通拥堵和一定量的碳排放（Noussan et al.，2020）。

四 粤港澳大湾区交通运输发展的问题和对策建议

（一）粤港澳大湾区交通运输发展存在的问题

粤港澳大湾区交通运输水平与交通运输需求不匹配，不同城市交通可达性差异较大。粤港澳大湾区生产总值较高、人口众多、产业基础雄厚、交通运输需求量大，对交通基础设施建设要求较高。然而，通过与长三角城市群和京津冀城市群的比较可以发现，目前粤港澳大湾区的交通基础设施密度较低，交通运输水平相对较低，部分城市之间仍未实现"1小时"通达的目标（温惠英和姜莉，2021），大湾区各城市之间以及城市内部的交通联系和协同机制也较弱与不完善。粤港澳大湾区内城际交通可达性以广佛、深莞等城市为中心向外减弱。由于港珠澳大桥、南沙大桥等跨区域交通基础设施的建设，珠江口西岸的珠海、中山和香港之间的可达性有所提升。

由于缺乏总体协调制度，粤港澳大湾区的交通运输一体化程度仍然较低。一方面，粤港澳大湾区交通运输结构尚不平衡，缺乏科学性。对于客运和货运而言，轨道交通的效率高于公路交通，然而，粤港澳大湾区仍以公路交通为主，轨道交通体系较不完善，可相互直达的轨道路线较少，同时缺乏更高层次和更科学的协调机制，这均导致大湾区在短时间内难以完全实现交通运输一体化。另一方面，粤港澳大湾区交通运输共建共享一体化发展意识相对薄弱，城市之间缺少共建共享的主观能动性，协调发展意识也较为薄弱，致使城市间出现恶性竞争和定位、分工不明确等问题，同时造成大湾区

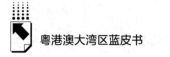
内交通基础设施建设相对独立、城市之间交通基础设施衔接性较差的状况。此外，粤港澳大湾区缺乏恰当的利益共享机制，增加了交通运输的协调管理难度。

1. 轨道交通问题

粤港澳大湾区是我国经济发展水平最高的城市群之一，但其交通运输方式主要依赖公路交通，现有轨道网规模和密度均与其经济发展水平不匹配。粤港澳大湾区的轨道交通营运里程仅有634.0公里，与长三角城市群和京津冀城市群差距较大。粤港澳大湾区的轨道密度仅为113.4公里/万平方公里，远低于长三角城市群和京津冀城市群。粤港澳大湾区对外铁路建设尚不完善，往西北方向暂无铁路干线直接通至黔中、成渝等地区（吴文伟，2021）。对外交通网络的不完善导致粤港澳大湾区无法满足其对外交通的需求，这与大湾区的发展战略目标不匹配。此外，粤港澳大湾区跨珠江口铁路通道相对不完善，尽管已建成广深港高速铁路，但珠江东岸与西岸无铁路通道直接联系，两岸交通联系相对不紧密（周家中，2021）。

2. 水路运输、港口问题

目前，粤港澳大湾区拥有深圳港、广州港、香港港这三个世界排名前十的集装箱港口，大湾区港口集装箱吞吐量位居世界第一。然而，大部分港口存在功能重复、定位不清晰等问题，港口之间缺乏协调性并且同质化竞争问题严重（黄仁刚，2020）。粤港澳大湾区内各港口之间的吸引力程度存在明显差异，形成了以广州港、深圳港、香港港为头部港口，以佛山港、东莞港、肇庆港等为腰部支撑港口，以及以珠海港、江门港、澳门港、中山港等为尾部待发展港口的结构（汤玉红和赖朝安，2022）。此外，粤港澳大湾区的智慧港口建设滞后，深圳港、广州港等仍采用传统港口管理办法，通关费用高且效率较低，尚未发挥大湾区的区位优势（朱广文和朱荣鑫，2022）。相反地，世界范围内各大世界级港口都在加快智能化建设，例如，鹿特丹港实现了全自动化集装箱码头、汉堡港实现了码头装卸自动化、新加坡港则采用轨道式龙门起重机实现了堆场自动化（刘靖战和蔡银怡，2018）。智能化建设不仅能够提高港口运作效率，还可以提升港口的吸引力，因此，粤港澳大湾区智慧港口建设势在必行。

3. 航空问题

粤港澳大湾区国际航班航空网络和路线尚不完善，国际航班直达机场数量相对较少，国际直达通航点数量不足（张宁，2017）。此外，粤港澳大湾区暂无统一的管理机构，导致大湾区内的机场管理机制未能统一，例如，广州白云国际机场和惠州机场由省属的机场管理集团管理，深圳宝安国际机场由深圳市管理，香港国际机场由香港机场管理局管理，佛山沙堤机场则由中国联合航空有限公司管理。各机场的管理主体、管理体制不同，导致粤港澳大湾区机场之间存在航空网络重复的情况，未能发挥协同效应和差异化定位的作用，大湾区内航空一体化程度较低（张元元，2022）。

（二）粤港澳大湾区交通运输发展的对策建议

1. 粤港澳大湾区交通运输一体化发展

如何整合粤港澳大湾区的资源要素，加强大湾区经济腹地与外部的联系，是粤港澳大湾区重要且长久面临的问题。要想充分发挥粤港澳大湾区的集聚效应，重点在于激发各城市的一体化协同效应（Hui et al.，2020）。因此，需要建立一体化的综合交通运输系统，进而服务于粤港澳大湾区建设世界一流湾区的目标（Neuman and Hull，2009）。

树立交通运输一体化发展理念，强化大湾区各城市共建共享意识，进而实现粤港澳大湾区交通运输一体化发展目标。现阶段，大湾区内城市对交通运输一体化发展的认识还不够深刻，各城市仍坚持"以自我为中心"的发展策略，尚未明确协调合作发展能带来"1+1>2"的效果。基于此，粤港澳大湾区需在思想上打破"本位主义"，树立大湾区"一盘棋"的协同发展价值理念，培育各城市共建共享、协同统一的意识，在行动上自觉落实粤港澳大湾区交通运输一体化的各项举措和工作安排。各城市要打破行政区划界限，站在粤港澳大湾区发展全局的角度上，思考交通运输发展存在的问题并做出合理的决策，以达到大湾区交通资源的最优配置和效益最大化。此外，决策层要站在更高的视角来制定粤港

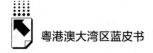

澳大湾区交通运输一体化的战略目标，部署协调大湾区交通运输的工作，加强综合交通运输一体化的顶层设计；执行层要按照大湾区交通运输一体化的要求采取有效措施并加以落实；利益相关方则要密切配合，合力推进，不以个体的利益为决策和评价工作成效的唯一标准（邓焕彬，2012）。

"一个国家、两种制度、三个税区、三种货币"的特点，决定了粤港澳大湾区交通运输一体化的关键点与难点并非"几圈儿核几轴"的空间布局，而是制度、政策、机制等顶层设计（李立勋，2018）。因此，需要健全粤港澳大湾区交通运输一体化的体制机制，进一步完善相关的制度设计。目前，大湾区的交通运输还未完全实现共建共享一体化发展，这与缺乏高层次的协调机制相关。因此，建立更高层次的协调机制、强化各城市政府之间的沟通和协作至关重要。粤港澳大湾区可以尝试建立自上而下的陆路交通协调机制，这一机制应由国家主导，由广东省政府以及香港特别行政区、澳门特别行政区相关部门积极配合实施。该协调机制可用于加强粤港澳大湾区各城市政府之间的沟通与协作，及时处理各地利益诉求方面的问题，搭建陆路交通共建共享补偿机制，统一部署大湾区的交通基础设施建设，最终推进粤港澳大湾区交通运输共建共享一体化发展。

健全交通运输一体化的体制机制需要设立统一的职能管理机构，从而制定科学的协调机制，促进跨区域交通布局和规划。在世界级湾区交通运输发展的历程中，设立统一的专职管理机构，是交通运输管理机制统一明确、实施畅通、执行高效的有效保障，有利于解决跨区域交通运输权责不清等阻碍一体化发展的问题（孙明正等，2016）。例如，美国旧金山湾区设立了大都市交通委员会，不仅为旧金山湾区交通系统相关的主体提供协商平台、为高效决策和规划提供组织环境，还负责提供规划方案的技术支持，确保交通规划的协调性和科学性（程楠等，2011）。以深莞惠的交通为例，党政联席会议制度是其跨市统筹规划的创新机制，定期对大湾区内跨市交通事项进行统筹和协调，对各城市跨市空间规划衔接以及各城市产业体系差异化发展和合作进行统一的决策与设计，不仅有利于各城市交通基础设施建设的沟通和协商，还促进各城市之间的经济合作和产业融合，为粤港澳大湾区实现交通运输一体化奠定基础（林雄斌和杨家文，2020）。因此，为推进粤港澳大湾区交通运输一体化发展，应尝试成立大湾区层面的交通统筹协调机构，统一负责大湾区的交通规划并协调各城市的交通建设，从而加快推动大湾区内各地分工明确、优势互补、协同发展。

粤港澳大湾区交通运输发展需要与经济发展一体化相协调，促进交通发展格局与经济发展结构相适应、协调统一。具体来说，交通运输发展的各个阶段都与城市的经济发展有密切的联系，城市的经济发展结构在一定程度上决定交通运输结构。在交通运输一体化建设初期，主要以加强中心城市与周围区域之间的联系为目的，建设"点—轴"状的交通干线。在城市经济圈层不断发展的过程中，中心城市从一个发展到两个，乃至更多个，因此，各地"抱团取暖"才更能发挥潜力，更好地发挥协同效应，达到"1+1>2"的效果。因此，粤港澳大湾区内各城市应分工合作，不同圈层只有相互协调，才能构建交通运输一体化的格局。粤港澳大湾区从"点—轴"的纵向形式拓展到"纵横交错"的立体形式，既能满足大湾区内部的交通需求，又能满足大湾区的对外交通需求，具有重要的现实意义。由此可见，交通发展的空间结构应该与城市群发展的空间结构保持一致，从而充分发挥交通对经济社会发展的支撑与引领作用（姜策，2016）。

2. 粤港澳大湾区交通运输服务现代化发展

推动粤港澳大湾区交通基础设施体系现代化建设，以"一张网、一张票、一串城"为目标，加快普及城际公交一体化运营，推广"一票式"和"一卡通"的联程共享服务，打造粤港澳大湾区网络化、现代化交通运输格局。构建大湾区现代化交通运输体系，打造粤港澳大湾区水铁、公铁、空铁等多种联运方式的交通网络系统，大力推行"一单制"多式联运综合交通运输服务。

加快推进粤港澳大湾区智能交通运输系统建设，在交通运输领域引进物联网、云计算、大数据等新兴技术（牛亮，2021）。搭建跨区域交通大数据管理共享平台，加强交通资源整合和共享。建立集数据采集、储存等功能于一体的开放化、数字化、集成化的粤港澳大湾区交通运输数据中心,整合大湾区各城市的交通运输数据,对接国家级节点"交通运输部级数据中心"。数据中心以政府牵头、各界合作支持的方式进行运作,通过出行信息系统、交通管理系统等智慧交通系统来提高大湾区的跨区域交通运行效率与服务水平。对粤港澳大湾区交通运输数据的分析,为大湾区实现交通运输精细化和跨区域治理提供有效的数据支撑,可以对综合交通运输情况和数据进行实时的监督与动态管理。此外,通过建设票务互联、信息互通共享、安检互认等相关示范点,提高城际出行的便捷性(潘键帆等,2021)。

粤港澳大湾区内各城市的经济、社会联系不断加强(彭芳梅,2017),为促进大湾区协同发展,进一步提升大湾区的核心竞争力、推动交通运输一体化发展是大势所趋。因此,粤港澳大湾区需加快海陆空交通运输方式的一体化建设,切实提升大湾区交通运输服务的质量与效率,助力粤港澳大湾区的建设发展。

3. 建立粤港澳大湾区综合立体交通网络

在粤港澳大湾区的内部交通方面,加强建设公路、轨道、水路、航空多式联运,打造大湾区交通运输新格局,推动"内湾半小时、湾区一小时"目标的实现。为满足粤港澳大湾区交通运输发展的需求,形成以多层级复合轨道交通网络为支架、以战略枢纽为节点、以高速公路为基础、以"低空+水上"为补充的粤港澳大湾区交通运输服务体系。针对轨道交通,扩大粤港澳大湾区轨道交通建设规模,连接珠江两岸,联系粤港澳三地,依托高速城际铁路,实现内湾半小时互通,同时,依托快速城际铁路实现大湾区一小时直连直通,打造"轨道上的大湾区"。针对公路交通,继续加强大湾区内部公路通达性,加强与轨道、港口、航空的衔接,同时增强高速公路网的功能,强化城市主干道和次干道之间的高速公路运输连接,优化大湾区交通枢纽的功能组织和空间布局。在水路运输方面,构建大湾区内部便捷、畅通的水路运输网络,增加深圳、广州、中山、珠海、香港、澳门等城市之间的直航线路,加快推动"海上大湾区"水路运输网络的构建。

在粤港澳大湾区的对外交通方面,加快对外交通建设,构建多层次、多通道、多方式的综合立体复合交通走廊，实现与周边城市群直达互通，打造连通京津冀城市群、长三角城市群、成渝地区、海南自贸区的互达互通格局，加强粤港澳大湾区与主要经济腹地的联系，拓展大湾区的腹地纵深，显著提升综合辐射能力。

推动粤港澳大湾区主要交通枢纽的国际化和现代化发展，提升大湾区国际竞争力和影响力。粤港澳大湾区国际交通枢纽由机场、港口构成，虽然粤港澳大湾区的机场、港口居世界前列，但其国际化、智能化程度相较于世界其他湾区较低。因此，在机场方面，建议明确各个机场枢纽的分工和定位，并进行差异化布局，对各航空枢纽的历史资源、地理条件、城市特色、配套服务等方面进行全面的考虑，加快形成以广州白云国际机场、深圳宝安国际机场、香港国际机场为核心机场，以珠海机场、澳门国际机场等为特色机场的大湾区航空港格局，进一步增强粤港澳大湾区的国际竞争力。此外，规划和布局面向亚太地区以及直通全球重点城市的航线，增强大湾区机场的国际影响力。在港口方面，明确粤港澳大湾区各港口的功能和分工，加强港口群之间的协调合作，推进香港港、深圳港的一体化发展，转变香港港和深圳港的竞争格局，同时明确广州港的枢纽和航运中心的定位，整合珠海港、佛山港、江门港、东莞港等港口，构建广深港国际航运中心（王启凤等，2020）。同时，科学规划和制定港口群发展路线，合理配置各港口资源，提高港口资源利用率。此外，推进港口智能化建设，充分利用大数据、5G 信息技术、数字化等手段发展港口经济，打造自动化、智能化港口，提高港口通行效率，增强综合实力。加快培养港口物流专业化人才队伍，依托大湾区协同发展优势，开设港口物流专业和院校，为粤港澳大湾区港口发展输送复合型人才。

参考文献

陈朋亲、毛艳华：《粤港澳大湾区机场群协同治理：理论框架与优化路径》，《哈尔

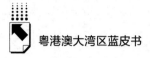
滨工业大学学报》（社会科学版）2023 年第 4 期，第 142~149 页。

宋敏、陈益鑫：《城市群综合交通运输效率对经济增长的影响——基于长三角与粤港澳大湾区的比较研究》，《城市问题》2019 年第 9 期，第 45~53 页。

贾颖伟：《美国旧金山湾区的城际轨道交通》，《城市轨道交通研究》2003 年第 2 期，第 69~73 页。

樊豪斌、蒋励：《旧金山湾区共建共享的智慧交通生态圈研究》，《全球城市研究》（中英文）2022 年第 2 期，第 34~51+190 页。

蔡达：《纽约湾区开放发展对我国长三角一体化发展的启示与借鉴》，《中国经贸导刊》2023 年第 3 期，第 39~42 页。

张胜磊：《粤港澳大湾区发展路径和建设战略探讨：基于世界三大湾区的对比分析》，《中国发展》2018 年第 3 期，第 53~59 页。

邓志新：《粤港澳大湾区与世界著名湾区经济的比较分析》，《对外经贸实务》2018 年第 4 期，第 92~95 页。

卢文彬：《湾区经济：探索与实践》，社会科学文献出版社，2018，第 134~156 页。

莫文志、何宝峰：《粤港澳大湾区协同发展思考——基于陆路交通一体化视角》，《特区经济》2019 年第 12 期，第 34~37 页。

闫茹：《粤港澳大湾区战略下交通一体化建设研究》，《经贸实践》2018 年第 23 期，第 278 页。

唐升等：《交通基础设施与区域经济增长：基于多种运输方式的分析》，《中国软科学》2021 年第 5 期，第 145~157 页。

李红昌等：《中国高速铁路对沿线城市经济集聚与均等化的影响》，《数量经济技术经济研究》2016 年第 11 期，第 127~143 页。

贾善铭、王亚丽：《快速交通网络建设对区域经济格局均衡性的影响——以粤港澳大湾区为例》，《开发研究》2019 年第 3 期，第 21~27 页。

覃成林、柴庆元：《交通网络建设与粤港澳大湾区一体化发展》，《中国软科学》2018 年第 7 期，第 71~79 页。

刘生龙、胡鞍钢：《交通基础设施与中国区域经济一体化》，《经济研究》2011 年第 3 期，第 72~82 页。

杨媛媛、杨励：《湾区视角下空港城市协作发展研究——以粤港澳大湾区为例》，《商业经济研究》2020 年第 5 期，第 168~170 页。

赵鹏：《交通基础设施对区域一体化影响研究》，《经济问题探索》2018 年第 3 期，第 75~82 页。

黎绍凯等：《高铁能否促进产业结构升级：基于资源再配置的视角》，《南方经济》2020 年第 2 期，第 56~72 页。

徐青：《粤港澳大湾区产业链发展研究》，《亚太经济》2021 年第 3 期，第 147~152 页。

詹荣富等：《交通资源禀赋优势对粤港澳大湾区产业链的协整影响分析——基于2012、2017 年广东省域投入产出表的面板数据》，《企业经济》2020 年第 5 期，第 62~68 页。

刘光才等：《交通基础设施门槛下物流产业对区域经济发展的实证分析》，《商业经济研究》2020 年第 17 期，第 97~100 页。

罗金阁等：《粤港澳大湾区交通可达性与旅游经济联系空间关系》，《经济地理》2020 年第 10 期，第 213~220 页。

张跃、杜洁莉：《港珠澳大桥对粤港澳大湾区区域旅游一体化发展影响的计量研究》，《热带地理》2023 年第 7 期，第 1275~1287 页。

陈金华、杨雪可：《港珠澳大桥对粤港澳大湾区旅游流网络的影响》，《华侨大学学报》（哲学社会科学版）2021 年第 1 期，第 44~53 页。

温惠英、姜莉：《基于交通可达性的粤港澳大湾区城市腹地划分研究》，《华南理工大学学报》（自然科学版）2021 年第 12 期，第 79~88 页。

吴文伟：《基于运输需求的粤港澳大湾区铁路网规划方案研究》，《铁道标准设计》2021 年第 5 期，第 14~20 页。

周家中：《粤港澳大湾区城际铁路规划方案研究》，《铁道运输与经济》2021 年第 8 期，第 84~91 页。

黄仁刚：《"一带一路"背景下粤港澳大湾区港口物流发展问题研究》，《价格理论与实践》2020 年第 12 期，第 148~151 页。

汤玉红、赖朝安：《粤港澳大湾区港口对泛珠三角主要城市吸引力及其空间结构演化分析》，《南京师大学报》（自然科学版）2022 年第 4 期，第 60~65 页。

朱广文、朱荣鑫：《粤港澳大湾区港口经济高质量发展研究》，《中国水运》2022 年第 8 期，第 13~15 页。

刘靖战、蔡银怡：《粤港澳大湾区背景下的智慧港口发展思考》，《珠江水运》2018 年第 22 期，第 107~109 页。

张宁：《"一带一路"战略下的粤港澳大湾区机场群一体化发展建议》，《民航管理》2017 年第 11 期，第 68~71 页。

张元元：《建设国际一流湾区背景下的粤港澳大湾区机场群协同发展研究》，《企业改革与管理》2022 年第 20 期，第 156~158 页。

邓焕彬：《珠三角区域一体化下交通协调发展研究》，博士学位论文，清华大学，2012。

李立勋：《以协同创新为核心构建粤港澳区域合作新格局》，《城市规划》2018 年第 3 期，第 104~105 页。

孙明正等：《京津冀交通一体化发展问题与对策研究》，《城市交通》2016 年第 3 期，第 61~66 页。

程楠、荣朝和、盛来芳：《美国交通规划体制中的大都市区规划组织》，《国际城市

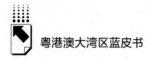
规划》2011 年第 5 期，第 85~89+108 页。

林雄斌、杨家文：《粤港澳大湾区都市圈高速铁路供给机制与效率评估——以深惠汕捷运为例》，《经济地理》2020 年第 2 期，第 61~69 页。

姜策：《国内外主要城市群交通一体化发展的比较与借鉴》，《经济研究参考》2016 年第 52 期，第 78~82+90 页。

牛亮：《中国粤港澳大湾区区域经济发展效率评价研究》，博士学位论文，中国社会科学院研究生院，2021。

潘键帆等：《粤港澳大湾区交通一体化经济发展问题与对策》，《现代商业》2021 年第 36 期，第 55~59 页。

彭芳梅：《粤港澳大湾区及周边城市经济空间联系与空间结构——基于改进引力模型与社会网络分析的实证分析》，《经济地理》2017 年第 12 期，第 57~64 页。

王启凤等：《建设国际航运中心背景下粤港澳大湾区港口群治理模式研究》，《经济体制改革》2020 年第 6 期，第 64~70 页。

京津冀协同发展领导小组：《京津冀协同发展规划纲要》，2015。

M. Givoni, "Development and Impact of the Modern High-speed Train: A Review," *Transport Reviews* 26(2006): 593–611.

D. E. Andersson, O. F. Shyr, J. Fu, "Does High-speed Rail Accessibility Influence Residential Property Prices? Hedonic Estimates from Southern Taiwan," *Journal of Transport Geography* 18(2010): 166–174.

G. Chi, "The Impacts of Transport Accessibility on Population Change across Rural, Suburban and Urban Areas: A Case Study of Wisconsin at Sub-county Levels," *Urban Studies* 49 (2012): 2711–2731.

K. Sasaki, T. Ohashi, A. Ando, "High-speed Rail Transit Impact on Regional Systems: Does the Shinkansen Contribute to Dispersion?" *The Annals of Regional Science* 31 (1997): 77–98.

L. A. Meehan, G. P. Whitfield, "Integrating Health and Transportation in Nashville, Tennessee, USA: From Policy to Projects," *Journal of Transport & Health* 4 (2017): 325–333.

A. Torres et al., "A Looming Tragedy of the Sand Commons," *Science* 357 (2017): 970–971.

M. Noussan, M. Hafner, S. Tagliapietra, *The Future of Transport between Digitalization and Decarbonization: Trends, Strategies and Effects on Energy Consumption* (Springer Nature, 2020).

E. C. M. Hui et al., "Deciphering the Spatial Structure of China's Megacity Region: A New Bay Area—The Guangdong‑Hong Kong‑Macao Greater Bay Area in the Making," *Cities* 105 (2020): 102168.

M. Neuman，A. Hull，"The Futures of the City Region，" *Regional Studies*43（2009）：777–787.

《国家发展改革委关于粤港澳大湾区城际铁路建设规划的批复》，国家发展和改革委员会网站，2020 年 7 月 30 日，https：//www.ndrc.gov.cn/xxgk/zcfb/pifu/202008/t20200804_1316555.html。

《1.5 万公里！广东高速公路网最新规划出炉！》，广东省交通运输厅，2020 年 6 月 4 日，http：//td.gd.gov.cn/dtxw_n/gdjrxw/content/post_3008490.html。

《民航局关于支持粤港澳大湾区民航协同发展的实施意见》，中国民用航空局，2020 年 7 月 15 日，http：//www.caac.gov.cn/XWZX/MHYW/202007/t20200715_203593.html。

B.7
粤港澳大湾区海洋经济高质量发展研究[*]

赵 雨 王兴棠^{**}

摘 要： 作为我国推进区域协调发展战略的主要区域之一，粤港澳大湾区
在区位和资源禀赋上具备发展海洋经济的先天优势，包括开放的
经济结构、高效的资源配置、丰富的滨海资源和高度集聚的创新
要素等，建设海洋经济一体化格局将充分发挥大湾区引领创新、
聚集辐射的核心作用。探索粤港澳大湾区海洋经济区域协调发展
路径，既可以充分发挥海洋经济的互补溢出效应，缩小大湾区城
市群的发展差距，又可以在区域海洋产业极化和扩散的基础上，
开展产业整合协调，有利于促进区域整体共同发展，对实现大湾
区海洋经济高质量发展，具有重要的理论意义和现实意义。

关键词： 粤港澳大湾区 海洋经济 高质量发展

一 引言

粤港澳大湾区作为新时代我国改革开放再出发的重要窗口，是我国推进
区域协调发展战略的主要区域之一，也是世界经济活力最强的区域之一。党
的十八大以来，我国加快建设"海洋强国"、深入推进"一带一路"倡议，

* 本报告得到广州市哲学社科规划2023年度课题（课题编号：2023GZGJ10）、广东省普通高校特色
创新项目（项目编号：23TS26）的资助。
** 赵雨，经济学博士，广东外语外贸大学粤港澳大湾区研究院专职研究员，硕士生导师，主要
研究方向为产业经济、数字经济与贸易；王兴棠，博士，广东外语外贸大学粤港澳大湾区研
究院副教授，硕士生导师，主要研究方向为产业组织、运营管理。

而粤港澳大湾区建设无疑将在其中发挥重要作用。2019 年 2 月 18 日，中共中央、国务院印发的《粤港澳大湾区发展规划纲要》（以下简称《规划纲要》）明确指出，要大力发展海洋经济，坚持陆海统筹、科学开发，加强粤港澳合作，拓展蓝色经济空间，共同建设现代海洋产业基地。《规划纲要》将"大力发展海洋经济"单独成节，彰显了海洋经济在大湾区构建现代产业体系中起着不可替代的作用。

21 世纪是海洋的世纪，世界上一半的人居住在距海岸线 100 公里以内的地方。根据世界银行的统计，目前全球 60% 的经济总量来自港口海湾地带和它的直接腹地。湾区经济作为特殊的区域海洋经济形态，具有区域经济与海洋经济的双重特征，湾区内的城市因湾而聚、依港而生、靠海而兴、与海共荣。对比世界三大湾区的发展经验可知，湾区内的主要城市及其核心功能均来自海洋，特别是依托港口逐步成为全球资源要素的配置中心。

因此，做大做强海洋经济、加快构建现代海洋产业体系，充分发挥海洋经济在粤港澳大湾区建设全局中的重要作用，不仅有助于大湾区的经济发展，还可以推动实现粤港澳区域经济一体化，为我国经济高质量发展提供强大动力。

二 粤港澳大湾区发展海洋经济的战略优势

粤港澳大湾区拥有独特的地理位置和丰富的资源，在发展海洋经济方面具有诸多优势，尤其是粤港澳三地在海洋产业方面具有互补优势。其中，广东海洋经济实力雄厚、产业体系完整，且已经初步构成海洋产业集群，其中包括海洋渔业、海洋生物、海洋石油和天然气、海洋工程装备制造和海上风力发电等；香港具备综合海洋服务业优势，拥有发达的港口物流业、航运服务业、海洋金融保险业等；澳门以滨海旅游业为主。粤港澳大湾区发展海洋经济应充分发挥三地在海洋产业上的互补优势，加强分工合作，共同打造具有国际竞争力的现代海洋产业体系。

（一）广东为大湾区发展海洋经济提供坚实基础

广东海洋经济实力雄厚，海洋产业门类齐全，海洋经济在全省具有重要地位，是全省经济发展的增长极之一。从总体来看，广东海洋经济总量持续增长。2012 年全省海洋生产总值突破万亿元大关，2022 年全省海洋生产总值达到 1.80 万亿元，连续 28 年居全国首位（见图 1）。目前，广东海洋生产总值已超过全国 1/5，海洋经济对地区生产总值（GDP）的贡献率达到 20.9%，在我国沿海省份中处于中等位置。

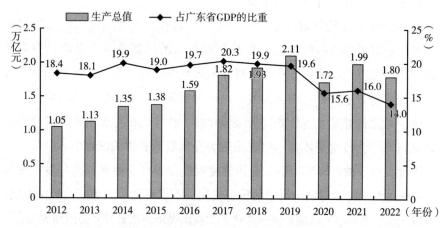

图 1　2012~2022 年广东海洋生产总值及其在广东省 GDP 中的占比情况

资料来源：历年《广东海洋经济发展报告》。

海洋产业结构相对合理，空间布局不断优化。与中国其他沿海省份相比，广东海洋产业结构变动幅度最小。2009~2022 年，第一产业占比整体呈现上升趋势，在 2017 年达到最小值，为 1.5%；第二产业在全省海洋经济中所占份额整体呈现下降趋势，在 2020 年达到最小值，为 26.1%，2021 年的占比有所上升，为 27.5%；第三产业整体主要呈现上升趋势，2022 年略有回落，占比为 65.1%（见图 2）。从细分行业分布来看，广东基本形成了门类齐全、优势突出、以现代产业为主导的海洋产业体系。2022 年，海洋制造业增加值 4419.6 亿元，同比增长 6.3%；海洋新兴产业增加值 210.8 亿元，同比增长 18.5%，占海洋产业增加值的比重提高到 3.3%；海洋科技创新成果丰硕，在海洋渔业、海洋可再生能源、海洋石油和天然气及矿产、海洋药物等领域的专利公开数为 19375 项。

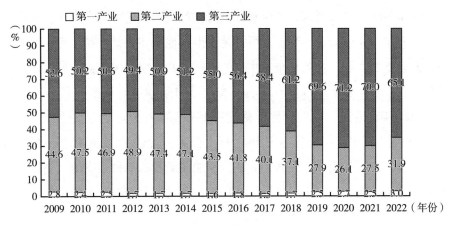

图2　2009~2022年广东海洋产业结构变化情况

资料来源：历年《广东海洋经济发展报告》。

地理区位优越，海洋资源丰富。广东海岸线长度为3368千米，居全国首位，漫长的海岸线形成了众多优良港口、港址、油井以及资源：对外重要的贸易通道，广州港、深圳港、汕头港和湛江港等；可建大型深水良港的港址，博贺湾、大鹏湾、南澳岛、大亚湾以及碣石湾等；珠江口外海域和北部湾等地的油井；沿海的波浪能、风能以及潮汐能等。广东沿海海面开阔，沙滩长度达到572.1千米；地处亚热带，气温宜人，全年平均海水表面温度为25.6℃，全年适合旅游，其中最南端灯楼角的大陆缘型珊瑚礁，每年吸引大量的游客前来参观。广东目前已形成"一核两带三廊五区"、"海上丝绸之路"以及八大海湾等旅游布局。

（二）香港为大湾区发展海洋经济提供强力支持

香港是大湾区极其重要的组成部分。香港长久以来的向海发展理念，使它成为"世界上最繁华的国际都市"，成为世界上最具影响力的金融、航运和贸易中心。受新加坡影响，香港海洋经济发展重点定位为传统产业及配套服务业。其中，金融服务、旅游、贸易及物流业"海洋"特征显著，覆盖了香港主要涉海经济活动。

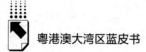
海洋传统产业发展成熟，带动香港海洋经济持续向好。在海洋传统产业方面，海洋渔业虽占比不高，但可满足香港本地基本的海产品需求；海洋交通运输业蓬勃发展，香港是全球主要的航运中心之一，也是亚洲海上运输枢纽和航运中心。香港港口发展局的《香港港口运输统计摘要》最新数据显示，2021年香港海运进出口货运总量达149.3百万公吨，占本港货运总量的62.60%，其中进出口货物为54.3百万公吨，转运为95.0百万公吨。另外，香港海洋服务业十分发达，尤其以船舶注册和海事仲裁突出，是世界第四大船舶注册地，仅次于巴拿马、利比里亚和马绍尔群岛；香港每年受理的海事仲裁案件约占世界总数的7%。

相较于内地各沿海城市，香港海洋经济有三个特征。第一，"载体经济"特征，香港海洋经济发展需要的两个要素，即基础设施和人才资源，同时依赖大量资金投入。在香港海洋经济发展中，海洋的作用更多的是以贸易为媒介，而不是以生产为主。第二，香港海洋经济的"全球经济"特征，使其成为中国与世界接轨的一扇大门。第三，香港海洋经济正处于"脱实就虚"的过程中，以服务业为主导产业，主要涉及金融、海运等高端服务业。

（三）澳门在大湾区发展海洋经济中发挥独特作用

澳门地理位置特殊，三面环海，海域面积为85平方千米，陆地面积小、自然资源匮乏。这些要素的限制，使得澳门经济发展与海洋息息相关。澳门通过海洋与世界紧密相连，可以说海洋养育了澳门，也造就了澳门。澳门产业结构特殊，其支柱产业既是传统产业，也是优势产业，在粤港澳大湾区建设中发挥独特的作用。

海洋产业厚积薄发，以博彩业为主的服务业高度发展。澳门的第一产业全部依赖进口，而第三产业在澳门GDP中所占的份额几乎保持在90%以上。澳门特别行政区政府统计暨普查局数据显示，2021年澳门第三产业增加值为2271.1亿澳门元，占GDP的比重为92.3%。其中，金融业、不动产业、博彩及博彩中介业分别占GDP的15.4%、13.1%和25.8%。第二产业在GDP中占有少量份额，基本维持在10%以下的水平。2021年第二产业增加值为190.55亿澳门元，占GDP的比重为7.7%（见表1）。

表1 2013~2022年澳门的产业结构及其在GDP中的占比情况

单位：百万澳门元，%

年份	GDP	第二产业占比	第三产业占比
2013	411739	3.7	96.3
2014	438516	5.2	94.8
2015	359708	7.8	92.2
2016	360344	6.7	93.3
2017	404839	5.1	94.9
2018	446283	4.2	95.8
2019	445530	4.3	95.7
2020	203399	8.7	91.3
2021	241157	7.7	92.3
2022	177269	—	—

注："—"表示数据暂缺。
资料来源：历年《澳门统计年鉴》、澳门特别行政区政府统计暨普查局。

澳门博彩业的高度发展刺激了入澳旅客的消费，使得澳门滨海旅游业十分发达。澳门作为"国际休闲娱乐中心"，2021年入境澳门的旅客共770.59万人次，较2020年增长30.7%，与2019年相比下降超过80%。受新冠疫情影响，旅客消费对澳门GDP的贡献率明显下降。此外，澳门还是"中国与葡语系国家商贸合作服务平台"，具备大湾区"精准联系人"的独特优势。澳门有着悠久的对外开放历史，为中国的改革开放与对外交往，特别是为中葡两国经济贸易交流与合作提供了一个重要的服务性平台，是我国联系欧洲、拉丁美洲的枢纽地，具备与欧盟、拉美等国家长期开展深入合作交流的优势。

三 粤港澳大湾区海洋经济发展存在的问题分析

便利的区位优势、富饶的海洋资源为粤港澳大湾区海洋经济发展创造了优越的先天条件，使得粤港澳大湾区成为继纽约湾区、旧金山湾区和东京湾区之后的世界第四大湾区。粤港澳大湾区与世界其他三大湾区相比，最突出的特征是"一个国家、两种制度、三个关税区、三种货币、三套法律体系"。这种制度和管理体制的不同，在客观上对人才流、物质流、资金流、信息流等生产要素的自由流动，以及三地市场之间的互联互通产生一定影响。粤港澳大湾区要想实现海洋经济高质量发展，仍然需要解决很多问题。

（一）海洋渔业粗放型发展方式亟须转变

海洋渔业粗放型发展方式加剧海洋渔业资源的衰退。在粤港澳大湾区中，由于地理位置、人口及经济结构等因素，港澳经济发展方式虽同海洋息息相关，但占经济总量的比重并不高。广东作为海洋大省，海洋渔业在经济总量上一直保持上升趋势（见图3）。近年来，广东渔业渔船一直保持在4万艘左右，且有小幅减少的趋势。《中国渔业统计年鉴》显示，广东海洋捕捞大部分渔船为44.1千瓦以下的小渔船，接近全部海洋捕捞渔船总量的80%，大功率渔船尤其是大型远洋渔船占比较少，这在一定程度上加剧了近海渔业资源的衰退。从图4可以看出，广东海洋捕捞远洋渔船数量整体呈增长趋势，在一定程度上缓解了近海渔业资源的衰退。

图3 2013~2020年广东海洋渔业经济发展情况

资料来源：历年《中国渔业统计年鉴》和《中国海洋经济统计年鉴》。

图 4　2013～2020 年广东海洋捕捞机动渔船年末拥有量情况

资料来源：历年《中国渔业统计年鉴》。

广东海洋渔业区域发展存在不协调、不平衡现象。例如，珠三角地区经济实力最强、经济发展水平较高、经济外向度较高，仅珠三角地区就集中了全省 90% 以上的海洋经济产值。但是，拥有良好海洋资源禀赋的粤东和粤西地区，长期以来经济发展水平较低，导致这两个地区的海洋渔业经济发展缓慢、海洋基础设施建设落后、海洋产业结构不协调，形成了以资源依赖性为主的海洋渔业，渔业资源利用程度较低，分散化、粗放化等生产经营模式造成了资源的极大闲置与浪费，即使拥有汕头、湛江这样的沿海城市，也未能充分发挥海洋资源优势、挖掘渔业资源的发展潜力，对于全省海洋经济贡献率较低。

国内海洋渔业经济竞争激烈，广东拓展内陆市场压力较大。21 世纪将是一个海洋经济的时代，广东对"海洋强省"的建设给予了高度的重视，国内其他沿海省份也根据各自的发展特色，相继提出了"海洋强省"和"海洋大省"的目标。比如山东提出了"海上山东"、广西提出了"蓝色计划"等。《中国海洋经济统计年鉴 2021》显示，受新冠疫情影响，广东 2020 年海洋生产总值增速仅为 −4.73%（见图 5）。各沿海省份间的相对差距不断缩小，海洋渔业的竞争不断加剧，后发沿海省份将会凭借比较优势迎

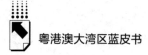

头赶上。可以预见，广东在丧失海洋渔业等传统行业的领先优势之后，其海洋经济的发展必然会被其他沿海省份超过。

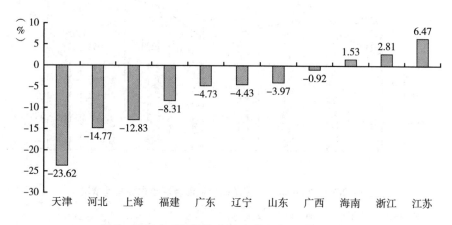

图5　2020年我国沿海省份海洋生产总值增长情况

资料来源：《中国海洋经济统计年鉴2021》。

（二）港口群建设大而不强

港口经济、航运经济是海洋经济中极为重要的部分。港口作为湾区城市群的重要基础设施，是湾区城市连接全球的重要枢纽。世界银行数据显示，全球60%的经济总量来自港口海湾地带及其直接腹地，港口的大小、辐射范围的远近、运作水平的高低直接影响湾区经济发展。

大湾区集装箱吞吐量增速放缓，香港港下降幅度较大。全球集装箱吞吐量排名前十的港口中有粤港澳大湾区的三个港口，分别是香港港、深圳港和广州港。2022年，粤港澳大湾区三大港口集装箱吞吐量共计7100多万标准箱，其中深圳港集装箱吞吐量为3004万标准箱，同比增长4.41%；广州港集装箱吞吐量为2485万标准箱，同比增长7.90%；香港港集装箱吞吐量呈现负增长，从2011年的2438万标准箱下降至2022年的1669万标准箱，下降幅度达到31.54%（见图6）。

大湾区港口群规模庞大、职能相近，重复建造容易造成恶性竞争，浪费

图6　2011~2022年粤港澳大湾区三大港口集装箱吞吐量比较

资料来源：香港海运港口局、广州市港务局和深圳市交通运输委员会网站。

资源。根据《广东省港口布局规划（2021—2035年）》披露，截至2021年底，全省港口共拥有生产性泊位2079个，其中万吨级及以上深水泊位349个；通过能力19.5亿吨，其中集装箱通过能力6804万标准箱。全省形成了以集装箱、煤炭、外贸进口原油、外贸进口矿石等大型码头为主体的专业化运输系统，港口规模和通过能力居全国前列。但是，粤港澳大湾区的港口资源整合水平尚处于举步维艰的阶段，内部多个港口大多以集装箱货运为主，港口功能重叠，形成了同质化发展的态势，同时几大港口都以广东省为经济腹地，相互之间没有明确的分工和职能定位，恶性竞争激烈、重复投资严重，各港口之间的"竞"远大于"合"。除此之外，香港、澳门、广州等重要城市由于受不同行政制度和港务规则的管辖，对其进行一元化管理较世界其他湾区显得困难许多。显然，实现大湾区内部港口的有效合作，已超越港口企业合作和资本融合的范畴，需要整齐划一的体制规划和政府、企业及民众三方贡献群体智慧才能完成。

（三）现代海洋服务业发展缓慢

与港澳相比，广东海洋服务业发展缓慢。在粤港澳大湾区中，香港和澳门分别作为"世界上最繁华的国际都市"和"国际休闲娱乐中心"，海洋服务业在 GDP 中占很大比重。随着"海洋强国"战略和《规划纲要》中关于"大力发展海洋经济"等的提出，2012~2020 年广东海洋第三产业增加值占比整体呈上升趋势（见图 7），但仍不及我国港澳及其他发达国家的发展水平，仍然是大湾区海洋经济发展的相对薄弱环节。

图 7　2012~2020 年广东海洋第三产业发展情况

资料来源：历年《中国海洋经济统计年鉴》。

通过对世界其他湾区的分析发现，广东现代海洋服务业主要存在以下几个问题。

第一，服务业的内部结构需要进一步优化。目前，广东现代海洋服务业以港口物流业和滨海旅游业为主，发展潜力不大；现代高端海洋服务业起步较晚，尚未形成规模和集聚效应，如涉海金融保险业、海洋文化创意产业等。此外，现代高端海洋服务业的比重偏低，尤其是缺乏能够对海洋新能源、海洋生物等战略性新兴产业进行有效支撑的产业，产业内部结构还有待于进一步完善和优化。

第二，产业融合发展缓慢，创新能力有待提高。相较于港澳，广东海洋服务理念落后，现代海洋服务业基本处于"各自为战"的状态，产业关联度较低，未能形成一个优势互补的运行机制，产业融合发展缓慢。其中，部分海洋服务企业在国际社会上的竞争力较弱、市场开放程度低、自主创新能力不高，尤其是自主知识产权数量不多、自主服务品牌不足。

第三，缺乏专门的人力资源。现代海洋服务业专业化强、人才需求高，但目前我国海洋服务业的人才结构相对单一，以自然科学类人才为主，而港口物流、海洋信息、海洋文化创意、涉海金融保险、滨海旅游等高端服务业对高素质、复合型人才的需求却很多，专业人才储备相对不足，还没有形成与海洋产业结构相匹配、相适应的海洋科技人才支持体系。

第四，完善与创新有关的制度机制。当前，市场对一些具有较大发展潜力的海洋服务业的准入规制有较多限制，比如文化、电信、金融、保险等行业，市场还没有真正形成投资主体多元化的格局，现代海洋服务业的发展仍存在深层次的矛盾，特别是在海洋金融方面，目前仍以传统的融资方式为主，创新力度较小，缺少能够与现代海洋产业需求相匹配的新的融资工具和风险管理工具，体制机制也需要进一步完善。

（四）澳门海洋产业结构不平衡

澳门地域狭小，自然禀赋受限，产业对外依赖较大。在澳门产业结构中，第三产业占了绝对的优势（平均每年超过90%），第二产业只占很小一部分（10%以下），第一产业则完全依靠进口。这种"极化"模式对澳门经济发展造成了一些不利的影响：一是对外界风险冲击的抵御能力较弱，比如农产品价格的波动，会使澳门当地居民的生活费用上升；二是实体经济"空心化"与第三产业"极化"共存，服务业很可能因缺少地方实体经济的支持而发生"空心化"。

产业结构相对单一、发展极不平衡，经济增长大起大落特征明显，缺乏持续性和稳定性。从表2来看，2012~2019年澳门博彩业占GDP的比重基本维持在50%左右。历年《澳门统计年鉴》数据显示，按不变价格计算，2004年和2010年澳门经济增速分别达到26.8%、25.3%，2020年却下跌至54.24%，最大波幅超过80%。澳门经济收缩主要是受新冠疫情影响，博彩业服务减少，而其他旅游服务出口受博彩业的影响，出现了不同程度的下跌。国内需求的增多，使得大部分以博彩为主题的旅游服务业收入下跌不太严重。

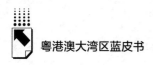

表2　2012~2021年澳门GDP增速及博彩业发展情况

单位：%

年份	博彩业占比	GDP增速
2012	62.9	9.24
2013	63.1	10.75
2014	58.3	-1.2
2015	48.0	-21.51
2016	46.7	-0.68
2017	49.1	9.98
2018	68.0	6.46
2019	50.9	-4.71
2020	21.3	-54.24
2021	25.8	19.27

资料来源：博彩业数据来自澳门特别行政区政府统计暨普查局，澳门GDP增速来自快易理财网站。

在世界复杂多变的今天，潜在风险和不确定性的增加，给澳门经济的发展带来了更多的困难。从粤港澳大湾区整体来看，战略性的合作和发展，对促进澳门经济"多角化"发展具有重要的现实意义。粤港澳大湾区海洋经济协同发展，对于打破澳门经济发展的"瓶颈"、提高澳门城市的整体竞争能力，具有十分重要的意义。

四　推动粤港澳大湾区海洋经济高质量发展的政策建议

粤港澳大湾区是国家重点支持建设的区域之一，在经济结构开放、资源配置高效、滨海资源丰富、创新要素高度集聚等方面有着得天独厚的优势，海洋经济一体化的建设能够发挥大湾区引领创新、集聚辐射的核心作用。从"海洋强国"战略来看，粤港澳大湾区作为东南亚和东北亚在地理和经济上的重要连接点扮演了极其重要的角色。从对内层面看，粤港澳海洋经济合作将产生覆盖面更广泛的区域辐射和带动作用，成为我国内陆经济发展的重要动力引擎；从次区域层面看，以珠三角都市圈为核心的粤港澳海洋经济合作将推动粤西对接广西北部湾经济区、海南国际旅游岛的粤桂琼海洋经济合作圈，以及粤东对接海峡西岸经济区的粤闽海洋经济合作圈的联动发展，并实现广东沿海海洋经济带的全面建立；从对外层面看，粤港澳海域作为中国—东盟自贸区的核心区域，是中国与东盟，乃至东北亚与东南亚地区最重要的区域，对保障国家和地区的经济、政治，以及安全具有重要意义，并对中国经济竞争力和海洋影响力的不断提升起到了积极的促进作用。

因此，对粤港澳大湾区海洋经济高质量发展进行研究，既有理论上的价值，又有实践上的意义。一方面，要充分利用大湾区的区域优势和外溢优势，减少区域间的差异；另一方面，基于区域海洋产业的"极化"与扩散，进行产业融合与协作，从而推动整个区域的协同发展，最终形成海洋经济一体化发展模式。

（一）创新驱动战略助力海洋渔业转型

第一，要通过政府的制度供给，加强对企业创新有针对性的支持。建立和健全广东海洋渔业信息化管理体系，实施创新驱动战略，为各个渔区实现从传统到新型的海洋渔业转型提供重要的战略支持。对于传统的海洋工业的转型升级，当地政府应该更好地发挥主导作用，持续改进相关的政策和规定，加大金融扶持力度，维持一个稳定和有序的市场，为海洋产业转型升级提供制度保证。在此基础上，提出资金合理分配方式，鼓励少数具有强烈创新意识的企业将重心放在海洋技术研发上，用技术优势来取代市场优势，为其在科技体制改革的大潮中进行优化升级提供发展机会，从而推动整个大湾区海洋经济和渔业的创新发展。

第二，要从粗放式发展方式向内涵式发展方式转变。实现海洋渔业的内涵式发展，也是推动大湾区海洋渔业高质量发展的重要举措。对于传统渔业而言，针对养殖、捕捞等主要环节，可以对其行业中先进技术进行合理推广，将重点放在提高工作效率上，并以此为基础，将产业链逐步延伸，从而实现产业现代化。对于新兴产业而言，应该把重点放在提高产品的品牌价值和附加价值上，重点实施品牌营销策略，在对外树立良好的海洋渔业企业形象的同时，通过更新和提高加工环节的技术设备与工艺，确保海产品的品质，并有意识地根据市场需求，对海产品进行改进，例如，适当挖掘海产品所具备的药用价值与营养价值等，以此来获得消费者的青睐，从而赢得市场。在海产品增值方面，鼓励企业积极寻找产品可升级的方向和可挖掘的价值，将行业中最顶尖和最前沿的科技作为实验攻关的重点，以点带面，促进整个行业的快速发展。

第三，创新机制和制度，助力渔业发展体系转型。随着我国科学技术的迅速发展，科技已经逐渐成为国家的第一生产力，因此，对于广东海洋渔业的转型升级，科技引领是决定其实现路径的关键。促进渔业生产力的提高，关键在于进行机制和制度的创新，加速构建多维度的创新系统，从而提高渔区的科技创新能力。推动广东海洋渔业的创新文化建设，提高其自主创新能力，确保长期健康发展。要与新时期国家发展战略相匹配，适时建立多维创新体系，引进社会力量，在战略管理、组织管理和企业管理等方面，努力建立一套完整的创新支撑体系。在此基础上，要确保高层次、高水平、高质量的人才供给，从而实现海洋渔业高质量发展。

第四，倡导现代渔业绿色发展。大力倡导农业生态化、绿色化，加速推进海洋渔业的产业链延伸。从目前的情况来看，发展休闲型海洋渔业，既是优化海洋渔业结构，又是积极保护海洋渔业资源的一种重要途径。它不仅对原始自然环境进行了充分的利用，也是实现渔民安居乐业、社会长治久安、满足因地制宜以及推动区域海洋渔业绿色创新的发展要求。

（二）打造分工协作、优势互补的现代化港口群

第一，以多中心合作模式为基础，构筑港口多层次协调机制。依托香港作为国际航运中心的引领地位，充分发挥广州港和深圳港在国际航运服务中的龙头作用，构建多中心合作格局，将港澳航运的高端要素优势与宽广的腹地优势相结合。扩大粤港澳三地在集装箱航运、航运金融、航运法律仲裁、邮轮游艇滨海休闲观光等领域的合作，促进粤港澳大湾区港口在港口航线、航运物流、航运服务等领域的协调发展，形成分工协作、优势互补的港口航运系统；对港口的布局进行优化，加速老港区的功能调整和改造升级，提高

码头的专业化、集约化程度，引导港口向高质量发展方向转变，将主要港口的基本作用发挥出来，构建优势互补的沿海港口体系；构建多层次协调机制，以核心资产证券化和港口资源整合为契机，以交叉持股、股权优化等资本为纽带，以市场对航运资源配置的决定性作用为指导思想，以发挥各类航运企业的主体作用为切入点，创新合作方式、扩大合作领域，构建成本共担、利益共享的新型整合模式。

第二，加快建设内河水运，进一步拓宽大湾区经济腹地。大湾区航运条件优越，珠江三角洲水网密集、西江航道自然条件优良，在建设大湾区多中心合作港口的同时，积极推进江海联运和无水港建设，加快发展内河水运，并与临港产业、区域物流发展相结合，形成内陆全覆盖的网络运输体系，可以将海洋经济向内河发展，进一步扩大粤港澳大湾区经济腹地。同时，以物流网络技术为基础，构建集订单管理、网上交易、增值服务于一体的公众服务平台，促进智慧物流的发展，提高大湾区港口货物、车辆、仓库等资源的使用效率。

第三，学习国际港口发展经验，积极扩大港口对外开放，实现自由贸易。学习国际港口发展经验，开展自由贸易港试点工作——建设粤港澳大湾区自由贸易港，实行高标准的"一线放开、二线高效管住"监管原则，构筑方便快捷的国际船舶、货物等进出境监管机制。依托大数据平台，实行负面清单制度，对重点检查对象实施高效、精准监管，守住安全底线。在自由贸易港内进一步扩大对外开放，放宽准入条件，实行离岸型经济管理机制，采用国际通行贸易业务的金融、外汇管理规则，保证资金自由流动，最大限度简化港区货物的贸易管制措施。在粤港澳自贸区中，粤港澳三地在海关监管、贸易规则和金融服务等方面协同配合，实行集约化的经营管理，为口岸的自由贸易提供制度上的保证。

（三）构建粤港澳海洋金融深度合作平台

第一，成立政策性海洋金融机构，专门负责相关涉海金融业务，制订专业海洋金融执行方案，为大湾区海洋金融发展提供充足的资金。海洋金融是专业技术门槛较高的领域，行业特征明显，需要建立专营化的金融机构，通过专业从事海洋金融领域的人才进行专业化的服务和风险管理。从世界上海洋经济发展经验来看，没有专业的海洋融资，海洋经济是无法迅速发展的。但受经验所限，当前的海洋融资重点集中在海洋第一产业与海洋交通运输行业，而对第二产业与第三产业的融资扶持则稍有欠缺。

第二，提高海洋金融产品研发水平，构建大湾区海洋金融生态圈，发挥海洋金融集聚效应。海洋金融业是一种专门的金融业，对于人才和机构的聚集有着很高的要素吸引力，例如，伦敦、纽约、新加坡等海洋金融业的竞争优势很大，已经形成了一个较为显著的海洋金融业集聚区，知识和技术的溢出效应可以通过金融业的集聚来充分发挥。因此，以粤港澳大湾区为依托，以海洋经济高质量发展为导向，以各类财政补助、税费优惠等为主要手段，以银行、证券、信托、保险等金融机构为主体，吸引各类专业人才聚集，降低机构与人才之间的交流成本，构建多元化的海洋金融生态，打造大湾区海洋金融聚集区。

第三，搭建金融合作平台，推进粤港澳之间的金融合作。粤港澳之间的金融合作，一方面可以为大湾区的资金聚集提供外向型的服务，另一方面可以为大湾区的涉海型企业提供更多的机会，同时能为珠三角地区的海洋经济发展提供更多的资本、经营理念。深化粤港澳在海洋投融资方面的交流与合作，放宽三地金融机构在大湾区内部的准入条件，鼓励粤港澳三地合资设立公司，积极承接海洋产业方面的资金、技术的转移；在大湾区内部制定海洋投融资倾斜政策，争取比较优惠的贷款利率；培养海洋科技人才，引导海洋金融机构与高等院校进行合作，打造以吸纳人才、革新技术为目的的海洋经济高新技术合作平台，促使人才、资金和技术充分涌流。

（四）加强粤澳之间的海洋经济合作

第一，加强在海洋科技教育方面的合作。依托广东和澳门两地优势教育资源，打造两地海洋科技创新高地。在具体合作中，注重教育科研合作，加强在海洋特色领域的合作办学，如海洋开发、海洋法律以及海运管理等，同时推动两地学历互认制度、教育师资合作交流制度的实施，着力为海洋高新技术产业培养后备人才，鼓励两地在海洋科技领域进行合作研发。

第二，加强两地在海洋旅游方面的合作。通过整合广东和澳门的滨海旅游资源，进一步向外拓展澳门博彩旅游相关产业，建立集博彩、海底探险、热带海洋动物展等于一体的多元旅游项目，增强澳门传统博彩业的市场竞争优势和国际影响力。如鼓励澳门与珠海合作、在珠澳海域附近建设海洋娱乐城；联合开发海洋运动项目、海上运动比赛、展览会等。推动粤澳两地海洋旅游休闲产品高端化发展，例如建设广州南沙邮轮港，发展游艇自由行等。简化两地旅游出入境手续，加大推广、宣传投入，通过多元海洋娱乐活动，延长旅客在澳停留时间，进而带动相关产业发展。

第三，充分发挥珠海横琴自贸区独特优势。横琴岛位置特殊，是珠海和澳门经济合作的重要空间载体，也是广东和澳门海洋经济合作的先行区和"主战场"，具有十分重要的战略价值。为支持澳门扩大经济腹地，满足澳门经济适度多元发展的需求，党中央设立广东自贸区横琴片区，由粤澳联合开发，推动了粤澳合作载体的建设，为澳门发展提供了更多的空间、更多的可能。未来要充分发挥横琴的独特优势，但需要注意以下几点。一是充分利用国家政策。结合粤澳两地海洋经济发展的实际需要，准确把握国家发展方向，灵活运用各种优惠政策，积极提高海洋资源开发利用水平。二是加强点对点联系。建立两地海洋经济合作平台，拓展两地直接交流渠道，降低粤澳合作交流成本，扩大两地在海洋生物医药产业和海洋科研技术相关领域的合作。例如，粤澳合作中医药科技产业园的建设、横琴岛澳门大学新校区建设等。三是创新两地管理模式，打造国际化营商环境。借鉴国际先进跨境管理经验，结合实际情况创新管理决策，增强决策的科学性和专业性，着力提高两地管理服务的便捷性和高效性。

参考文献

张作文：《粤港澳大湾区建设：澳门面对的机遇、挑战及其策略》，《港澳研究》

2019 年第 2 期。

赵培阳、杜军：《国内外海洋金融研究综述》，《合作经济与科技》2019 年第 6 期。

王涛等：《粤港澳大湾区海洋经济协调发展模式研究》，《海洋经济》2019 年第 1 期。

张国强：《粤港澳大湾区港口群优化协调发展研究》，《综合运输》2019 年第 1 期。

姚荔等：《粤港澳大湾区视角下香港海洋经济发展策略研究》，《海洋经济》2018 年第 6 期。

段艳红等：《世界三大湾区的创新发展路径与特征》，《科技创新发展战略研究》2018 年第 4 期。

陈明宝：《要素流动、资源融合与开放合作——海洋经济在粤港澳大湾区建设中的作用》，《华南师范大学学报》（社会科学版）2018 年第 2 期。

田栋、王福强：《国际湾区发展比较分析与经验借鉴》，《全球化》2017 年第 11 期。

申明浩、杨永聪：《国际湾区实践对粤港澳大湾区建设的启示》，《发展改革理论与实践》2017 年第 7 期。

郑滋婷等：《"极化—涓滴"视角下澳门产业间人力资源结构研究——基于灰色系统理论》，《产业与科技论坛》2016 年第 8 期。

高田义等：《国际标杆区域海洋经济发展比较研究》，《科技促进发展》2016 年第 2 期。

朱孟进等：《海洋金融——宁波发展路径研究》，经济管理出版社，2015。

李红：《跨境湾区开发的理论探索：以中越北部湾及粤港澳湾区为例》，《东南亚研究》2009 年第 5 期。

叶桂平：《现阶段澳门经济运行中的问题及对策》，《当代亚太》2005 年第 12 期。

Cicin-Sain, Biliana, "Goal 14-Conserve and Sustainably Use Oceans, Seas and Marine Resources for Sustainable Development", UN Chronicle, 2015, https：//www. un. org/en/node/25868.

C. Piroddi et al. , "Reconstruction of Italy's Marine Fisheries Removals and Fishing Capacity, 1950-2010," *Fisheries Research* 172 (2015)：137-147.

Marc Levinson, *How the Shipping Container Made the World Smaller and the World Economy Bigger* (China Machine Press, 2013).

V. Mezak, A. Perić, A. Jugović, "The Long-term Port Development Strategy Planning Elements," *Pomorstvo* 20 (2006)：9-22.

T. E. Notteboom, J. P. Rodrigue, "Port Regionalization：Towards a New Phase in Port Development," *Maritime Policy & Management* 32 (2005)：297-313.

C. S. Colgan, The Changing Ocean and Coastal Economy of the United States：A Briefing Paper for Governors, National Governors Association, 2004.

C. Smalland R. J. Nicholls, "A Global Analysis of Human Settlement in Coastal Zones," *J. Coastal Res*. 19 (2003)：584-599.

人才篇
Talent Report

B.8

高质量发展背景下粤港澳大湾区
青年就业创业研究

刘 胜 梁 颖 林婉楠*

摘 要： 在高质量发展背景下，本报告分析了粤港澳大湾区青年的就业创业现状，发现其面临以下战略机遇：国家重视大湾区青年就业创业问题，出台多项支持政策；大湾区市场发展前景广阔，为青年就业创业提供良好平台；大湾区高新技术产业聚集，为青年就业创业提供多种选择；大湾区软硬基础设施完备，就业创业的土壤肥沃；大湾区高校的创新创业课程体系较为完备，人才技能较为扎实；大湾区高校主动对接国家教育创新发展战略；大湾区青年就业创业知识和技能较为突出；大湾区创新创业竞赛活动和论坛活动丰富多彩。但同时发现，粤港澳大湾区青年就业创业还存在

---

* 刘胜，博士，云山学者，广东外语外贸大学粤港澳大湾区研究院，副教授、硕士生导师，主要研究方向为粤港澳大湾区；梁颖（通讯作者），研究助理，广东外语外贸大学会计学院，主要研究方向为湾区青年创新创业；林婉楠，研究助理，广东外语外贸大学会计学院，主要研究方向为湾区青年创新创业。

以下问题：企业招聘用人要求与青年所具备的知识和技能存在差异；青年择业期待高，创业优惠扶持政策信息获取渠道少；新就业形态兴起，对青年就业创业准备和实践提出较高要求；数字化之下，企业招聘形式和就业创业地区发生了动态变化。在此基础上，本报告提出了促进粤港澳大湾区青年就业创业的对策建议：教育部门完善产学研相结合的体系，多措并举实现人才与企业需求相匹配；搭建公共政策信息互通平台，帮助青年利用优惠政策实现就业创业；大湾区青年应善于从外部环境中寻找新发展契机，提升自身软硬实力；青年应调整好自身心态，树立更务实、理性的就业取向，做好打持久攻坚战的准备。

关键词： 粤港澳大湾区　青年　就业创业　高质量发展

一　研究背景

第十三届全国人大四次会议表决通过了《中华人民共和国国民经济和社会发展第十四个五年规划和 2035 年远景目标纲要》，为新时代背景下粤港澳大湾区的高质量发展提供了前进方向。2023 年是"十四五"规划承上启下的关键之年，也是《粤港澳大湾区发展规划纲要》（以下简称《规划纲要》）实施的第 5 年。在科创方面，《规划纲要》强调要积极建设粤港澳大湾区，明确指出要以创新驱动发展战略为依据，加速人才和技术等要素流通，加强湾区之间的合作，加强与推动大湾区的科技创新建设和经济发展。同时，提出要贯彻尊重劳动、知识、人才和创造的方针，充分发挥人才资源优势，优化创新创业创造生态。在教育体系方面，《规划纲要》则表明要提高教学质量，优先发展教育事业，培养全面发展的社会主义接班人。在实施就业方面，要健全高质量就业机制，增加就业岗位，提升劳动者就业创业能力。此外，要贯彻"一国两制"的长期方针，加强两岸的联系与合作，推进创新创业等重大平台的建设。应该说，在新发展阶段下，国家的政策规划和指导为促进粤港澳大湾区青年就业创业提供了有力的支撑。

近年来，国内外产业链供应链的变动以及市场需求的萎靡，难免给部分企业带来一定的冲击，大湾区的经济增长也受到了一定的影响，由此，青年就业创业形势和环境也发生了深刻变化。高校、青年或社会配套等层面，均暴露了相应的短板和不足，这对粤港澳大湾区可持续发展产生了一定的影响。但应客观地看到，危中有机，粤港澳大湾区各城市应勇敢推进"二次创业"，继续深化改革开放，发挥示范带头作用，助力形成新发展格局。

进入"十四五"时期，尤其是在经济发展步入常态化阶段，经济市场面临不确定性的严峻挑战，在此背景下，搭建好青年就业创业平台、为青年人才搭建圆梦舞台、解决好青年就业创业的困难，是推动实现高质量发展目标的重要路径。为持续推动经济稳增长，地方政府应推出相应的积极措施，提供更多的就业创业机会；高校应主动对接国家战略，加快完善教育框架体系，主动适应体制的改革创新；青年则应抓住机遇，树立良好的就业创业观，提升自身核心实力。鉴于此，分析粤港澳青年在就业创业中的短板和不足，解决其所遇到的问题和困难，不仅能为青年的自身发展夯实基础，也对社会和谐进步与国家稳定繁荣具有不容忽视的理论价值和现实价值，因而这一研究话题成为当前社会各界关注的热点。

二　粤港澳大湾区青年就业创业现状

（一）国家重视大湾区青年就业创业问题，出台多项支持政策

就业创业不仅是满足青年生存需求及找到自我价值的重要途径，还会对国家经济增长和社会民生问题的解决产生重要影响。因此，中央和地方政府均高度重视青年就业创业问题。2017 年，中共中央、国务院印发的《中长期青年发展规划（2016—2025 年）》将青年就业创业列为十大发展领域之一，表明其发展目标是完善青年就业体系，促进青年投身创业活动，加强青年就业保障。2020 年 1 月，香港特别行政区政府推出"大湾区青年就业计

划"，旨在帮助青年搭上大湾区发展的"高速列车"，帮助香港青年更深入地接触内地就业市场，鼓励青年积极投身于大湾区的建设发展，促进大湾区经济增长。正如香港特别行政区政府所指出的那样："有7000万人口的大湾区有着巨大的发展潜力和发展空间，我们期待并呼吁青年人能放眼国家，把握机遇，积极申请湾区岗位，为人生开拓更广阔的出路。"此外，广东省还发布了《关于推动港澳青年创新创业基地高质量发展的意见》，提出加强粤港澳之间的联系，旨在给予青年更多的创业机遇与资本扶持，从而进一步改善港澳青年来广东创新创业的环境，为更多港澳青年更便捷地到大湾区开展创新创业活动奠定坚实基础。2021年9月，人社部等部门联合出台《关于支持港澳青年在粤港澳大湾区就业创业的实施意见》，其中提出了要抓住社会总体需求，优化就业公共服务和营商环境等意见，并大力支持港澳青年到内地交流和就业创业。

2017~2020年粤港澳大湾区青年就业创业政策分布情况如图1所示。

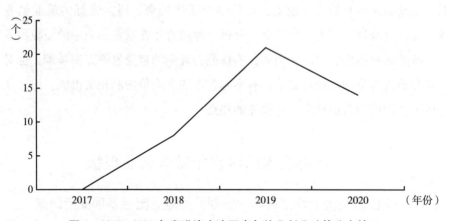

图1 2017~2020年粤港澳大湾区青年就业创业政策分布情况

资料来源：粤港澳大湾区相关门户网站。

（二）大湾区市场发展前景广阔，为青年就业创业提供良好平台

粤港澳大湾区处于我国沿海开放地区，在开放大局中要坚持"引进来，走出去"，并使其在国家"一带一路"倡议中发挥积极作用。粤港澳大湾区

发展的优势主要体现在以下几个方面。一是基础设施的建设,大湾区铁路、公路等交通运输体系较为完善,内地与港澳之间的交通便利,缩短了城市间的距离,有利于青年在不同城市之间通勤。二是市场一体化水平提高,投资便捷与贸易便利,为青年就业创业提供许多新机会。三是创新要素聚集,且吸引力强,拥有不少有影响力的高校或科研院所等,具备了建设国际科技创新中心的良好基础。四是大湾区城市之间合作不断加强且效果显著,逐步形成了多方位、多层次的合作格局。《规划纲要》明确了发展目标与规划实施,为青年就业创业提供了重大战略机遇。

(三)大湾区高新技术产业聚集,为青年就业创业提供多种选择

打造国际科技创新中心是粤港澳大湾区建设的重点,《规划纲要》指出到 2025 年大湾区逐步形成以创新为主导的经济体系和发展规划。如广州与深圳合作建设广深港澳科技创新走廊,而深圳则侧重打造"前海粤港澳大湾区合作示范区"。同时,粤港澳大湾区文化产业资源丰富,当前粤港澳大湾区内拥有多所高校和多个国家重点实验室。此外,粤港澳大湾区有 20 所大学入选全球四大湾区高等教育第三方指数竞争力排行榜,其中广东上榜11 所,香港上榜 7 所,澳门上榜 2 所。

近年来,粤港澳大湾区的数字创意产业快速发展,为青年就业创业提供了众多机会。目前,深圳龙岗区聚集了华为技术、华侨城文化集团、中华商务等一批先进的高端技术型创新引擎文化服务龙头企业,拥有全国优秀文化产业开发与规模化的示范培育基地、省级优秀文化产业开发与规模化的示范园区等。另外,粤港澳大湾区内的人工智能新兴产业蓬勃发展,大湾区内纷纷建起了人工智能新兴产业园区,尤其是在语音识别、图像识别、智能机器人等多方面处于世界领先水平,这也为青年群体创造了不少优质的就业创业机会。

近年来,粤港澳大湾区传统的线下旅游业一度受到较大影响。但与此同时,线上旅游业不断升温,网络动漫、互联网直播、短视频等消费产品流量

大增,云直播、网络看展、互联网旅游等消费产品层出不穷,作为新消费业态的网络购物逐渐受欢迎,文化产业消费新行为不断涌现,特别是"互联网+文化"迅速发展,体现了文化新业态发展的巨大潜力和韧性。基于此,粤港澳大湾区各核心城市纷纷鼓励文创企业充分利用互联网大数据、人工智能等新科技,通过线上线下等多样的形式传播推广产品。在此背景下,青年作为紧跟潮流的一代,恰逢其时地推进青年就业创业模式变革可为其职业生涯规划提供更多的机会和选择。

(四)大湾区软硬基础设施完备,积极搭建创业平台

"十四五"时期,粤港澳大湾区全面建设港澳青年创新创业基地,旨在为青年创新创业提供更多的机会和选择、营造氛围浓厚的环境。2021年,广东打造的港澳青年创新创业基地能同时容纳和孵化企业约200家,涵盖多个前沿领域,特别是广东打造的"1+12+N"孵化平台,累计帮助超过百家港澳青年创设企业落地,并吸纳了一批港澳青年来粤就业创业。如今,广州已建成超过45个港澳台青年创新创业基地,致力于为青年创业者免费提供咨询、项目孵化、合作交流等综合性服务。同时,深圳积极推进前海深港青年梦工场、深港青年创新创业基地等建设。截至2021年6月底,深圳全市12个各具特色的港澳青年创新创业基地累计孵化港澳项目504个,带动港澳居民就业917人;2021年1~5月,申请各类创业补贴的港澳青年247人,分别是2019年和2020年全年的14.5倍和2.78倍;2021年1~5月,共有31位港澳青年申请创业担保贷款,贷款金额738万元,贷款笔数比前两年总和增长287%,贷款总额比前两年总和增长195%;截至2021年6月,有关部门助力落实"大湾区青年就业计划"就业岗位412个。① 总体上来说,粤港澳大湾区基础设施完备、创业平台越来越多,使许多青年的梦想有望在此开花结果。

---

① 《前海:深港合作"桥头堡"》,深圳政府在线,2021年9月6日,http://www.sz.gov.cn/cn/xxgk/zfxxgj/zwdt/content/post_ 9107291. html。

（五）大湾区高校的创新创业课程具有较为完备的体系

广东省高等教育体系坚持以学生为中心，突破传统的教育教学模式，构建"四个独特"的教学体系机制。一是在教学组织架构上，打破传统的固化的教学组织模式，采取更为扁平灵活的教育和研究组织模式。二是在课程体系上，着力构建交叉融合跨学科课程体系，突出理论与实践相结合，结合社会发展需求对课程体系进行动态调整。三是在人才培养模式上，鼓励学生根据自身的兴趣、爱好、优势和发展愿望，灵活选择自身主修课程，自主决定学习的主攻方向和能力架构培养；结合交叉融合的课程体系，积极与大科学装置、科研机构和相关企业合作，为教学和学生开展创新研究提供项目和平台。四是在考核评价上，借鉴参考欧美等相关类型高校的评价标准，引入学校人才培养质量、服务经济社会发展能力等多维度的评价因素。

《规划纲要》也提出要建设国际教育示范区。广东省教育厅鼓励大学生到国际知名高校、共建"一带一路"国家及港澳台地区高校开展短期学习、访问交流、学术交流等，并充分利用大湾区内的大科学装置、企业先进实验室和高端生产设备等，开展科学研究、科技成果转化，打造综合性国际高校合作平台。同时鼓励大湾区内地高校创新办学模式，吸引港澳及国际知名高校参与合作办学，全面提升教育的国际化水平。

（六）大湾区高校主动对接国家教育创新发展战略

《国家中长期教育改革和发展规划纲要（2010—2020年）》中指出，要将教育变革创新当成中国高等教育发展的助推器，积极引导地区政府和高校大胆探索与试验，以提高教育变革速度和品质。在此基础上，粤港澳大湾区高校积极响应，完善制度创新的驱动发展模式，以体制改革和技术创新的方法推动高校教育实现更深层次的发展。此外，还建立粤港澳大湾区高等学校改革创新综合实验区，这一方面提高了高校办学的质量，携手教育合作共赢，另一方面主动对接国家产业创新需求，与企业共同建设高水平创新平台。借力对外开放政策及国家经济发展，粤港澳大湾区教育实力不断增强，表现为拥有丰富的海外资源和开阔的国际化视野、师资生源优质。许多学校利用高等教育"创新强校工程"，为各地区之间青年人才的学术交流和就业创业社会实践奠定了良好的合作基础。

（七）大湾区青年教育素养良好，具备良好的就业创业特质

在开放程度较高和商业氛围浓厚的广东，青年从小耳濡目染，积累了相对丰富的就业创业体验和技能。同时，青年接受新知识快、学习能力强，学习能力是新时代青年的核心竞争力，青年可将所学知识与社会实践结合起来，从而实现自我增值并提高社会效益。近年来，大学生创业实践的成果如雨后春笋般出现，如网购平台、学习软件等，给社会提供了更多的实用价值和便利、益处。总体上来说，青年的能力素质将直接影响创业活动的践行，作为"不怕苦、不畏难、肩负重任"的践行者，要充满热情地对追求的事业进行尝试。再者，多数大湾区高校的大学生在校期间拥有更多的社会实践机会，还能参加各类创业训练项目和职业生涯比赛，这有助于系统学习就业创业领域的知识和技能，充分培养就业创业能力，为走上创业之路或实现顺利求职积累有关经验。另外，青年阶段的身体状况较好，在就业创业实践中，有助于青年人才以更好的状态和体魄去迎接未知，全身心投入所憧憬的事业。

（八）大湾区创新创业竞赛活动和论坛活动丰富多彩

丰富多彩的创新创业竞赛活动不仅给了青年尝试就业创业的机会，也在提升青年全方面综合能力方面产生了一定的积极影响。有学者对创业竞赛项目与专业的结合度、项目落地的难易程度以及项目是否提升了创新创业能力和团队协作能力方面进行了调查，结果发现，大部分学生认为创业竞赛项目与专业密切相关，且对项目落地持有乐观积极的心态（见图2、图3），同时认为创业竞赛项目能够很好地提高他们的创新创业、团队协作能力（见图4、图5）。

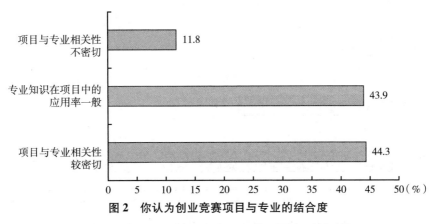

图 2　你认为创业竞赛项目与专业的结合度

资料来源：《南方都市报》。图 3 至图 5、图 8 至图 12 相同，此后不赘。

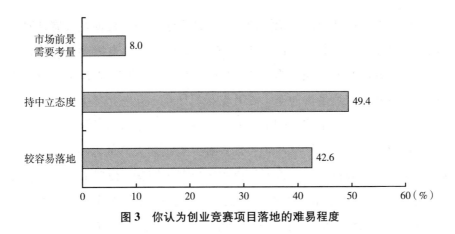

图 3　你认为创业竞赛项目落地的难易程度

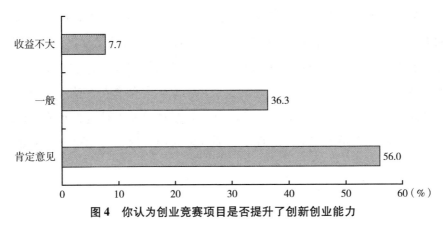

图 4　你认为创业竞赛项目是否提升了创新创业能力

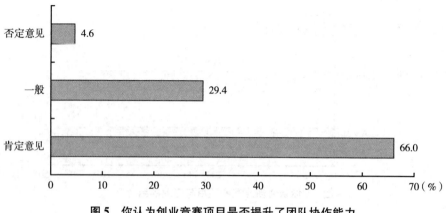

图5 你认为创业竞赛项目是否提升了团队协作能力

在广东省有关部门的组织协调下，本地大学生的科技创业大赛活动和论坛活动日益丰富。其中，截至2021年"赢在广州"暨粤港澳大湾区大学生创业大赛已举办十届，自2012年起，"赢在广州"的赛事影响力不断提升，参赛队伍总量增加至1.5万支，累计超7万个大学生创业项目报名参加，评选出415个获奖创业项目，发放创业扶持资金总额约1310万元。2021年，"金湾杯"第八届"创青春"粤港澳大湾区青年创新创业大赛暨交流营如期进行，大赛报名渠道较往年有所拓宽，设置了"中国青创板"港澳专区。2020年，为推动复工复产、促进就业创业，惠州举办了"慧湾杯"粤港澳大湾区直播与短视频创新创业大赛。2021年9月，首届粤港澳大湾区（广州）"海归young城"创新创业大赛启动仪式成功举行，助力广州人才集聚、智慧交流和创新成果的转化。为鼓励女性科技创新，粤港澳大湾区女性科技创新大赛已连续举办数届，2021年还举办了"巾帼科技创新 助力湾区发展"论坛，众多专家学者分享女性就业创业及其科创经验。丰富多彩的创新创业比赛和论坛活动，无论是对青年将来的就业创业来说，还是对塑造全方面高素质人才来说，均具有无可比拟的重大意义。

三 粤港澳大湾区青年就业创业存在的问题

（一）企业招聘用人要求与青年所具备的知识和技能存在差异

在数字经济迅猛发展的今天，高等教育体系固守成规可能会出现教育与实践之间脱节的现象。首先，在长期形成的"应试教育"体系主导下，绩点是评价学生的重要维度之一，这无疑会影响到学校教育制度和老师教育方法。同时，对教材的编制和教学的管理大多是理论研究者，可能会导致教育理论过于书面化，造成学校培养的人才与社会需求不匹配的弊端，并使部分青年所接受的教育与社会所急需的实践脱节，进而影响青年人才的培养质量。

大多数企业看重青年的工作经验/项目经验，其拥有技能的实用性位居第二（见图6），而对于多数青年来说，习惯了学校的传统教学模式，以听讲的方式汲取新知识，较为缺少实践机会和工作经验。而对企业用人要求的不了解，以及对不同企业的技能要求不熟悉，都会使青年难以全方位地培养

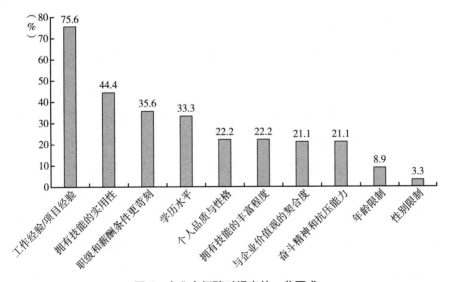

图6　企业在招聘时提出的一些要求

资料来源：智联招聘。图7相同。

求职或创业所需的实用技能。而在非专业技能之中，企业看重的职场语言表达、沟通谈判能力（见图 7），并不会自发而得，需要通过较多的社会实践来获取和积累。

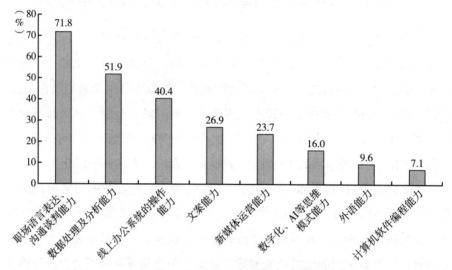

图 7　企业招聘人才时看重的非专业技能

（二）青年择业期待高，创业优惠扶持政策信息获取渠道少

在政府高度支持大湾区青年就业创业的背景下，扶持青年就业创业的现有政策覆盖范围广、帮扶力度大，地方政府也会根据不同地区的实际情况进行细化规范。然而，出于各种原因，大多数青年对这些扶持政策的了解程度并不高，在粤港澳大湾区青年对《规划纲要》的了解程度调查中，绝大部分青年表示听说过但不太清楚《规划纲要》（见图 8、图 9），甚至对《规划纲要》提及的鼓励青年创新创业部分的作用暂未有明显感觉或者感觉起到的作用还不大（见图 10）。如此一来，其对《规划纲要》中关于大湾区就业创业的优惠政策也相对不够熟悉。从现实来看，由于青年大多缺乏足够的资金和平台支持，国家扶持政策无疑是他们进行就业创业最重要的助力之一，这不仅是青年享受政策红利的好机会，也是大湾区青年带动地方创新活

力发展的基础。由此，应反思如何才能更好地提升政府在创新创业领域的政策推广、应用的效率和质量。

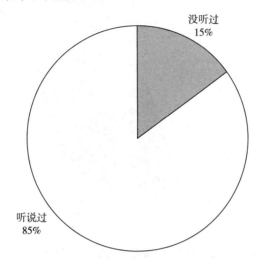

图 8　粤港澳大湾区青年听说《规划纲要》的情况

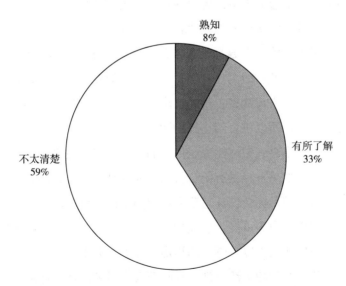

图 9　粤港澳大湾区青年对《规划纲要》的熟悉情况

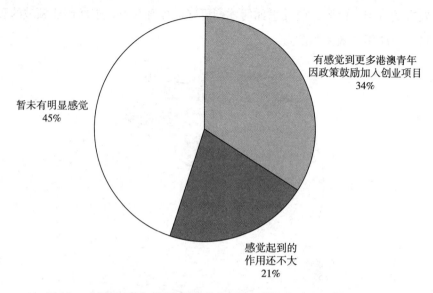

有感觉到更多港澳青年
因政策鼓励加入创业项目
34%

暂未有明显感觉
45%

感觉起到的
作用还不大
21%

图10 《规划纲要》提及的鼓励青年创新创业部分的作用发挥情况

　　而在涉及青年最想去大湾区哪个城市创业的调查中，大部分青年表示愿意去深圳和广州等一线城市发展（见图11）。事实上，一线城市的经济和科技发展之迅猛吸引了绝大多数青年人才的目光，也承载了大多数人的理想。从一方面来看，一线城市的医疗、教育、交通资源较好，特别是在就业创业资源方面，一线城市人口众多，市场需求量庞大，包容性强，同时沿海地段是对外贸易的窗口，所以供青年选择的职业岗位和创业机会更多。而青年会认为大城市能开阔眼界、锻炼能力、增加自己未来职业道路的选择。然而，从另一方面来看，如果青年没有结合自己的实际情况，盲目跟风去大城市发展，这一过于远大的目标会使其忽略发展道路上的艰难险阻，而现实生活中的经济压力和工作压力等可能会使他们不堪重负：好的工作机会与发展前景往往伴随更高的生活成本以及较大的租房压力，透明的上升通道与空间意味着更激烈的竞争，便利的生活条件也意味着要有足够的经济保障，才能享受更好的生活及丰富的娱乐活动。在选择发展城市时，青年更应全面地、综合地思考自身能力和规划，做出合理的决定。另外，当问及广东最吸引青年人才的产业时，人工智能、大数据明显受到广泛欢迎（见图12）。诚然，在高新技术快速发展的今天，尤其是处于沿海地区的大湾区，高素质、高水平的综合性人才尤为稀缺，在科技创新竞争的这片"红海"中，青年的择业期待会有所提高，希望前期付出会带来高回报，但最终并非每个人都能如愿"落子"高收入行业。职业不分贵贱，能否怀着"工匠精神"对行业保持热爱、保持不断奋斗的状态，是每个青年都应深思的问题。

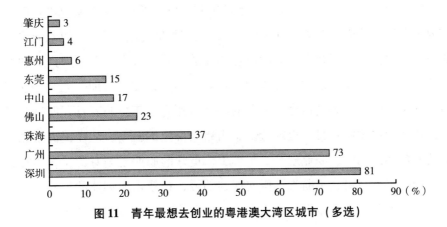

图11 青年最想去创业的粤港澳大湾区城市（多选）

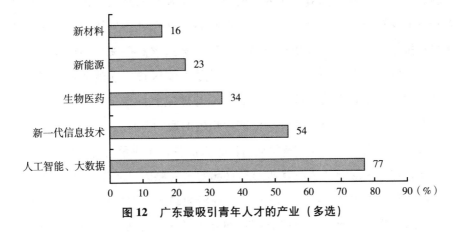

图12 广东最吸引青年人才的产业（多选）

（三）新就业形态兴起，对青年就业创业准备和实践提出较高要求

随着每年求职人数的激增，社会整体的人才要求必然对青年就业创业造成一定的压力。在大湾区青年就业创业过程中，除了关注外部因素的影响，

也需要关注自身的状态，这要求青年不仅要有必备的专业知识素养，还要有其他综合技能、乐观积极的心态等，以做好就业创业的充足准备。首先，青年群体就业创业的普遍方式为熟人引荐、校园招聘、企业网站等，但即便如此也可能无法满足大湾区青年多种多样的就业创业需求，从而增强了青年之间的竞争。其次，资金筹集。对于青年来说，日渐增长的资金需求与其初入社会的浅阅历之间会产生不可忽视的冲突和矛盾。青年就业创业初期可能会需要来自亲友的资金支持，但这并不能满足其长期持续的需求，并会打击自尊心较强的青年，不利于其后续就业创业的发展。再次，青年的人脉和经验积累。在就业创业的整个过程中，青年离不开亲友的帮助，尤其是在面对新的难题时，与志同道合的朋友的团队协作有助于优势互补，既避免了个人作战的执意和盲目，也降低了做出错误决定的概率，从而提高了创业成功的概率。同时，职业规划必不可少，良好的职业规划有助于青年在成长中低成本地犯错，不断尝试所向往的领域，积累求职创业的经验，增强自身的耐性和韧性。但由于每个人的性格和能力存在较大的差异，无论是人脉还是职业试错，都对青年人才的心理素质和坚韧品质提出了较高的要求和挑战。最后，青年就业创业的心态准备。如今社会经济快速发展，青年想在抢手行业中分一杯羹在所难免，但一味追求高薪酬、高职位的想法不可取。吃苦耐劳、勇敢担当等性格品质是大湾区青年在就业创业道路上的助推器，趁早培养成熟稳重的心态、拥有理性的目标、做好打持久攻坚战的准备，都会对青年的职业生涯产生积极的影响。

另外，我国已进入高质量发展阶段，大部分青年表示新就业形态对自身择业观念有较大影响。从新就业形态兴起的主要原因（见图13）来看，国家和社会需要更多的专业人才已成为一种新的趋势。近年来，"斜杠青年"群体，即那些不再拥有一种职业而是拥有多种职业和多重身份的人群的崛起，使得就业创业形式更加多元化。他们思想开放、追求自我价值的实现、勇于突破自我、更易适应新环境，进而打破了传统的就业模式。目前，全国"斜杠青年"人数已经超过8000万人，而拥有高学历的青年则起着带头作用，他们正是灵活就业、新就业形态的典型代表。

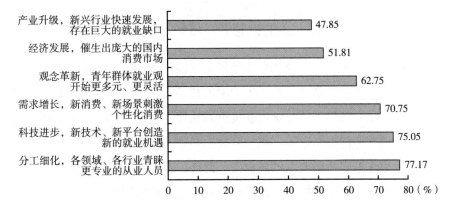

图13 新就业形态兴起的主要原因（多选）

资料来源：张凡、张捷《调查报告：当前青年群体对新就业形态的认知与期待》，《国家治理》2021年第2期。图14相同。

从就业的新趋势（见图14）来看，高新技术产业发展迅猛，催生了更为多样化的就业模式，这对青年人才的知识专业性、技能复合性提出了更高的要求，也使得青年自主意识增强、就业观念更新、自身能力培养加强、对工作投入和自我价值的实现及对未来发展空间的诉求更为强烈。

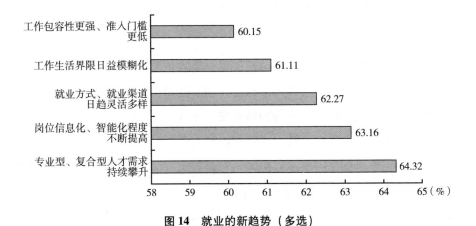

图14 就业的新趋势（多选）

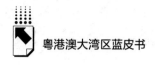
（四）数字化之下，企业招聘形式和就业创业地区发生较大的变化

在数字化影响下，不管是企业整体工作模式还是企业文化等各方面，都会发生相应的变化，由此，处于求职中的青年需要接受并适应企业的这些变化。在数字化大趋势下，技术迅速地更新迭代，且迭代速度越来越快，所以青年人才只有保持主动学习、积极开放的心态，始终接触最前沿的技术，才能保持自身在求职及创业上的竞争力。此外，在国内外经济环境不太理想的情况下，大湾区青年可能会焦虑不安，其职业生涯规划也可能出现变化。由此，青年想去省会城市、沿海城市、大城市的热情也会有所减弱，到二三线城市或回到家乡就业创业，也许会成为新形势下部分青年人才更加务实和理性的选择，但"水土不服"将成为他们最大的困惑。

四　促进粤港澳大湾区青年就业创业的对策建议

为粤港澳大湾区的青年人才开展就业创业活动提供多维度的支持和帮助是实现高质量发展目标的重要路径，为此，本研究提出以下几点对策建议。

（一）教育部门完善产学研相结合的体系，多措并举实现人才与企业需求相匹配

在全面推进新工科、新文科、新医科、新农科建设的背景下，课内教学强调基础和理论，而课外实践将创造性、创新性和探索性放在突出位置。这两种模式是优势互补的，且只有相辅相成，才可以发挥培育全面青年人才的积极作用，增强学生进入社会后的核心竞争力。

完善高校教学体系需要多方协同。对教师而言，应逐步转变传统教学模式的思维认识，树立"授人以鱼不如授人以渔"的人才培养理念，不仅要确定实践质量标准，还要把理论体系与生产实践有机结合，并对学生进行有针对性的课堂知识传授。一方面，学校要积极推进与相关企业和机构的合作，熟知就业市场的人才需求，避免出现教育与社会实践脱节的现象；另一

方面，应聘请或邀请在企业就业的专职老师或企业兼职老师，增加有企业实践经验的老师数量，以承担增强学生实践能力的任务。同时，学校需定期组织学生去企业或社会进行学习和实践，使学生了解企业发展的最新情况，也使教师授课的内容更加贴近企业和社会需求。

抓好课程质量"基础桩"。课程质量关乎人才培养水平与层次，探索以提升质量为主线的教学路径，抓好课程质量"基础桩"。修订学生培养方案，实行"导师+""申请—考核"培养制度，明确专业学科相关的实习实训要求，改革创新学位成果要求。同时，加大力度推进跨学科的人才培养工程，发挥多学科优势，打造"工学科+""青训计划""发展工程"等品牌项目，提升学生核心技术创新能力，着力培养具有较强竞争力的高素质人才。

学校应对标就业市场对人才的需求，按照新时代德智体美劳全面发展的教育方针，在培养平台方面着力解决实习实训不真实、没成效、不重视等突出问题，主动适应经济社会发展、满足时代的需要，完善协同育人机制，与企业、社会团体、政府部门等联合办好大学生创新创业大赛等，实现以教学促进实践、以实践应用完善教学的人才培养目标。此外，加强思想素质的"必修课"，强化课程教学线上与线下点面深度结合，充分挖掘思想政治教育资源的多样化，淘汰"水课"、提升"浅课"、打造"金课"，从而全面提升课堂教学质量。

（二）搭建公共政策信息互通平台，帮助青年利用优惠政策实现就业创业

推动大湾区青年就业创业的公共政策信息互通平台建设，做好政策宣传和推广。首先，高校、政府、企业等应联合起来，对就业创业政策信息和指引服务等资源进行整合，提高政策透明度，为粤港澳大湾区青年筑起第一道信息筛选防线。其次，相关部门要注意创新宣传手段和方式，以线上线下相结合的方式，开设网上专栏、开通服务热线，主动接受政策咨询，形成宣传范围广、服务品质高等机制，方便青年及时、清晰、便捷地

了解有关政策内容，使各方面资源得到充分的利用，鼓励青年积极投入创新创业实践。同时，充分运用网络媒体推送政策短信，以生动形象的方式向大湾区青年介绍相关的就业创业政策，建议高校举办相关讲座帮助青年解读政策，协助其掌握产业发展机遇和减少市场风险。最后，引导青年到不同地区深入体验，加深青年对就业创业环境的认知，吸引更多大湾区优秀青年聚集交流。

（三）大湾区青年应善于从外部环境中寻找新发展契机，提升自身软硬实力

在竞争日趋激烈的形势下，青年更应充分利用好身边的各种资源，完善面试能力技巧，提升创业技能，从而更充分地展示自身的核心优势和实力。首先，提前了解面试企业发展、岗位设置职责等内容，做到知己知彼、百战不殆。其次，充分准备好各项面试材料，做好各项突发事件的应对预案。最后，可寻求专业的老师或朋友进行面试指导、多练习面试时的技巧、借鉴别人的成功经验、复盘自身的加分项和扣分项等，从而做到扬长避短、不断提升。

同时，大湾区青年应努力提升自身的软硬实力。首先，需要明确自身的人生目标，及早去积累和努力。清晰的目标有助于明确各阶段努力的方向，是青年在就业创业道路上的重要助推器。其次，青年需要提高就业创业的认知等级，保持持续学习和独立思考，多读书、多行路、多识人，以实践、经历的方式去见识和体会新鲜事物，丰富自身的修养内涵，充分研判就业抑或创业哪一个选择更适合自己，且要学会理性选择创业合伙人，因为良好的团队是成功创业的关键所在。再次，坚持用知识武装大脑，以专业培训、自学等方式，补充专业领域知识以外的创业就业素养和技能，使各知识点有机联系起来，将所学知识转化成能力，从而提高就业创业的核心竞争力。最后，形成正确的人生观、价值观和世界观，不随波逐流，靠着自身的信念和愿景所提供的源源不断的精神力量，最终形成个人可持续发展的职业模式。

（四）青年应调整好自身心态，树立更务实、理性的就业取向，做好打持久攻坚战的准备

首先，无论是在大湾区哪个城市就业创业，青年都应充分结合自身兴趣爱好，将爱好和前途相结合，放弃追求高薪酬、高职位等不切实际的想法，不能好高骛远，而应脚踏实地、深耕细作，平衡物质与精神追求，寻求属于自己的出路。其次，要充分利用好国家和地方政府的各项扶持政策，顺应时代发展，充分发挥扎实的专业素养、良好的思想品德等优势，全身心投入就业创业活动，努力开阔眼界，不断寻找机遇。积极参与青年及行业交流合作活动，提前了解职场环境，改变学生时代的思维，听取他人的成功经验，不断促进自身进步。再次，及时了解、学习相关的政策法规，把握社会复杂多变的需求，结合自身实际条件和情况，利用所学知识和技能，将自身打造成为具有多元化技能和可塑性较强的人才。最后，加强青年的自我管理能力，树立明确的职业目标，增强面对困难的韧性，提升应对实际问题的能力。这就需要青年在毕业后继续加强学习，持续细化职场技能目标并进行系统练习、培训，通过多参加社团活动和户外实践等方式，进一步提升自身的组织协调能力和合作沟通能力。

面对"内卷"的大环境，大湾区青年在寻求专业人士帮助的同时，也要客观认识到自身的情绪状态，积极寻求缓解自身消极情绪的方法，比如适当地进行户内运动，在条件允许的情况下跑步、听音乐、看电影等，合理宣泄负面情绪。这不仅能增强身体素质，也能放松心情。从心态上来讲，面对激烈的就业创业竞争，青年人才理应更具有韧性和耐力，在危机中育新机，于变局中开新局，沉下心主动沉淀和锤炼，做好打持久攻坚战的身体和心理准备。

参考文献

王璇琰、刘宝：《四部门联合发文支持港澳青年在大湾区就业创业》，《中国经济导

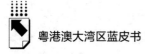

报》2021年10月14日，第5版。

李沐纯、张紫瑄：《粤港澳大湾区青年创新创业政策的文本分析》，《特区经济》2021年第4期，第57~61页。

魏伟静、郇长坤：《粤港澳大湾区建设背景下广东省大学生创业支持政策研究》，《产业与科技论坛》2019年第17期，第126~127页。

柳岸林：《粤港澳大湾区大学生创新创业的现状及发展对策探讨》，《创新与创业教育》2020年第3期，第51~56页。

叶青、闫雪莹：《广东外语外贸大学粤港澳大湾区研究院院长申明浩：粤港澳大湾区科创生态圈日益活跃》，《科技与金融》2021年第8期，第25~27页。

周振江等：《粤港澳大湾区高校科技创新人才培养探究》，《科技创业月刊》2020年第6期，第18~22页。

刘胜：《粤港澳大湾区高校科技创新型人才培养的探析——基于国际科技创新中心建设目标》，《广东经济》2018年第10期，第38~41页。

《广州青年就业创业发展报告（2020）》，社会科学文献出版社，2020。

秦赞等：《新冠肺炎疫情对大学生就业带来的影响及对策》，《品位·经典》2021年第19期，第116~117页。

张明山：《新冠肺炎疫情对大学生就业的影响及对策研究》，《吉林工程技术师范学院学报》2020年第11期，第18~20页。

《中国粤港澳大湾区改革创新报告（2020）》，社会科学文献出版社，2020。

宋金阳：《在机遇与挑战中就业创业的广州青年》，《北京青年研究》2020年第4期，第61~68页。

李政、胡刚：《粤港澳大湾区青年创业绩效提升策略研究》，《湖北开放职业学院学报》2021年第16期，第18~19页。

马宏艳、李敏、张宏娜：《新冠肺炎疫情对大学生创业影响调查》，《中国大学生就业》2020年第7期，第37~41页。

彭念姣：《粤港澳大湾区高校创新创业课程体系建设》，《中国商论》2021年第9期，第172~174页。

叶桂平：《粤港澳大湾区澳门青年创业的现状及对策研究》，《科技与金融》2020年第7期，第20~24页。

陆秋儒、罗光丽：《疫情下企业校园招聘现存问题及对策分析》，《中国市场》2021年第13期，第118~122页。

周娇：《后疫情时代高校人才招聘工作的思考与建议》，《人才资源开发》2021年第19期，第22~23页。

张力洺等：《后疫情时代"云招聘"存在的主要问题及解决对策》，《中国市场》2021年第25期，第195~196页。

梁燕、王嘉茵：《粤港澳大湾区建设背景下内地高校港澳学生创业意愿影响因素研究——基于培养创新型人才视角》，《科技管理研究》2021 年第 12 期，第 149~156 页。

卓泽林：《粤港澳大湾区高校学生创新创业教育质量满意度提升研究》，《华东师范大学学报》（教育科学版）2020 年第 12 期，第 53~63 页。

陈文华：《创业型大学集群与高等教育创新"中国方案"探索——基于粤港澳大湾区高校的实践》，《佛山科学技术学院学报》（社会科学版）2020 年第 6 期，第 41~47 页。

陈奕彤：《粤港澳大湾区高校创新创业人才培养研究》，《就业与保障》2020 年第 19 期，第 75~76 页。

朱文博浩、孙波：《粤港澳大湾区高校创新创业合作机制研究》，《经济研究导刊》2020 年第 27 期，第 135~138 页。

杨体荣、吴坚：《制度变革与治理要求：粤港澳大湾区高校创新创业教育的转型升级》，《中国电化教育》2020 年第 8 期，第 63~69 页。

王亚煦、于兆勤：《粤港澳大湾区背景下高校创新创业教育实践模式研究》，《实验室研究与探索》2020 年第 7 期，第 240~243 页。

李宏伟：《疫情防控常态化背景下大学生就业创业工作探索研究》，《现代商贸工业》2021 年第 25 期，第 69~71 页。

粤商篇

Guangdong Business Reports

B.9
粤商企业家精神的新特点

徐丽鹤　夏萌萌*

摘　要： 广东省作为中国改革开放的排头兵、先行地和实验区，无论是在中国经济高速发展阶段，还是在以高质量发展为目标的中国式现代化建设阶段，都具有举足轻重的地位。而广东省经济的发展，离不开粤籍企业家与在粤创业和发展的企业家群体。本报告基于2018年针对广东省随机抽样的1343位企业家的调查研究，为粤商企业家群体画像、研究归纳其创业行为及经营理念在现阶段的新特点，旨在为进一步了解广东省经济发展规律，以及为后续进一步推动改革开放、优化营商环境、人才引进等政策的制定提供新依据。

关键词： 粤商　企业家精神　科创型企业

* 徐丽鹤，广东外语外贸大学粤港澳大湾区研究院副院长，教授，主要研究方向为金融经济学和发展经济学、创新创业经济学；夏萌萌，博士研究生，广东外语外贸大学广东国际战略研究院，主要研究方向为国际贸易学和发展经济学。

一 "粤商企业家"与"粤商企业家精神"的概念界定

（一）粤商企业家的定义

粤商企业家又称"广商"，狭义上以地理区域和文化为界限来定义在粤范围内经营企业的商人群体，包括粤籍商人，亦包括"新客家人"，如籍贯为其他地区，但在粤创业和经营的商人（张子龙和郑小凤，2010）。广义上的"商人"则包含了各行各业的创业者和企业经营者，并不局限于经营批发零售等商贸流通的行业，但申明浩（2009）认为单一的基于地理、时间和行业维度的定义失之偏颇。因此，他将粤商的概念定义为：认同广东文化和岭南文化的"粤地商人"或"粤籍商人"，包括在广东省出生和在广东省经营，或拥有广东籍贯但在外地经营，且价值观与岭南文化呈现高度相关的企业家群体。然而，由于观测数据的有限性，本报告无法观测到认同岭南文化的企业家群体。因此，本报告的研究则以狭义上基于地理区域划分的概念为指引，根据在粤创业和经营的企业家群体样本，进行剖析和总结其群体特征和经营理念的新特点。

（二）粤商企业家精神的定义

企业家精神是多因素变量的合集，泛指创业者和企业家所具备的一系列特质、态度和行为，使他们能够创新、承担风险、追求机会并创造独特的价值。关于"粤商精神"，吴水金（2001）将明清时期的粤商精神定义为商人的商业伦理和商业道德，包括三个层面：一是粤商的从商宗旨和原因；二是在经商中的敬业精神和观念；三是商人的商业伦理观。但该定义聚焦于企业家的态度和观念，未能包含企业家区别于普通人群的本身特质和行为。众所周知，粤商企业家精神的发展历史是与中国改革开放和广东省独特的地理、文化与经济条件密切相关的。这种精神在中国经济发展中发挥了重要的推动作用，并成为广东企业家成功的关键因素之一。1978 年改革开放政策实施以来，广东省成为中国最早融入国际市场的地区之一。粤商群体迅速抓住地理优势，积极参与国内外贸易，推动了中国的出口导向型经济发展。广东省位于中国南部，靠近香港特别行政区和澳门特别行政区，这为粤商提供了独特的贸易和商业机会。借助其地理优势，通过粤籍族谱关系或熟人关系，粤商快速融入国际市场。除此之外，粤商企业家精神也受到广东地区文化的影响，尤其是家族文化的影响，将企业传承视为重要使命，通过家族文化和价值观的传递，确保企业持续发展。然而，粤商的个人特征及其行为、态度和观念等，是否真的存在某种特定规律？是否有别于普通人群？为回答以上问题，本报告展开关于粤商群体的特征事实及其精神风貌的研究讨论，有助于从客观角度来认识和了解粤商群体的独特品质及其在广东省经济发展中的重要贡献。

已有关于粤商的研究主要从历史、经济或者管理学的角度，研究粤商企业的发展历史、粤商企业成功的因素、粤商企业发展对经济社会的影响、粤商精神的传承等（欧翠珍，2010）。由于数据的限制，鲜有研究关注粤商企业家群体的个人特征、成长经历、发展历史以及行为态度等相关问题。然而，创新发展的关键因素在于"人"，实现高质量发展以及满足人民对美好生活的追求的底层逻辑也不可忽略"人"，尤其是供给侧的"商人"。因此，缺乏对企业家个人特征及其创业精神和经营理念等的讨论，难以全面了解粤商群体的精神风貌及其特征，也不利于进一步推动改革开放、优化营商环境以及人才引进等政策的制定、落地与执行。当然，已有部分研究关注到粤商企业家精神，主要采用案例研究的方法，但这些研究的对象主要聚焦于成功的大企业家，如华为的任正非、腾讯的马化腾、万科的王石、碧桂园的杨国强、大疆的汪滔，少有研究关注在粤的中小微创业群体和经营者。作为中国经济的"毛细血管"，看似"微不足道"的中小微企业家群体，实则占据了90%以上的市场主体，对于中国经济社会的发展具有举足轻重的作用。他们的投资与经营贡献了50%以上的税收、60%以上的GDP、70%以上的技术创新、80%以上的城镇劳动就业（徐丽鹤等，2023），因而，探讨和分析广东省中小微企业的"普通"商人个体特征及其精神理念等，更有利于捕捉粤商企业家群体的精神风貌及其特征。

综上所述，本报告基于 2018 年广东省企业创新创业调查数据① (ESIEC-Guangdong)，以 1343 位在粤创业和经营企业的企业家与个体工商户为研究样本，统计和描述他们的基本特征、创业行为和经营理念等，填补粤商企业家精神研究领域中关于"普通"商人群体的个人特征、经营理念和行为规律的空白。

二　粤商企业家群体的特征画像

2018 年广东省企业创新创业调查以 2010~2017 年在广东省内注册的工商企业为总样本进行随机抽样，同时以创始人和在营企业经营者（负责人）为访谈对象，主要了解他们的个人基本信息、创业经历以及企业经营现状、创新行为等。本部分则分别从籍贯、性别、受教育程度、创业经验、主力军五个维度来剖析粤商企业家群体的特征。

（一）粤商企业家以广东籍为主,广纳各地"商业精英"

如图 1 所示，包括企业类型为个体工商户的在粤创业和经营的企业家，近 40%为广东籍，籍贯为湖南省和湖北省的占 22.0%，籍贯为全国其他省份的占 38.4%。由此可见，粤商企业家以广东籍为主，同时吸纳了全国各地的"商业精英"来粤创业和经营发展，体现了粤商企业家群体包容的特质。

（二）女性粤商企业家"撑起'1/3'的天"

与历史上粤商企业家群体的性别结构不同，新时代在粤创业的女性企业家占比达到了30%，并且涉足各个行业。表1展示了粤商企业所在行业及企业家性别的分布情况。女性粤商企业家虽然在农、林、牧、渔业，信息传输、软件和信息技术服务业与房地产业三个行业上，不如男性粤商企业家具

---

① 关于数据介绍请详见中国企业创新创业调查 2018 年课题组等（2022）、徐丽鹤和李青（2020）以及徐丽鹤等（2023）。

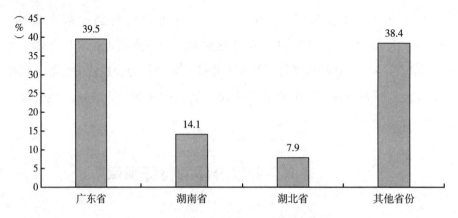

图1 在粤创业和经营的企业家籍贯分布

有显著的优势，但在批发零售业与居民服务、修理和其他服务业两个行业上相较于男性粤商企业家具有明显的优势，即女性粤商企业家占比显著高于男性粤商企业家。在制造业，电力、热力、燃气及水生产和供应业及建筑业等其他行业，女性粤商企业家和男性粤商企业家差异不大。

表1 粤商企业家在各个行业的性别差异

单位：%

企业所在行业	女性占比	男性占比	p 值
农、林、牧、渔业	0.47	2.90	0.004 ***
制造业	14.35	17.80	0.111
电力、热力、燃气及水生产和供应业	0.00	0.30	0.259
建筑业	5.41	6.60	0.397
批发零售业	20.00	15.50	0.038 **
交通运输、仓储和邮政业	1.88	3.20	0.169
住宿和餐饮业	14.12	11.10	0.109
信息传输、软件和信息技术服务业	4.00	6.40	0.074 *
金融业	1.41	2.00	0.448
房地产业	1.65	3.70	0.040 **
租赁和商业服务业	10.35	10.60	0.89
科学研究和技术服务业	5.18	4.00	0.32
水利、环境和公共设施管理业	0.47	0.30	0.619

企业所在行业	女性占比	男性占比	p 值
居民服务、修理和其他服务业	13.65	9.10	0.010 **
教育,卫生,社会工作,文化、体育和娱乐业	6.59	6.30	0.839
公共管理、社会保障、社会组织,国际组织	0.47	0.20	0.378

注: ＊＊＊ 表示在 0.001 水平上显著, ＊＊ 表示在 0.01 水平上显著, ＊ 表示在 0.05 水平上显著。

(三)高学历粤商企业家占据"半壁江山"

改革开放初期,粤商企业家"敢为人先"的特质表现之一是"低学历",粤商企业家的受教育程度普遍较低,甚至只有小学文化。新时代,这个现象已经有明显改善。越来越多的高学历人群加入创业大军,并且占据主导地位。如图 2 所示,73.6%的粤商企业家具有高中及以上学历,其中45.9%的粤商企业家为大专及以上学历。小学文化的粤商企业家占比仅为6.9%。此外,男性粤商企业家和女性粤商企业家在受教育程度的分布上并无显著的差异。这一结果表明,通过教育的普及和发展,女性得到了更多的知识,这很可能对创业起到了关键的促进作用。当然,本报告对这一结果未做深入的讨论和分析,该结果是未来值得研究的方向。

(四)粤商企业家的创业经验丰富

如图 3 所示,在 2018 年调查的 1343 位企业家中,无创业经验的占比在各行业相对较少,有创业经验的居多,尤其是批发零售业,建筑业,信息传输、软件和信息技术服务业以及居民服务、修理和其他服务业等,同行业创业的粤商企业家人数居多①。粤商企业家群体丰富的本行业创业经验,对于企业经营韧性、应对危机冲击、保持产业链供给安全都具有重要的作用。这种"坚韧不拔"的多次创业精神,也彰显了粤商企业家专注特定领域的品质。

---

① 在图 3 中,"批发零售业"简写为"批发","建筑业"简写为"建筑","信息传输、软件和信息技术服务业"简写为"信息","居民服务、修理和其他服务业"简写为"居民",其他行业依次类推。

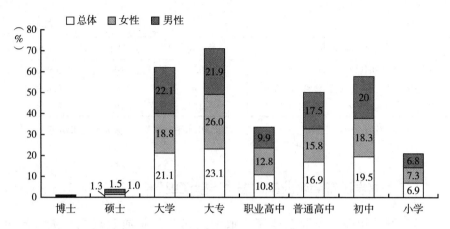

图2 粤商企业家的受教育程度分布

注：图中百分比表示男性粤商企业家、女性粤商企业家以及总体的受教育程度情况。比如，所有男性粤商企业家中受教育程度为大学的占比为22.1%。

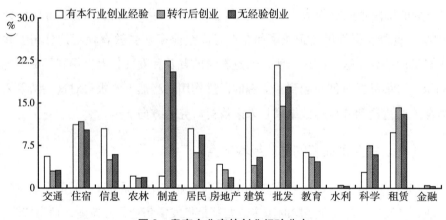

图3 粤商企业家的创业经验分布

（五）青年创业者成粤商企业家主力军

如图4所示，粤商企业家的首次创业呈现明显的年轻化趋势。不论是从整体情况来看还是从男女性粤商企业家的分布来看，年龄在21~30岁的粤商企业家占比最多，其次是31~40岁和10~20岁。这一趋势体现了早年创业的粤商企业家开放的思维和敢于尝试的精神特质。或许正是这种活力和冒险精神，为粤商企业家带来了广阔的发展机遇，并推动了粤商文化的蓬勃发展。

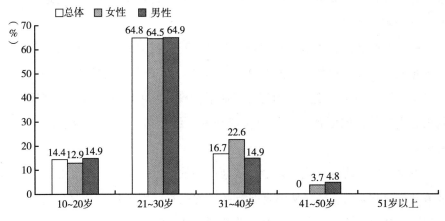

图4　粤商企业家首次创业时年龄分布

注：图中百分比表示男性粤商企业家、女性粤商企业家以及总体在不同首次创业年龄组的情况。比如，所有男性粤商企业家中首次创业年龄在10~20岁的企业家占比为14.9%。

综上所述，现阶段的粤商企业家，仍以广东籍为主，湖南籍和湖北籍次之。粤商企业家受教育程度显著提高，并且越来越多的女性加入创业行列，使得粤商企业家群体的特征画像呈现多样化，再一次体现了粤商企业家群体包容的特质。与此同时，粤商企业家群体有不惧失败，跌倒再爬起继续创业的勇气，尤其是制造业的粤商企业家，更具有"在哪跌倒，就在哪爬起"的精神，为稳定的产业链供给提供了保障。

三　粤商企业家经营理念的新特点：以科创型企业家为例

《新粤商宣言》将粤商精神的突出特征概括为：包容、务实、敢为天下先等。① 但这些特征多形容制造业或者贸易流通行业的企业家。随着数字技

① 《新时代粤商精神发布》，人民政协网，2019年12月6日，https：//www.rmzxb.com.cn/c/2019-12-06/2480698.shtml。

术的开发与利用，广东省的科技创新型企业（以下简称"科创型企业"）占比逐年提升，而现有研究对此知之甚少。因此，本部分以科技创新这一新型产业领域的粤商企业家为研究对象，归纳其经营理念，为多维度地了解粤商精神提供事实参考。

科创型企业是指以数字技术或者互联网科技技术为核心，研发相关新产品的企业，具有"轻资本、重技术"的特点，其研发团队规模一般为 10 人左右，采用外包生产制造和销售的商业运行模式。可以说，作为数字经济发展核心引擎的科创型企业，驱动和带领着传统制造业和商业流通部门的新发展。

本报告通过研究发现，无论是从新产品的研发—制造—进入市场的"循环流动"过程来看，还是从创业创新背后的根本动因来看，粤商企业家群体在现阶段具有一定的新特点。本报告将其总结为"三位一体"的经营理念，"三位"包括互惠合作、专注研发和审慎资本，"一体"是指其目标是为社会和客户创造价值（见图 5）。

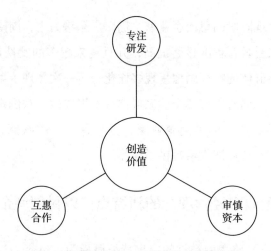

图 5　科创型粤商企业家群体的经营理念

中国企业创新创业调查（ESIEC）在广东省访问的企业家中，令人印象最深的是广东省深圳市两位科创型企业家。一位是经营针对消费端（B2C），实现人和人之间的配对定位连接、儿童启蒙教育等业务的企业家，同时是香港防疫手环的供应商；另一位是经营针对组织机构如企业和政府部门等（B2B），生产车载记录仪，并实现物与物的联网等业务的企业家。初见两位企业家，有很多特点与大众的认知画像相一致。比如："格子衫""洞洞鞋"；技术出身，知识丰富，为人谦逊、友好、热情，智慧，介于善谈和寡言之间。然而，他们自身及其创业背后的目标和动机，似乎与大众印象中独角兽企业家"创业上市，实现财富自由"的形象略有不同。他们创业与研发的核心目标是创造价值。正如熊彼特所讲："需要是一切生产的终点。"当然，他们对于最终产品的价值标的物——财富，是留给自己还是留给社会，有着自己的标准。其中，一位企业家评估自己最开始创业的目的时说："创业的思路一半是'赚钱'，另一半是'做事'。"但他很快地重新做出评估，通过比较过去作为研发人员的工资和现在的创业收入，他认为二者的比例应该是二八开，即创业的 20% 是为了物质财富，80% 是为了做事，即创造价值。从宏观的角度来看，这部分"做事"的定价收益可以划归给其他人。本报告认为，这种着力为社会创造"新物种、新技术"的理想化目标，很可能是科创型企业家的本质特征。那么应该如何创造价值？通过深入访谈，本报告将两位企业家对该问题的回答总结为三个要点：互惠合作、专注研发和审慎资本。当然，要想实现以创造价值为核心的创业创新目标，需要其他品质与之匹配，缺少任意一个似乎都行不通。

（一）互惠合作

实现商业价值，是创新转化为创业的必要条件，是企业经营的首要目标。科技型创业者、企业家与科学家的区别在于，科技型创业者知道，创业的首要目标是保证新产品的商业价值。因为只有当研发结果获得收益，给供应商、客户和消费者带来价值时，他们的研发才能持续下去。然而，他们并不把新产品的商业价值作为创业的唯一目标，他们的目标更倾向于创造社会价值，也就是其中一位企业家所谓的"做事"。科技型创业者的这一特征和哲学家相似，他们总是在创新实践中不断寻找"我是谁？人生的意义何在?"的答案。至于最终产品的价值标的物——财富如何分配,要与他们的人生目标相一致。如一个新产品除研发所赋予的知识附加值留给自己外,生产流通等部分收益会让利给合作者和社会,这无疑已形成企业家内心和外在行为的逻辑自洽。

(二)专注研发

总体而言,粤商企业家的创新活力十足。2018年的调查显示,在粤经营的企业中,76.8%的企业在上一年的经营中存在问卷中所关注的任意一类创新行为,包括是否有新产品或新服务(产品创新)、是否有商业模式的创新(营销创新)、是否在生产或者管理过程中创新,以及是否因应对环境保护而采取了相应的创新。由图6可知,53.2%的在粤企业进行了营销创新,可见,在粤经营的企业家更关注商业模式的创新,这与已有研究结论一致。同时,进行产品创新的在粤企业也较多,占46.8%。相对而言,进行过程创新和环保创新的在粤企业占比不高。这一结果,可能对于实现高质量发展目标不是特别有利。

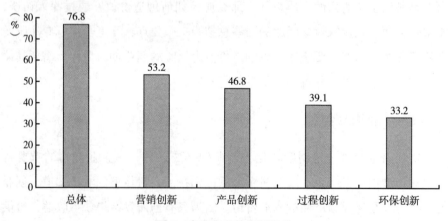

图6 在粤企业的创新行为

在粤商企业家的经营理念中,专注于研发,创造新产品,并将此做到极致,是他们想要实现的人生价值,也是提升企业核心竞争力的充分必要条件。其中存在的因果关系，从企业家的定义来看，前者更接近于"因"，后者更像是"果"。在企业家看来，所谓的创新，就是创造出市场上没有的东西，或者比同行做出更好的东西。所谓专注，就是尽可能地把99%的精力放在研发上，这一点和老师很相似：心无旁骛地坚持去创造自己认为人类所需要的东西（知识）。只不过企业家会考虑成本，选择最优的新产品研发模式，包括找哪些供应商、用什么标准的硬件、如何找到感兴趣的运营客户（销售渠道）、怎样求解最优的运行系统。而老师和科学家在创造知识时，并不总是把具体的应用因素放在决策模型的关键位置。正是粤商企业家关注研发创造新的东西，所以对供应商的原料和加工生产的要求总是很高，至少高于当前的行业标准，进而推动了产业的升级。

（三）审慎资本

有部分理论认为研发需要资本，并具有外部性，所以资本市场的完善可以代替信贷或者产业政策来促进研发。然而，典型的，甚至"现象级"的科创型企业家，他们的实践决策也许与理论认知不同，他们当中的一部分人对待资本市场是非常谨慎的，他们专注于研发，并且不偏好利用金融杠杆来扩大企业的版图。在他们的认知中，当企业创造出人需要的东西、解决了人生活中的问题，自然就会有人付费购买，当市场需求达到一定数量时（订单确定后），他们去定义产品的标准再量产。一方面，他们更倾向于选择对研发的控制权，因为他们懂技术，他们知道研发需要时间，需要承担研发风险，需要坚定自己对人的判断；另一方面，资本的目标是在最短时间内进行变现。而实现短期变现的方式就是扩大销量，签订所谓的"对赌协议"。创业者也许会为了实现这个销售目标而用到一些"破坏性"的商业手段，如降价、"挖渠道的销售"、"多赛道或者转赛道竞赛"等，最终可能因为忽视企业内部治理，或外部竞争失败，而被资本套牢，这就失去了研发创造的本质与创业的初心。因此，对于"生产和销售两头在外"的科创型企业而言，它们的商业模式使它们不容易陷入利用金融杠杆或注资等方式摆脱公司运营困境的境地。同时，资本对于不断地创新研发而言，似乎是既非充分又非必

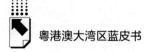

要的条件。也许恰恰是因为科创型企业家不断地将自己置身于研发实验中,才把许多偶然的、不连续的创新带到了一种可持续的创新循环轨迹上。

在实践中,创新与资本两者的目标很可能存在冲突,也许未来可以找到控制权和财富之间取舍(trade-off)的最优解,但目前大部分创业者还在谨慎的探寻相应的方案。与快速变现相比,科创型企业家更喜欢研发的自主控制权。社会需要做的,就是保护好他们的这份"自主性"。

在本报告看来,科创型粤商企业家群体以创造价值为核心的几个关键品质,单独的任何一个关键品质,都可以在科技工作者、老师,甚至哲学家、商人、投资者等很多人身上发现。但也许只有真正的科创型企业家,才能将这些品质有机结合,他们也因此值得更多的关注和敬佩。他们的思考,对于学术研究来说也颇具启发性。

四　粤商企业家精神研究的启示

从政策制定的角度来看,了解粤商企业家群体的特征以及其经营理念十分必要,因为这关系到下一步政策制定的有效性。任何规则,都需要人去执行。如果在政策制定层面,能够充分考虑企业家群体的特征及其经营理念,政策则更易于落地和执行。比如,如果企业家群体呈现高学历特征,那么普及高中教育是否更有利于激发更多的创业者;如果企业家群体对融资的需求不高,那么政府所提供的中小微优惠贷款等政策效率就会偏低;如果企业家群体自身就有足够的动力去创新,那么政府是否还需要提供创新补贴去激励,这非常值得讨论,因为一旦有补贴,就很容易吸引"非自我动力创新"的企业家去追逐和套利,误导资源的有效配置。

从科学研究的角度来看,对不同行业和规模的企业家群体进行调研和深度访谈是非常有必要的。这样做有助于发现企业家群体的特质和共同特征,以及他们创业和经营的基本逻辑。这样的研究可以为读者提供更全面和深入的思考,帮助他们更准确地认识企业家群体,消除可能存在的误解。此外,这些研究还能为经济和管理领域的相关研究提供更多实例和事实依据,甚至可以建立粤商模型。

从个人发展的角度来看，了解粤商企业家群体的特质可以为未来的创业者提供客观的事实描述。通过审视自己是否具备相应的特质，来明确自己的优势和劣势，创业者可以更好地评估自己是否有潜力成为一个成功并持久发展的企业家。此外，粤商企业家群体在创业和经营过程中积累了丰富的经验和成功案例，他们的故事也能激发创业者的创新思维，提供更多的管理理念。

参考文献

欧翠珍：《粤商研究述评》，《广西民族研究》2010 年第 4 期，第 175~180 页。

申明浩：《后危机时期粤商网络对企业国际化经营的启示》，《经济学动态》2009 年第 12 期，第 74~77 页。

吴水金：《论明清粤商的商人精神》，《华南理工大学学报》（社会科学版）2001 年第 3 期，第 78~80+59 页。

徐丽鹤、李青：《信贷来源结构对中小企业多维度创新活动的影响》，《财经研究》2020 年第 7 期，第 19~34 页。

徐丽鹤等：《中国中小微企业发展——数据与新发现》，《经济科学》2023 年第 1 期，第 5~26 页。

张子龙、郑小凤：《"新粤商精神"是珠三角民企提升竞争力的内驱力》，《学理论》2010 年第 23 期，第 69~70 页。

中国企业创新创业调查 2018 年课题组等：《中国企业创新创业的特征事实及企业家画像》，《产业经济评论》2022 年第 1 期，第 38~57 页。

B.10
广东制造企业组织敏捷性的
提升和作用机制研究*

吴　亮**

摘　要： 基于动态能力的理论视角，本报告运用 148 家广东制造企业的问卷
调查数据，探究环境不确定下制造企业组织敏捷性的前因和结果。
研究发现：资源拼凑对组织敏捷性具有显著的促进作用，技术动荡
性会增强资源拼凑与组织敏捷性之间的关系；组织敏捷性对创新绩
效的获取具有明显的提升作用，组织分权会增强组织敏捷性与创新
绩效之间的关系；组织敏捷性中介了资源拼凑对创新绩效的影响。

关键词： 资源拼凑　组织敏捷性　技术动荡　组织分权　制造企业

一　研究背景

2022 年《政府工作报告》指出，在疫情冲击和全球经济不确定下，国民经
济能够保持稳定和实现恢复性增长，得益于各方面力量同心协力，同时兼顾疫
情防控和经济社会发展。比如，比亚迪集团快速调集新能源电池和汽车制造等
领域的工程师跨界设计医用口罩机的图纸，充分利用企业内部已有的铝制品零
部件，改造电子 3C 产品和新能源汽车的机床来生产口罩机，提高了口罩供应能

---

　* 本报告得到国家自然科学基金青年项目"资源约束下中小企业新产品开发与绩效获取的机制
　　 研究"（项目编号:71802059）的资助。
　** 吴亮，博士，云山学者，广东外语外贸大学粤港澳大湾区研究院、粤商研究中心讲师，主要
　　 研究方向为创业与创新管理。

力，有效助力疫情防控。但是，我国经济的快速恢复依然存在一定困难，国内外形势复杂多变，使得制造企业这一经济运行的重要微观主体的生产和运营恢复遭受巨大挑战。在国内外环境高度不确定下，多数制造企业面对资源、技术、时间、和资金都非常有限的情况，将如何有效提高组织敏捷性，即通过高效率的资源转换及时进行内部运营调整和创新性的外部市场响应来应对疫情的冲击和处置环境不确定性（Crupi et al.，2022；Lu et al.，2011；Teece et al.，2016），从而得到良好的创新绩效，是一个需要被关注的现实问题。

考虑到组织敏捷性对制造企业应对疫情冲击和获取竞争优势的重要作用（Al-Shboul et al.，2017；Crupi et al.，2022；杨蕙馨和刘如月，2020），学者们已尝试挖掘组织敏捷性的驱动因素。研究发现，企业可通过运用云计算等新信息化技术（高沛然和李明，2017；Schniederjans et al.，2016；孙新波等，2019），建立良好的供应链和网络关系（Aslam et al.，2020；廖凯诚等，2020），并注重培养吸收能力等组织能力（Felipe et al.，2016；郑晓明等，2012）来帮助制造企业提升组织敏捷性，从而有效应对外部环境的不确定性。这些研究丰富了制造企业组织敏捷性提升的解决方案，但仍有一些潜在的挑战需要制造企业认真应对。首先，制造企业在环境不确定下可能会缺乏成功提升组织敏捷性的知识、信息和技术（Côrte-Real et al.，2017）。其次，知识陈旧造成的组织刚性和内部动力不足所引致的组织惰性会阻碍制造企业组织敏捷性的提升（吴晓云和陈鹏飞，2015；Wu et al.，2021；曾德麟等，2017）。最后，组织敏捷性对制造企业创新绩效的影响机制需深入研究（刘念等，2021），当前尚不清楚何种组织结构可与组织敏捷性形成有效的匹配来提升制造企业创新绩效（Felipe et al.，2016）。

动态能力理论指出，企业的资源行动将能够通过帮助融合、发展和重新配置内外部资源来培养动态能力以应对外部环境的高度不确定（Fultz and Baker，2017；Teece et al.，2016）。基于该理论框架和资源拼凑的文献，本研究指出，资源拼凑（简称"拼凑"），即企业快速行动，整合手头的现有资源，并突破其原始属性进行资源重组，以应对机遇和威胁的短期或长期的资源行动（Baker and Nelson，2005），将能够帮助制造企业有效提升其组织敏捷性。具体而言，拼

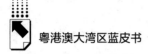

凑者会充分利用已有的网络关系以较低的成本构建生产和运营资源（Liu et al.，2021），深度挖掘和利用员工个人技能（Baker and Nelson，2005），突破资源的原始属性获取新的资源替代性解决方案（Steffens et al.，2022），通过经验和试错式学习（Reypens et al.，2021）来了解最新的行业和技术发展信息，以弱化组织刚性和惰性的困扰（An et al.，2018），进而成功提升组织敏捷性。

基于环境不确定性会影响资源行动与动态能力之间关系的理论逻辑（Teece et al.，2016），本报告指出资源拼凑对制造企业组织敏捷性的影响在技术不确定性的情景下会更有效（Wu et al.，2017）。此外，基于组织结构将对动态能力效用产生重要影响的理论逻辑（Felipe et al.，2016），本研究提出较高水平的组织分权将提高员工和部门的自主权（Vazquez-Bustelo and Avella，2019），营造良好的知识分享氛围（Giudici et al.，2020），促进信息在各层级间完整且高效的流动（Yousaf et al.，2021），从而便于制造企业更好地通过组织敏捷性来提升其创新绩效。基于"资源行动—动态能力—企业绩效"的研究框架（Fultz and Baker，2017；米莉和苗馨，2021），本研究指出组织敏捷性将在拼凑与创新绩效之间起中介作用。整体而言，本报告将有助于明晰拼凑如何，以及在何种情景下能够帮助制造企业成功提升组织敏捷性，以有效应对疫情的冲击和处置环境不确定性，有助于厘清组织敏捷性如何，以及与何种组织结构相匹配能够帮助制造企业提升创新绩效，以在不确定性的环境中赢得竞争优势，并丰富拼凑影响创新绩效的中介机制研究（An et al.，2018；Getnet et al.，2019；Pati et al.，2021）。

资源拼凑、组织敏捷性以及创新绩效三者的概念模型如图1所示。

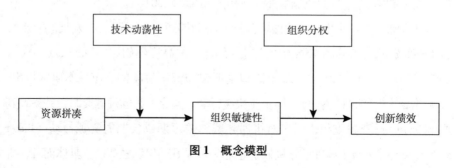

图1　概念模型

二 理论基础与研究假设

(一)组织敏捷性的文献回顾

组织敏捷性是企业应对环境不确定性的重要动态能力,其通过高效率的资源转换及时进行内部运营调整和创新性的外部市场响应来应对和处置环境不确定性,以帮助企业获得生存和发展(Lu et al.,2011;Teece et al.,2016)。已有实证研究指出,组织敏捷性是制造企业在不确定性环境中获取竞争优势的重要途径。比如,当制造企业具有较强的供应链敏捷性时,其能够获取较强的竞争优势(Al-Shboul et al.,2017)。与之相似,制造企业可利用战略敏捷性来获取服务化转型绩效(杨蕙馨和刘如月,2020)。

考虑到环境不确定性的与日俱增,快速数字化、信息技术突飞猛进等各类挑战的不断涌现,组织敏捷性的提升受到学者们的广泛关注。现有研究主要从三个方面来探究组织敏捷性的驱动因素。首先,新信息技术的开发和利用被证实可帮助企业提升组织敏捷性(高沛然和李明,2017;孙新波等,2019)。例如,云计算技术可通过帮助企业与外部供应商开展合作来提升组织敏捷性(Schniederjans et al.,2016)。其次,有效的供应链和网络关系管理可帮助企业提升组织敏捷性(Aslam et al.,2020)。比如,供应链企业间的竞合关系能够分别通过提升网络嵌入性和组织学习能力来帮助企业提升供应链敏捷性(廖凯诚等,2020)。最后,企业应当培养组织能力来帮助自身提升组织敏捷性(Felipe et al.,2016)。例如,企业的双元能力可帮助自身提升服务敏捷性(郑晓明等,2012)。

上述研究为组织敏捷性的提升提供了多样化的解决方案,但仍有一些因素制约着制造企业的组织敏捷性提升。一方面,知识、信息和技术的缺乏将会影响组织敏捷性的提升。例如,大数据技术对于组织敏捷性的提升具有重要作用(Côrte-Real et al.,2017),但是制造企业可能不拥有或不熟悉该项技术。另一方面,组织刚性和惰性会阻碍制造企业组织敏捷性的提升(Lu et al.，2011）。比如，制造企业已有的信息系统可能仅关注生产制造（曾德麟等，2017；吴晓云和陈鹏飞，2015），无法兼容和匹配最新的信息技术，这将会阻碍企业的数字化转型。此外，制造企业还可能沉浸于当前的营收模式（Wu et al.，2021），因担心新业务拓展过程中潜在的风险而不愿意开展商业模式更新。此外，组织敏捷性对制造企业创新绩效的作用机制需要进一步挖掘。尽管已有研究表明，组织敏捷性的提升有助于提高企业创新绩效，但当采用科层制的组织结构时，组织敏捷性反而不利于企业创新绩效的提升（Felipe et al.，2016）。因而，当前研究仍旧不清楚组织敏捷性与何种组织结构相匹配可帮助制造企业获得较好的创新绩效。为此，探究组织结构对组织敏捷性与制造企业创新绩效之间关系的影响也是一个需要被重视的研究问题。

（二）资源拼凑的文献回顾

创业领域新近研究指出，资源拼凑可便于企业"无中生有"以应对机遇和威胁，是应对资源短缺的重要资源建构行动，具体阐述为企业快速行动，整合手头的现有资源，并突破其原始属性进行资源重组，以应对机遇和威胁的短期或长期的资源行动（Baker and Nelson，2005）。拼凑者通常具有行动导向、勇于突破固有认知，并重视开发和利用手边资源（于晓宇等，2017）。因此，在物质、时间或制度资源约束下，企业可通过拼凑来改善财务状况（祝振铎和李非，2014）、获取竞争优势（Salunke et al.，2013）、提高新颖性（Senyard et al.，2014）、开展产品创新（Wu et al.，2017）、进行公司创业（An et al.，2018）、提供社会服务（彭伟等，2019），或实施商业模式创新（Pati et al.，2021）。考虑到拼凑在受资源约束企业的创新和创业过程中所具有的重要作用，学者们开始探索拼凑的驱动因素。研究发现，企业可通过建立正式和非正式网络（王海花等，2019）、培养创业者的能力和企业家精神（Stenholm and Renko，2016），以及建立异质性的高管团队并注重塑造其共同愿景（Su et al.，2020）来帮助企业更好地开展拼凑。上述研究发现丰富了拼凑的驱动力研究，但目前尚不清楚拼凑能否帮助制造企业应对环境不确定性，培养动态能力及时地进行内部运营调整和创新性的外部市场响应以获取竞争优势（刘念等，2021）。

此外，考虑到拼凑与创新结果之间关系不一致的情况（Senyard et al.，2014；Wu et al.，2017），学者们尝试挖掘拼凑与创新绩效之间的中介机制，以期望探究出拼凑与创新结果之间关系不一致的原因。比如，学者们发现双元学习中介了拼凑对创新绩效的影响（吴亮和刘衡，2017）。团队认知和行为即兴中介了拼凑对初创企业产品创新绩效的影响（周健明等，2019）。企业的智力资本，包括人力资本、组织资本，以及社会资本中介了拼凑对中小企业创新绩效的影响（何超等，2019）。上述研究丰富了拼凑对创新绩效影响的中介机制研究，但考虑到制造企业所遭遇的资源、时间、刚性和惰性等多重挑战，更深入的研究需要挖掘在环境不确定下，拼凑与制造企业创新绩效之间的中介机制（曹勇等，2019）。为此，本研究将基于动态能力理论和拼凑的文献来研究技术动荡性下，资源拼凑是否能够有效帮助制造企业摆脱资源约束的困扰，以及打破刚性和惰性的阻碍以提升组织敏捷性，并挖掘组织敏捷性能否在拼凑与制造企业创新绩效之间起中介作用，同时考虑组织敏捷性与组织结构的匹配对创新绩效的共同影响。

（三）资源拼凑与组织敏捷性

动态能力的研究指出，资源行动是动态能力的重要来源之一，其能够帮助企业融合、发展和重新配置内外部资源以有效应对外部环境的不确定性（Fultz and Baker，2017；米莉和苗馨，2021；Teece et al.，2016）。资源拼凑是资源约束下企业重要的资源建构行动之一，其既关注重新构建企业内部的资源（Banerjee and Campbell，2009；Garud and Prabhu，2020），也关注获取和释放资源（Epler and Leach，2021）。组织敏捷性是应对外部环境不确定性的关键动态能力之一，它通过及时的内部运营调整和创新性的外部市场响应来处置外部环境中的不确定性（Lu et al.，2011）。因此，与没有采用拼凑的制造业企业相比，采用拼凑的制造企业会具有更强的组织敏捷性，具体理由如下。首先，制造企业在组织敏捷性的提升过程中会花费较多的成本（Teece et al.，2016）。一方面，已有的产品生产线可能不便于生产新产品，而新产品生产线的建设往往会花费较多的成本（Teece et al.，2016）。另一方面，组织敏捷性的提升是一个动态的过程，需要依据市场需求的变化而及时调整生产规模，这需要花费额外的运营成本（Hoonsopon and Puriwat，2019）。通过关注已有的外部网络，拼凑者会突破资源的原始属性、深度发掘竞争对手所低估的且具有潜在新服务属性的生产和运营资源（Liu et al.，2021），将之改造用来试制和生产新产品，从而降低了企业的生产和运营成本，及时回应了外部市场的新需求。

其次，制造企业在组织敏捷性的提升过程中会遭遇组织刚性和惰性的困扰（Lu et al.，2011；Wu et al.，2021）。制造企业的优势通常在于生产制造，但信息化建设方面的知识和能力则相对较弱（吴晓云和陈鹏飞，2015），这会使其难以应对环境不确定性的增强、市场需求的不断更替，以及信息技术的突飞猛进所带来的挑战。通过不断的试错，拼凑者会充分使用其个人的技能和关系网络来帮助优化和改进已有的信息系统（Baker and Nelson，2005），使之能够满足制造企业数字化转型的需求。与之相似，制造企业可能会满足于以效率为导向的商业模式，而不愿意实施以新颖性为导向的商业模式（Wu et al.，2021）。通过经验和试错式学习（Reypens et al.，2021），拼凑者能够帮助制造企业了解最新的市场需求、获取行业发展的相关知识，从而克服其惰性（An et al.，2018），通过即兴的方式来实施以新颖性为导向的商业模式。

最后，制造企业在组织敏捷性的提升过程中会遭遇关键技术短缺的困扰（Côrte-Real et al.，2017）。为应对市场环境和客户需求的不断变化，企业迫切需要更新其产品和服务，但这依赖于核心技术的获取和掌握，核心技术因竞争对手的保护而通常难以从市场中获取。同时，如仅依赖于常规的技术研发则可能用时较长，导致难以抓住转瞬即逝的市场机会。此时，拼凑者会即刻行动，视挑战为机遇，通过人力资源拼凑或发明者拼凑等资源构建方式（Banerjee and Campbell，2009；Garud and Prabhu，2020），如将市场销售人员调配到研发部门，则可能有助于企业获取新的外部技术信息，缩短核心技术研发时间，以快速响应市场的需求。此外，制造企业在组织敏捷性的提升过程中还可能遭遇产品创意短缺的困扰（Wu et al.，2017）。通过组织即兴，即计划和行动的同时开展，拼凑者能够帮助快速构建新的产品创意以满足外部市场的新需求（Epler and Leach，2021）。此外，拼凑者还能够帮助制造企业跨行业、跨领域、跨部门构建新的产品创意（Liu et al.，2021），并通过创造性重组，以较快的速度开发出高新颖性产品来应对客户需求的不断变化。由此，提出以下假设。

假设 1：资源拼凑正向影响制造企业组织敏捷性。

（四）技术动荡性的调节作用

动态能力理论指出，环境不确定性将会影响资源行动与动态能力之间的关系（Teece et al.，2016）。技术动荡性是指行业中技术开发的变化和难以预测的程度（Jaworski and Kohli，1993）。在高水平技术动荡性下，企业的生产和运营将遭遇巨大挑战，因为技术是难以理解的，产品说明和设计需要随其变化不断地进行修改（Wu et al.，2017），这将会加剧制造企业组织敏捷性的提升过程中关键技术短缺的困扰。在此情景下，资源拼凑者的即刻行动就显得尤为重要，其能够通过开展人力资源拼凑或发明者拼凑来及时构建新的技术资源（Banerjee and Campbell，2009；Garud and Prabhu，2020），以有效应对技术动荡所带来的挑战，帮助制造企业及时响应市场和客户的新需求。此外，在高水平技术动荡性下，技术的进步需要综合多门学科知识，但关键技术的可得性较低（Zhao et al.，2014），这将加剧制造企业组织敏捷性的提升过程中组织刚性的困扰，如制造企业通常不具备应对企业数字化转型的专业化信息和通信知识（曾德麟等，2017；吴晓云和陈鹏飞，2015）。此时，制造企业单单依靠标准化的技术研发将花费较多的时间，导致难以获取先发优势，且通常花费较多（Teece et al.，2016）。在此关键时期，拼凑可作为一种替代性资源解决方案，其通过不断试错，使用员工个人的技能、经验和诀窍来加速核心技术的突破（Baker and Nelson，2005；Steffens et al.，2022）；运用已有的外部网络关系突破资源的原始属性、使用竞争对手所低估的且具有潜在新服务属性的生产和运营资源（Liu et al., 2021），以帮助企业通过及时的内部运营调整和创新性的外部市场响应来应对外部环境不确定性。与之相反，在低水平技术动荡性下，组织敏捷性的提升过程中所遭遇的关键技术短缺则可能相对较弱，核心技术的突破时间也相对不紧迫，考虑到拼凑的潜在缺点，如"临时方案""最小满意解"（Senyard et al., 2014），制造企业更可能依赖正式的研发流程来突破组织敏捷性的提升过程中的技术瓶颈。由此，提出以下假设。

假设 2：技术动荡性会调节资源拼凑与制造企业组织敏捷性之间的关系，当技术动荡水平比较高时，资源拼凑对制造企业组织敏捷性的影响较大。

（五）组织敏捷性与创新绩效

动态能力理论指出，不确定性环境中对机会的感知和利用能够帮助企业赢得竞争优势（Teece et al., 2016）。组织敏捷性是企业的重要动态能力，其能够通过快速的内部运营调整和创新性的外部市场响应来感知和利用不确定性环境中存在的市场机会，以帮助企业获取竞争优势（Felipe et al., 2016）。创新绩效是企业竞争优势的重要源泉之一（吴亮和刘衡，2017）。为此，本研究指出与具有较弱组织敏捷性的制造企业相比，具有较强组织敏捷性的制造企业更能够获取较好的创新绩效，理由有以下几点。首先，强组织敏捷性制造企业在经常的扩大和缩减生产与服务规模过程中会积累较为丰富的制造和流程知识（Lu et al., 2011），这将加速制造企业新产品和服务开发过程中的原型开发和制造设计，进而提升创新速度（杨蕙馨和刘如月，2020），为企业赢得先发优势。其次，强组织敏捷性制造企业更加关注客户的特殊需求，并对之快速响应（Hoonsopon and Puriwat, 2019），这将提升问题解决方案的新颖性，从而为顾客开发出高质量和新颖性的产品和服务（郑晓明等，2012），使其具有更高的可信赖度，经久耐用，并具有多功能的特点，最终带来创新绩效的提升。最后，强组织敏捷性制造企业更加关注外部市场的变化（Aslam et al., 2020），密切观察市场中出现的新产品创意和概念，并及时通过组织调整来对产品创意和概念进行测试，从而帮助制造企业开发出高创造性产品以满足用户的多样化需求（Wu et al.，2017），提高企业的创新绩效。由此，提出以下假设。

假设3：制造企业组织敏捷性正向影响创新绩效。

（六）组织分权的调节作用

已有研究指出，组织结构是影响动态能力效用的重要机制（Felipe et al.，2016）。本研究指出，组织分权将会在组织敏捷性与制造企业创新绩效之间的关系中扮演重要角色。首先，较高水平的组织分权会使得研发部门具有充分的自主权来合理调配制造企业的研发资源（Vazquez‑Bustelo and Avella，2019），以与生产和服务规模的扩减相匹配，帮助企业提升创新的速度。此外，较高水平的组织分权会使得生产和物流部门具有选择工厂和仓库位置的决策权（Hempel et al.，2012），这将有助于提升制造企业产品和服务传递的速度（杨蕙馨和刘如月，2020）、提高与增强顾客的满意度和对公司产品的忠诚感，最终带来创新绩效的提升。其次，较高水平的组织分权有助于在制造企业内部营造良好的知识分享氛围，从而使得员工之间、部门之间，以及员工与部门之间建立起良好的知识共享机制（Giudici et al.，2020），以更好地掌握客户的特殊需求，使得制造企业通过组织敏捷性所形成的解决方案更具有新颖性，最终带来产品质量的提升（郑晓明等，2012），帮助企业赢得竞争优势。最后，较高水平的组织分权有助于一线管理者和销售人员将外部市场中新产品创意和概念较完整的传递给公司高层（Yousaf et al.，2021），从而便于高层管理者及时做出战略决策，重新设计流程对产品概念进行测试，以更好地开发出高创造性产品来满足客户的新需求（Wu et al.，2017），帮助制造企业获取较好的创新绩效。由此，提出以下假设。

假设4：组织分权会调节制造企业组织敏捷性与创新绩效之间的关系，当组织分权水平比较高的时候，制造企业组织敏捷性对创新绩效的影响会较大。

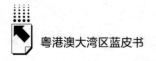

（七）组织敏捷性的中介作用

基于"资源行动—动态能力—企业绩效"的研究框架（Fultz and Baker，2017；米莉和苗馨，2021），本报告指出组织敏捷性中介了资源拼凑对制造企业创新绩效的影响。如前文所述，首先，拼凑作为受资源约束企业的一种重要的替代性资源解决方案，能够帮助制造企业以较低的成本来构建资源（Liu et al.，2021），有效摆脱制造企业组织刚性和惰性的困扰（Wu et al.，2021），并助力突破核心技术短缺的瓶颈（Garud and Prabhu，2020），从而快速提升制造企业的组织敏捷性。其次，组织敏捷性作为制造企业的重要动态能力，能够通过快速的内部运营调整和创新性的外部市场响应来以较快的速度开发出新的产品和服务（杨蕙馨和刘如月，2020），提高产品和服务的质量与新颖性（郑晓明等，2012），有效应对疫情的冲击（Crupi et al.，2022），从而帮助制造企业提高创新绩效（刘念等，2021）。因此，组织敏捷性会中介拼凑对制造企业创新绩效的影响。由此，提出以下假设。

假设5：制造企业组织敏捷性在资源拼凑与创新绩效之间起中介作用。

三　数据搜集与变量测量

（一）样本选取与数据搜集

本次问卷调查在广东省开展。该省份在受新冠疫情冲击后，经济恢复较快且发展势头强劲，行业内企业间竞争激烈，各类企业踊跃参与多种类型的创业和创新活动，是较为理想的研究样本。本报告的样本总体来自该省工商联的企业会员目录，运用随机抽样的统计方法，借助两种途径（邮寄、电子问卷）共随机分发了1300份调查问卷。间隔两周对未回复的高管追加发放问卷，并通过邮件、电话，以及社交媒体跟进填写状况。此次共回收了275份问卷，去除127份填写不完整和不规范的问卷，最终获得148份有效问卷，有效问卷回收率为11.38%（148/1300）。

　　样本的分布情况如下，企业成立 3 年以内的占 20.270%、3~8 年的占 25.676%、8~15 年的占 15.541%、15 年及以上的占 38.514%；就员工人数而言，300 人以下、300~500 人、500~2000 人、2000~5000 人、5000 人及以上的企业分别占样本总体的 40.541%、8.108%、23.649%、6.757%、20.946%；具体到企业销售额，300 万元以下、300 万~2000 万元、2000 万~4 亿元、4 亿元及以上的企业分别占样本总体的 3.378%、9.460%、36.487%、50.676%；在研发投入占销售的比重方面，无、0%~1%、1%~3%、3%~6%、6%~10%、10%~30%、30% 及以上的企业分别占样本总体的 16.216%、11.486%、12.838%、20.946%、18.243%、10.811%、9.459%；企业盈利水平位居行业前 10% 的占 30.405%、前 30% 的占 24.324%、居中等水平的占 38.514%、后 30% 的占 4.054%、后 10% 的占 2.703%；就企业规模而言，特大型的占 12.162%、大型的占 28.378%、中型的占 29.730%，以及小型企业占 29.730%；就发展阶段而言，投入的占 18.243%、成长的占 49.324%、成熟稳定的占 29.054%，以及衰退阶段的占 3.378%；访谈者中，高层管理者、总经理，以及董事长分别占样本总体的 65.540%、22.973%、11.486%。

　　在未返回偏差和共同方法偏差的诊断方面，本研究通过 T-test 检验来对比前期（$n=79$）与后期（$n=69$）所回收的问卷，没有发现在企业年龄［均值差 = -0.329，T（146）= -1.707，95% 下限 = -0.710；上限 = 0.052，95% 置信区间］、企业规模［均值差 = 0.057，T（146）= 0.3307，95% 下限 = -.2811558；上限 = 0.394，95% 置信区间］、研发强度［均值差 = 0.321，T（146）= 1.039，95% 下限 = -0.289；上限 = 0.931，95% 置信区间］、发展阶段［均值差 = 0.058，T（146）= 0.457，95% 下限 = -0.191；上限 = 0.307，95% 置信区间］方面显著不同。更近一步，T-test 检验还表明，两个核心变量资源拼凑［均值差 = 0.0136366，T（146）= 0.1209，95% 下限 = -0.209229；上限 = 0.2365023，95% 置信区间］和创新绩效［均值差 = -0.2964594，T（146）= -2.4030，95% 下限 = -0.5402813；上限 = -0.0526374，95% 置信区间］在前期与后期所收回的问卷中不存在显著差异。Harman 单因素检验表明，当因子未旋转时，第一个主成分仅解释 30.759% 的方差变异，未发现单个主成分解释较多的方差变异，这显示出共同方法偏差会较小的影响本研究。验证性因子分析（CFA）结果表明，一因子模型的拟合度与五因子模型的拟合度相比显著较弱。这再次表明，共同方法偏差对本研究具有较小的影响。此外，采用变异膨胀因子（VIF）来诊断多重共线性发现，VIF 值介于 1.050~1.860 之间，显示出本研究的多重共线性问题较弱。

（二）变量与测量

李克特量表被用来测度本报告中的全部变量。企业概况的测度采用填空和选择方式。借鉴 Salunke 等（2013）的研究，通过 3 个题项来度量资源拼凑；采用 Lu 和 Ramamurthy（2011）的研究，通过 6 个题项来度量组织敏捷性；采用 Lin 和 Germain（2003）的研究，通过 4 个题项来度量组织分权；借鉴 Jaworski 和 Kohli（1993）的研究，通过 3 个题项来度量技术动荡性；采用 Wiklund 和 Shepherd（2003）的研究，通过 3 个题项来度量创新绩效。变量测量结果如表 1 所示。

表 1   测量条目和信效度检验

构念及测量条目	因子载荷	解释方差	组合信度（CR）	Alpha（α）
资源拼凑（BR）				
企业通过挑战传统商业实践的方式组合资源	0.777***	71.869%	0.802	0.803
企业通过在未被充分利用的资源中获取价值的方式组合资源	0.713***			
企业通过可以获取创新性解决方案的方式配置资源	0.784***			
组织敏捷性（OA）				
只要客户出现了特殊的需求，我们都能对之快速响应，且顾客对我们的快速响应能力有信心	0.731***	62.221%	0.880	0.875
我们能够快速扩大或缩减生产和服务规模以应对市场需求的波动	0.723***			
当与供应商在供给方面产生冲突时，我们能快速做出必要的替代性安排和内部调整	0.846***			
我们能够迅速制定并实施恰当的决策以应对市场和顾客需求的变化	0.804***			

构念及测量条目	因子载荷	解释方差	组合信度（CR）	Alpha（α）
我们不断寻找重塑或再造组织的方式以更好地服务市场	0.715 ***			
我们将市场明显的变化和混乱视为可快速利用的机会	0.623 ***			
组织分权（OD）				
组织被授权，自主选择工厂/仓库的选址	0.575 ***	56.361%	0.745	0.734
进行新流程设计/研发预算	0.740 ***			
采用电子交换数据的决策	0.656 ***			
实施存货计划	0.623 ***			
技术动荡（TU）				
在我们行业中，技术变化很快	0.799 ***	65.604%	0.753	0.737
难以预测技术的发展方向	0.458 ***			
许多技术的发展都彻底改变了已有技术	0.840 ***			
创新绩效（IP）				
新业务（新产品、新服务）的开发数量	0.742 ***	80.676%	0.888	0.878
新业务的数量占公司业务总数的比重	0.941 ***			
新业务销售收入占总销售收入的比重	0.862 ***			

注：$n=148$；表中的所有因子载荷均为标准化因子载荷；*** 表示在 0.001 水平上显著。

关于控制变量的选取，本报告参考学者们的已有研究（何超等，2019；杨蕙馨和刘如月，2020），企业年龄体现了经验和知识积累的不同，企业规模体现了资源增速的快慢，研发强度体现了创新投入的多少，发展阶段会影响战略选择的差异，市场动荡（$\alpha=0.806$，$CR=0.813$）、竞争强度（$\alpha=0.868$，$CR=0.875$）反映了行业内技术变化和激烈竞争的程度（Jaworski and Kohli，1993）。上述因素均将会影响资源调动方式的选择、企业能力的形成，以及竞争优势的获取。为此，本报告将上述变量作为控制变量，以控制这些因素对研究模型的影响。

（三）信度与效度分析

借助 SPSS21.0 来评测量表的信度，运用 CFA 中因子载荷来评测各变量的组合信度（CR）。资源拼凑（$\alpha=0.803$，$CR=0.802$）、组织敏捷性（$\alpha = 0.875$，$CR = 0.880$）、组织分权（$\alpha = 0.734$，$CR = 0.745$）、技术动荡（$\alpha = 0.737$，$CR = 0.753$）、创新绩效（$\alpha = 0.878$，$CR = 0.888$）均具有较好的信度。借助 MPLUS7.0 软件，并选取多个拟合指标（x^2、df、$RMSEA$、$SRMR$、CFI、TLI）来评测五因子模型的结构和区分效度（见表2）。假设的五因子模型的拟合度优于其他因子模型的拟合度。上述数据表明，本研究中五个变量间具有较高的可区分度。此外，各变量平均方差萃取值（AVE）的平方根均大于与其他变量之间的相关系数（见表3），再次展示出，本报告的五个变量能够被有效区分，较适合探究各变量之间的关系。

表2　CFA 验证区分性拟合指数

模型	因子	χ^2	df	$\triangle\chi^2$	$RMSEA$	$SRMR$	CFI	TLI
五因子模型	BR；OA；OD；TU；IP	241.832	142		0.069	0.065	0.919	0.902
四因子模型（1）	BR+OA；OD；TU；IP	338.974	146	97.142（4）***	0.095	0.082	0.843	0.816
四因子模型（2）	BR；OA+OD；TU；IP	370.714	146	128.882（4）***	0.102	0.099	0.817	0.786
四因子模型（3）	BR；OA；OD+TU；IP	365.234	146	123.402（4）***	0.101	0.095	0.822	0.791
四因子模型（4）	BR；OA+IP；OD；TU	439.721	146	197.889（4）***	0.117	0.085	0.761	0.720
三因子模型（1）	BR+OA；OD+TU；IP	460.227	149	218.395（7）***	0.119	0.107	0.747	0.710
三因子模型（2）	BR；OA+OD；TU+IP	484.493	149	242.661（7）***	0.123	0.117	0.727	0.687
三因子模型（3）	BR+OA+IP；OD；TU	524.524	149	282.692（7）***	0.130	0.094	0.695	0.650
二因子模型（1）	BR+OA；OD+TU+IP	568.535	151	326.703（9）***	0.137	0.123	0.661	0.616
二因子模型（2）	BR+OA+IP；OD+TU	645.538	151	403.706（9）***	0.149	0.117	0.598	0.545
一因子模型	BR+OA+OD+TU+IP	742.957	152	501.125（10）***	0.162	0.125	0.520	0.460

注：$n = 148$；+表示因子模型合并；*** 表示在 0.001 水平上显著。

表 3　各变量的均值、标准差、相关系数及相关统计

变量	1	2	3	4	5	6	7	8	9	10	11
1. 企业年龄											
2. 企业规模	-0.570**										
3. 研发强度	0.078	-0.204*									
4. 发展阶段	0.525**	-0.478**	0.230**								
5. 市场动荡	-0.084	-0.119	0.063	-0.016							
6. 竞争强度	0.134	-0.190*	-0.124	0.099	0.210*						
7. 技术动荡	-0.064	-0.126	0.209*	0.006	0.590**	0.032	**0.720**				
8. 组织分权	-0.112	0.149	-0.097	-0.230**	0.088	-0.025	0.099	**0.651**			
9. 资源拼凑	-0.214**	-0.039	-0.010	-0.176*	0.309**	-0.063	0.345**	0.183*	**0.759**		
10. 组织敏捷性	-0.162*	-0.107	0.101	-0.077	0.256**	0.020	0.242**	0.012	0.513**	**0.744**	
11. 创新绩效	-0.103	-0.043	0.106	-0.176*	0.268**	-0.051	0.309**	0.078*	0.381**	0.431**	**0.852**
均值	2.723	2.784	3.838	2.176	3.394	3.957	3.131	2.242	3.800	3.854	3.450
标准差	1.177	1.034	1.874	0.762	0.904	0.973	0.842	0.729	0.682	0.619	0.761

注：$n=148$；** 表示在 0.010 水平上显著，* 表示在 0.050 水平上显著；对角线上黑体数据为相应变量 AVE 的平方根。

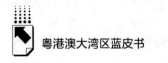

四 数据分析与结果

（一）描述性统计

根据本研究中各变量的描述性统计可知，组织敏捷性的均值为 3.854，显示出本研究中制造企业具有较强的组织敏捷性，可用于检验本报告的研究模型。变量之间的相关系数表明，拼凑与组织敏捷性，以及创新绩效之间均具有较强的相关性。其中，拼凑与组织敏捷性（$r=0.513$；$p<0.01$）中等相关。这再次显示出，本报告的多重共线性问题较不突出，为之后的假设检验提供了有效保障。

（二）模型验证分析

逐层回归的分析方法被用来检验研究模型，分析结果如表 4 所示。模型 2 中，拼凑对组织敏捷性具有显著的促进作用（$\beta=0.538$；$p<0.001$），假设 1 得到了验证。模型 3 中，技术动荡性正向影响拼凑与组织敏捷性之间的关系（$\beta=0.196$；$p<0.050$）。此外，调节效应图显示，在高水平技术动荡性的时候，拼凑与组织敏捷性之间的关系变得更为陡峭（见图 2），因此假设 2 得到了数据的支持。

模型 6 中，组织敏捷性显著正向影响创新绩效（$\beta=0.275$；$p<0.010$），因此，本报告的假设 3 得到了支持。模型 8 中，组织分权显著正向影响组织敏捷性与创新绩效之间的关系（$\beta=0.323$；$p<0.001$）。此外，调节效应图显示，在高水平组织分权的时候，组织敏捷性与创新绩效之间的关系变得更为陡峭（见图 3），因此假设 4 得到了数据的支持。

模型 5 中，拼凑对创新绩效具有显著的促进作用（$\beta=0.299$；$p<0.001$）；模型 2 中，拼凑对组织敏捷性具有显著的促进作用（$\beta=0.538$；$p<0.001$）；模型 6 中，组织敏捷性对创新绩效具有显著的促进作用（$\beta=0.275$；$p<0.010$）；模型 7 中，当组织敏捷性加入方程之后，拼凑对创新绩效

表4 回归分析结果

变量	组织敏捷性				创新绩效			
	模型 1	模型 2	模型 3	模型 4	模型 5	模型 6	模型 7	模型 8
企业年龄	-0.169 (0.144)	-0.171 (0.137)	-0.180 (0.141)	0.018 (0.156)	0.021 (0.162)	0.054 (0.147)	0.048 (0.151)	0.029 (0.160)
企业规模	-0.144 (0.205)	-0.185 (0.187)	-0.144 (0.185)	-0.128 (0.162)	-0.127 (0.199)	-0.085 (0.190)	-0.100 (0.210)	-0.135 (0.228)
研发强度	-0.172 (0.208)	0.129 (0.136)	0.056 (0.141)	0.080 (0.125)	0.111 (0.116)	0.071 (0.117)	0.095 (0.121)	0.129 (0.130)
发展阶段	-0.026 (0.186)	-0.050 (0.146)	0.106 (0.151)	-0.280** (0.124)	-0.242+ (139)	-0.241* (0.119)	-0.235* (0.126)	-0.252* (0.129)
市场动荡	0.283 (0.202)	0.020 (0.177)	0.109 (0.199)	0.250* (0.127)	0.161 (0.140)	0.206 (0.150)	0.174 (0.162)	0.212 (0.170)
竞争强度	-0.384 (0.293)	0.035 (0.232)	-0.254 (0.232)	-0.176 (0.176)	-0.141 (0.168)	-0.128 (0.162)	-0.148 (0.172)	-0.103 (0.181)
技术动荡	0.118 (0.182)	0.074 (0.223)	-0.126 (0.227)	0.268* (0.140)	0.210 (0.150)	0.226* (0.124)	0.194 (0.140)	0.164 (0.132)
组织分权	0.063 (0.166)	-0.084 (0.119)	-0.059 (0.117)	-0.050 (0.132)	-0.079 (0.122)	-0.052 (0.132)	-0.076 (0.125)	-0.147 (0.164)
主效应								

续表

变量	组织敏捷性			创新绩效				
	模型 1	模型 2	模型 3	模型 4	模型 5	模型 6	模型 7	模型 8
资源拼凑		0.538*** (0.125)	0.581*** (0.166)		0.299*** (0.101)		0.227* (0.133)	0.235+ (0.148)
中介效应								
组织敏捷性						0.275** (0.116)	0.192** (0.109)	0.227*** (0.108)
调节效应								
资源拼凑×技术动荡			0.196* (0.125)					
组织敏捷性×组织分权								0.323*** (0.114)
F	3.921***	5.670***	5.573***	4.303***	4.301***	3.877***	3.348***	3.104***
R²	0.308	0.409	0.495	0.294	0.360	0.351	0.383	0.433
调整后的 R²	0.230	0.337	0.406	0.226	0.276	0.057	0.269	0.293

注：$n=148$，显著性水平检验为双边检验；*** 表示在 0.001 水平上显著，** 表示在 0.010 水平上显著，* 表示在 0.050 水平上显著，+ 表示在 0.1 水平上显著。

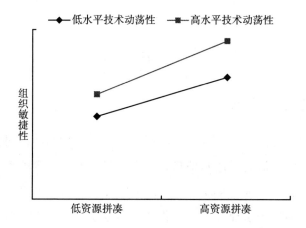

图2 技术动荡性对资源拼凑与组织敏捷性之间关系的调节作用

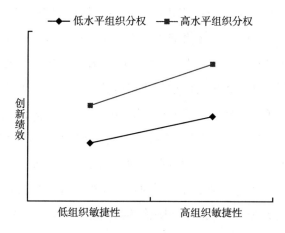

图3 组织分权对组织敏捷性与创新绩效之间关系的调节作用

的促进作用和显著性水平均降低（$\beta = 0.227$；$p < 0.050$）。这显示出组织敏捷性中介了拼凑对创新绩效的影响，因而，假设5得到了验证。此外，本研究运用 MPLUS7.0 软件，通过中介效用的置信区间分析来深度检验假设5发现，拼凑通过组织敏捷性对创新绩效影响的间接效应显著（估计值 = 0.152，下限 = 0.025；上限 = 0.352，95%的置信区间）。因而，本报告的假设5再次得到验证。

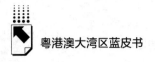

五 研究结论与启示

（一）理论与研究启示

第一，本报告探究了在环境不确定下，资源拼凑对制造企业组织敏捷性的提升机制。已有研究关注新信息技术的开发和利用（孙新波等，2019）、供应链和网络关系管理（Aslam et al.，2020），以及企业能力的培养（郑晓明等，2012）对组织敏捷性的提升作用，但受资源约束和组织刚性困扰的制造企业如何成功提升组织敏捷性以应对外部环境的不确定性仍不清晰。本报告通过拓展已有研究来检验拼凑对制造企业组织敏捷性的影响，发现企业的拼凑活动能够帮助制造企业成功应对组织敏捷性提升过程中的资源约束（Côrte-Real et al.，2017）、组织刚性和惰性的困扰（Lu et al.，2011），以及核心技术突破的瓶颈（Garud and Prabhu，2020），从而带来组织敏捷性的有效提升。本研究还通过拓展以往研究来检验技术动荡性对拼凑与制造企业组织敏捷性之间关系的影响（Wu et al.，2017），发现技术动荡性会增强拼凑与制造企业组织敏捷性之间的关系。因此，本报告将有助于明晰拼凑如何，以及在何种情景下能够帮助制造企业成功提升组织敏捷性，以有效应对疫情的冲击和处置环境不确定性，帮助企业获得生存和发展。

第二，本研究强调需要考虑组织结构对制造企业组织敏捷性效用的影响，以便更好地洞察组织敏捷性对创新绩效的影响。学者们研究发现，科层制组织结构不利于组织敏捷性效用的发挥（Felipe et al.，2016），而自组织和多事业部组织结构则有利于组织敏捷性效用的发挥（Teece et al.，2016）。但是，组织分权是否会影响制造企业组织敏捷性对创新绩效所产生的作用仍不明晰（Hempel et al.，2012；刘念等，2021）。本报告通过拓展现有研究来检验组织分权对制造企业组织敏捷性与创新绩效之间关系的权变性影响，发现在高水平组织分权下，制造企业组织敏捷性对创新绩效的正向促进作用会更强。因而，本报告将有助于澄清制造企业组织敏捷性如何，以及与何种组织结构相匹配能够帮助企业提升创新绩效，以在不确定性的环境中赢得竞争优势。

第三，本研究丰富了资源拼凑与制造企业创新绩效之间中介机制的研究。有学者研究指出，机会识别（An et al.，2018）、产品创新（Getnet et al.，2019），以及商业模式创新（Pati et al.，2021）会在拼凑与企业绩效之间起中介作用，但当前研究尚不清楚拼凑能否通过帮助处于不确定性环境下的制造企业提升组织敏捷性来提高创新绩效。本报告通过丰富以往研究发现来检验拼凑与制造企业创新绩效之间的中介机制（刘念等，2021），发现拼凑能够帮助制造企业应对组织敏捷性提升过程中的挑战以有效提升其创新绩效。整体而言，本研究明晰了在环境不确定下拼凑对制造企业组织敏捷性的提升机制、组织结构对制造企业组织敏捷性与创新绩效之间关系的影响，以及拼凑与制造企业创新绩效之间的中介机制。

（二）管理实践意义

当制造企业在组织敏捷性的提升和应用过程中遭遇挑战时，一方面，企业应当即刻行动，突破资源的原始属性，并通过创造性重组来获取替代性资源解决方案，而非只是徘徊等待标准化的资源解决方案，从而能够帮助企业进行内部运营调整和创新性的外部市场响应以应对外部环境的不确定。此外，需密切关注外部技术环境的变化，制造企业可通过实施拼凑这一主动的资源建构活动来帮助摆脱关键技术短缺的困扰和应对多学科知识的不足以成功摆脱组织敏捷性提升过程中所遭遇的技术动荡困扰。另一方面，制造企业在组织敏捷性应用过程中应设计合理的组织结构与之相匹配，分权式的组织结构会使得员工和部门具有较高的自主权来合理分配研发资源，建立良好的知识共享机制，促进信息的完整有效传播，优化布局工厂和仓库位置，从而便于制造企业运用组织敏捷性来提升创新速度、提高产品品质、提高产品新颖性，进而有效提升创新绩效。此外，制造企业运用资源拼凑来提升企业创新绩效的同时，应当注重培养其内部运营调整和创新性的外部市场响应能力，从而便于传递资源拼凑对创新绩效的影响。

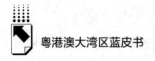

（三）研究局限与未来展望

本报告的可进一步完善之处在于以下几点。首先，本报告仅从整体上检验了资源拼凑对制造企业组织敏捷性的提升机制，未来可分析具体的拼凑类型（要素投入、顾客和市场、制度）对组织敏捷性的差异化影响。此外，仅考虑了技术动荡性对拼凑与组织敏捷性之间关系的影响，未来可考虑其他企业内外环境对上述关系的影响。其次，基于组织结构的角度分析组织分权对制造企业组织敏捷性与创新绩效之间关系的影响，但仅考虑一种类型的组织结构，而未考虑其他类型的组织结构，如组织正式化、组织专业化、组织集权、柔性组织是否也会影响制造企业组织敏捷性与创新绩效之间的关系，随后可对之进行补充、完善。最后，横截面的研究不利于检验拼凑对制造企业创新绩效的动态影响，随后可运用跨期的研究设计，从而更深入地拓展和深化本报告的研究结论。

参考文献

曹勇等：《资源拼凑、双元学习与企业创新绩效之间的关系研究》，《科学学与科学技术管理》2019 年第 6 期。

曾德麟等：《基于信息处理的复杂产品制造敏捷性研究：以沈飞公司为案例》，《管理科学学报》2017 年第 6 期。

高沛然、李明：《组织 IT 资源对运作敏捷性影响的实证研究》，《南开管理评论》2017 年第 5 期。

何超等：《资源拼凑与中小企业创新：智力资本的中介作用》，《科研管理》2019 年第 7 期。

廖凯诚等：《集体横向竞合与供应链敏捷性的多重中介模型》，《科研管理》2020 年第 11 期。

刘念等：《大数据分析能力与制造企业服务创新绩效：一个链式中介模型》，《科技管理研究》2021 年第 24 期。

米莉、苗馨：《资源行动演化下动态能力对战略绩效的影响——以亿利集团为例》，《管理案例研究与评论》2021 年第 1 期。

彭伟等：《中国情境下的社会创业过程研究》，《管理学报》2019 年第 2 期。

孙新波等：《大数据驱动企业供应链敏捷性的实现机理研究》，《管理世界》2019 年第 9 期。

王海花等：《创业网络、资源拼凑与新创企业绩效的关系研究》，《管理科学》2019 年第 2 期。

吴亮、刘衡：《资源拼凑与企业创新绩效研究：一个被调节的中介效应》，《中山大学学报》（社会科学版）2017 年第 4 期。

吴晓云、陈鹏飞：《信息技术对服务企业组织敏捷性影响的实证研究》，《外国经济与管理》2015 年第 9 期。

杨蕙馨、刘如月：《战略敏捷性、惯例更新与制造企业服务化转型绩效》，《山东大学学报》（哲学社会科学版）2020 年第 5 期。

于晓宇等：《创业拼凑研究综述与未来展望》，《管理学报》2017 年第 2 期。

郑晓明等：《双元能力促进企业服务敏捷性——海底捞公司发展历程案例研究》，《管理世界》2012 年第 2 期。

周健明等：《资源拼凑、团队即兴与初创企业新产品开发绩效》，《科研管理》2019 年第 1 期。

祝振铎、李非：《创业拼凑对新企业绩效的动态影响——基于中国转型经济的证据》，《科学学与科学技术管理》2014 年第 10 期。

M. A. Al-Shboul, "Infrastructure Framework and Manufacturing Supply Chain Agility: The Role of Delivery Dependability and Time to Market," *Supply Chain Management: An International Journal* 2 (2017).

W. An et al., "How Bricolage Drives Corporate Entrepreneurship: The Roles of Opportunity Identification and Learning Orientation," *Journal of Product Innovation Management* 1 (2018).

H. Aslam et al., "Achieving Supply Chain Resilience: The Role of Supply Chain Ambidexterity and Supply Chain Agility," *Journal of Manufacturing Technology Management* 6 (2020).

T. Baker, R. E. Nelson, "Creating Something from Nothing: Resource Construction through Entrepreneurial Bricolage," *Administrative Science Quarterly* 3 (2005).

P. M. Banerjee, B. A. Campbell, "Inventor Bricolage and Firm Technology Research and Development," *R&D Management* 5 (2009).

N. Côrte-Real, T. Oliveira, P. Ruivo, "Assessing Business Value of Big Data Analytics in European Firms," *Journal of Business Research* (2017).

A. Crupi, S. Liu, W. Liu, "The Top-Down Pattern of Social Innovation and Social Entrepreneurship. Bricolage and Agility in Response to COVID-19: Cases From China," *R&D Management* 2 (2022).

R. T. Epler, and M. P. Leach, "An Examination of Salesperson Bricolage During a Critical Sales Disruption: Selling During the Covid-19 Pandemic," *Industrial Marketing Management*

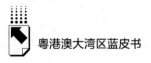

(2021).

C. M. Felipe, J. L. Roldán, A. L. Leal-Rodríguez, "An Explanatory and Predictive Model for Organizational Agility," *Journal of Business Research* 10 (2016).

A. E. F. Fultz, T. Baker, "The Day of Small Beginnings: Bricolage As a Source of Dynamic Capabilities in Young Firms," *Academy of Management Proceedings* 1 (2017).

N. Garud, G. N. Prabhu, "Linking R&D Inventors' Social Skills and Bricolage to R&D Performance in Resource Constrained Environments in Emerging Markets," *IEEE Transactions on Engineering Management* 3 (2020).

H. Getnet et al., "Supporting Product Innovativeness and Customer Value at the Bottom of the Pyramid through Context-Specific Capabilities and Social Ties," *Industrial Marketing Management* (2019).

A. Giudici et al., "Successful Scaling in Social Franchising: The Case of Impact Hub," *Entrepreneurship Theory and Practice* 2 (2020).

P. S. Hempel, Z. X. Zhang, Y. Han, "Team Empowerment and the Organizational Context: Decentralization and the Contrasting Effects of Formalization," *Journal of Management* 2 (2012).

D. Hoonsopon, W. Puriwat, "Organizational Agility: Key to the Success of New Product Development," *IEEE Transactions on Engineering Management* 6 (2019).

B. J. Jaworski, A. K. Kohli, "Market Orientation: Antecedents and Consequences," *Journal of Marketing* 3 (1993).

X. Lin, R. Germain, "Organizational Structure, Context, Customer Orientation, and Performance: Lessons from Chinese State-Owned Enterprises," *Strategic Management Journal* 11 (2003).

W. Liu et al., "The More the Better vs. Less is More: Strategic Alliances, Bricolage and Social Performance in Social Enterprises," *Journal of Business Research* (2021).

Y. Lu, K. Ramamurthy, "Understanding the Link between Information Technology Capability and Organizational Agility: An Empirical Examination," *MIS Quarterly* 4 (2011).

R. Pati et al., "Entrepreneurial Behavior and Firm Performance: The Mediating Role of Business Model Novelty," *R&D Management* 5 (2021).

L. Reypens, S. Bacq, H. Milanov, "Beyond Bricolage: Early-Stage Technology Venture Resource Mobilization in Resource-Scarce Contexts," *Journal of Business Venturing* 4 (2021).

S. Salunke, J. Weerawardena, J. R. McColl-Kennedy, "Competing through Service Innovation: The Role of Bricolage and Entrepreneurship in Project-Oriented Firms," *Journal of Business Research* 8 (2013).

D. G. Schniederjans, K. Ozpolat, Y. Chen, "Humanitarian Supply Chain Use of Cloud Computing," *Supply Chain Management: An International Journal* 5 (2016).

J. Senyard et al., "Bricolage as a Path to Innovativeness for Resource-Constrained New

Firms," *Journal of Product Innovation Management* 2 (2014).

P. R. Steffens et al. , "When is Less More? Boundary Conditions of Effective Entrepreneurial Bricolage," *Journal of Management* (2022).

P. Stenholm M. Renko, "Passionate Bricoleurs and New Venture Survival," *Journal of Business Venturing* 5 (2016).

Z. Su, J. Yang, Q. Wang, "The Effects of Top Management Team Heterogeneity and Shared Vision on Entrepreneurial Bricolage in New Ventures: An Attention-based View," *IEEE Transactions on Engineering Management* (2020).

D. Teece, M. Peteraf, S. Leih, "Dynamic Capabilities and Organizational Agility: Risk, Uncertainty, and Strategy in the Innovation Economy," *California Management Review* 4 (2016).

D. Vazquez-Bustelo, L. Avella, "The Effectiveness of High-Involvement Work Practices in Manufacturing Firms: Does Context Matter?" *Journal of Management & Organization* 2 (2019).

J. Wiklund, D. Shepherd, "Knowledge-Based Resources, Entrepreneurial Orientation, and the Performance of Small and Medium-Sized Businesses," *Strategic Management Journal* 13 (2003).

L. Wu, H. Liu, Y. Bao, "Outside-In Thinking, Value Chain Collaboration and Business Model Innovation in Manufacturing Firms," *Journal of Business & Industrial Marketing* (2021).

L. Wu, H. Liu, J. Zhang, "BricolageEffects on New-Product Development Speed and Creativity: The Moderating Role of Technological Turbulence," *Journal of Business Research* (2017).

Z. Yousaf, A. Majid, M. Yasir, "Is Polychronicity a Panacea for Innovative Work Behavior among Nursing Staff? Job Embeddedness and Moderating Role of Decentralization," *European Journal of Innovation Management* 1 (2021).

Y. Zhao, E. Cavusgil, S. T. Cavusgil, "An Investigation of the Black-Box Supplier Integration in New Product Development," *Journal of Business Research* 6 (2014).

Abstract

The construction of Guangdong-Hong Kong-Macao Greater Bay Area is a major national strategy personally planned, deployed and promoted by general secretary Xi Jinping. It shoulders the important mission of building a world-class bay area. The development model of technological innovation in the Greater Bay Area has significant implications for both China and the world. With strong support from central and local governments, it is expected to become a top-tier technology innovation-driven bay area globally. The development process of Guangdong, Hong Kong, and Macao has distinct heterogeneous characteristics, and there are significant differences in the level of development among cities within the Pearl River Delta region. Therefore, to build a highly integrated urban cluster in the Greater Bay Area, it is necessary to overcome trade barriers between these three regions and promote coordinated development of science & technology and economy. Hence, exploring changes in technological innovation development in the Greater Bay Area holds certain practical significance.

The research report of this book is divided into five major topics. Firstly, from the perspective of high-quality development, it analyzes the mechanism of digital economy development to the high-quality development of the Greater Bay Area; Secondly, from the perspective of data factor circulation, fintech and digital innovation ecosystem, digital trade, the current situation of collaborative development of science and technology in the Greater Bay Area is analyzed. Thirdly, starting from the coordinated development of transportation and Marine economy, this report analyzes the current situation of the coordinated development of industries in the Guangdong-Hong Kong-Macao Greater Bay Area. Fourthly, the current situation of talent cooperation in Guangdong-Hong Kong-Macao

Greater Bay Area is analyzed from the perspective of youth entrepreneurship and employment. Fifthly, the development status of Cantonese businessmen in the Guangdong-Hong Kong-Macao Greater Bay Area is analyzed from the perspectives of their entrepreneurship, Guangdong manufacturing organizational agility.

Keywords: Guangdong-Hong Kong-Macao Greater Bay Area; Digital Economy; Industrial Development; Talent Cooperation; Gungdong Business Development

Contents

I   General Report

B . 1   Mechanism and Strategy Analysis of Digital Economy Driving

High-quality Development of the Greater Bay Area

Shen Minghao, Shen Xiaojuan, Li Yujie and Liu Yiqian / 001

Abstract: At present, the Guangdong-Hong Kong-Macao Greater Bay Area shows high-quality development characteristics such as Growth sustainable, development coordination , Green development and livable life, and is accelerating towards the established goal of becoming a world-class bay area and a world-class city cluster. The outline of the " 14th Five-Year Plan" development plan of Guangdong Province clearly provides an opportunity and direction for digital economy to drive the high-quality development of the Guangdong-Hong Kong-Macao Greater Bay Area. Based on this background, this report examines the main characteristics, performance, impact and trend of high-quality development in the Greater Bay Area. On the basis of defining the concept meaning, constructing evaluation indicators system and cities in bay area, this report analyzes the internal logic and specific performance of the digital economy driving the high-quality development of the Greater Bay Area at macro, industry and company levels. The case facts of digital economy promoting high-quality economic development in the Greater Bay Area are discussed in a panoramic manner. At the same time, the high-quality development of the Greater Bay Area driven by digital economy still faces some challenges in digital economy governance, data factor market construction, industrial strategic planning, enterprise strategic positioning, digital technology, talent training and other aspects. On this basis, this report puts forward the optimization strategies of policy planning, develop industrial development strategy planning, clarify the key strategic positioning of the enterprise and other aspects, so as to provide suggestions for the high-quality economic development of the Guangdong-Hong Kong-Macao Greater Bay Area driven by digital economy.

Keywords: Guangdong-Hong Kong-Macao Greater Bay Area; Digital Economy; High-quality Development

II　Technology Reports

B.2　Development Report on Data Factor Circulation in

　　　Guangdong-Hong Kong-Macao Greater Bay Area[*]

Xiao Jingna / 052

Abstract: Since the Fourth Plenary Session of the 19th Central Committee of the Communist Party of China in 2019 defined data as a factor of production, data elements have received high attention. With the rapid development of the digital economy, the importance of its core component data elements is also increasing. As a key production factor in the digital economy, the effective circulation of data is an inevitable requirement for promoting the further development of the digital economy. Therefore, the development level of data element circulation will directly affect the overall resource allocation efficiency of China's economy and thus the comprehensive national strength. In addition, data has become an important strategic resource for big country competition, therefore, the development level of data element circulation may also affect China's position in the big country game and national security. This report firstly provides a necessary overview of the basic concepts related to data circulation, in order to grasp the overall data element circulation overview at the current stage. Subsequently, the

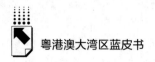
report reported on the current status of public data openness, data circulation among enterprises and institutions, and cross-border circulation of data elements in the Guangdong Hong Kong Macao Greater Bay Area. Finally, the report combines the main content to identify potential issues in the development of data element circulation in the Guangdong Hong Kong Macao Greater Bay Area and proposes corresponding policy recommendations.

Keywords: Guangdong-Hong Kong-Macao Greater Bay Area; Data Factor Circulation; Data Factor Transaction

B.3   Guangdong-Hong Kong-Macao Greater Bay Area Fintech Development Report

Yang Yongcong, Qiu Shan and Chen Jiaxuan / 082

Abstract: The Outline of the Development Plan for the Guangdong-Hong Kong-Macao Greater Bay Area clearly requires accelerating the construction of the carrying area of financial and technological innovation functions in the Guangdong-Hong Kong-Macao Greater Bay Area, and focusing on the development of fintech and other characteristic finance. At present, thanks to the advantages of strong economic strength, close urban clusters, rich talent reserve and high degree of internationalization, the development of fintech in the Guangdong-Hong Kong-Macao Greater Bay Area has achieved remarkable results, providing strong support for promoting high-quality development of the financial industry and building a modern industrial system with international competitiveness. However, there are still bottlenecks and obstacles in the development of fintech in the Guangdong-Hong Kong-Macao Greater Bay Area, mainly manifested as inadequate planning and guidance, lack of enabling mechanism, scarcity of interdisciplinary talents, unbalanced regional distribution, imperfect innovation supervision and other problems. To this end, we can provide stronger support for the high-quality development of fintech in the Guangdong-Hong Kong-Macao Greater Bay Area by strengthening planning and guidance, opening up enabling mechanisms, strengthening talent training, optimizing regional layout, and exploring regulatory sandboxes.

Keywords: Guangdong-Hong Kong-Macao Greater Bay Area; Financial Innovative Center; Fintech

B. 4   Research on Development Status and Countermeasures of Digital Innovation Ecosystem in Guangdong-Hong Kong-Macao Greater Bay Area   *Zhang Hui* / 116

Abstract: In the digital innovation environment driven by digital technology, digital innovation ecosystem has received extensive attention as an emerging innovation paradigm. On the basis of clarifying the core components of the digital innovation ecosystem, this report constructs the indicator system of the digital innovation ecosystem in the Guangdong-Hong Kong-Macao Greater Bay Area, and conducts statistical analysis of the data. The results show that the development level of the four ecological subjects of digital technology providers, knowledge creators and applications, digital platform operators and consumers in the Guangdong-Hong Kong-Macao Greater Bay Area is relatively high, but there are some problems, such as low level of digital knowledge creation, insufficient interaction among digital innovation ecological subjects, and insufficient coordination of digital innovation in urban agglomeration. In view of the above problems, this report puts forward policy recommendations from three perspectives: government guidance, policy formulation and development path.

Keywords: Guangdong-Hong Kong-Macao Greater Bay Area; Digital Innovation Ecosystem; Subject of Ecology

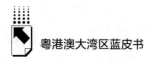
B.5   Research on the Development and Countermeasures of

Digital Trade in Guangdong-Hong Kong-Macao

Greater Bay Area   *Liu Yaying* / 145

Keywords: Guangdong-Hong Kong-Macao Greater Bay Area; Digital Trade; Digital Talent

Ⅲ Industry Reports

B . 6 Study on Transport Development in the

Guangdong-Hong Kong-Macao Greater Bay Area

Zhang Lin, *Liu Xuanyu* / 173

Abstract: The Guangdong-Hong Kong-Macao Greater Bay Area is not only one of the three major urban clusters in China, but also one of the four major bay areas in the world. The transportation construction and development of Guangdong-Hong Kong-Macao Greater Bay Area is an important measure to adhere to the "one country, two systems" system, and an important link of the "Belt and Road" construction, which is in a strategic position in the process of China's modernization. This report firstly expounds the current situation of transport development in the Guangdong-Hong Kong-Macao Greater Bay Area, then compares it with the current situation of transport development in some domestic urban agglomerations and world-class bay areas, and then deeply discusses the impact of transport development in the Guangdong-Hong Kong-Macao Greater Bay Area on economy, industry, society and environment. This paper analyzes the problems existing in the development of transportation in the Guangdong-Hong Kong-Macao Greater Bay Area, and puts forward corresponding countermeasures and suggestions.

Keywords: Guangdong-Hong Kong-Macao Greater Bay Area; Transportation; Urban Agglomerations

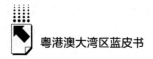

B.7　Study on Coordinated Development of Marine Economic

Regions in the Guangdong-Hong Kong-Macao

Greater Bay Area　　　　　*Zhao Yu, Wang Xingtang* / 200

Abstract: As one of the major regions promoting the strategy of regional coordinated development in China, the Guangdong-Hong Kong-Macao Greater Bay Area has inherent advantages in the development of Marine economy in terms of location and resource endowment, including open economic structure, efficient resource allocation ability, rich coastal resources and high-end innovation factors. Building an integrated Marine economy will give full play to the core role of the Greater Bay Area in innovation, aggregation and radiation. Exploring the regional coordinated development path of Marine economy in the Guangdong-Hong Kong-Macao Greater Bay Area can not only give full play to the complementary spillover effect of Marine economy to narrow the development gap of urban agglomerations in the Greater Bay Area, but also carry out industrial integration and coordination on the basis of regional Marine industry polarization and diffusion, which is conducive to promoting the overall common development of the region and finally realizing the integrated pattern of Marine economy in the Greater Bay Area. It has important theoretical and practical significance.

Keywords: Guangdong-Hong Kong-Macao Greater Bay Area; Marine Economy; High-quailty Dvelopment

IV Talent Report

B.8 Research on Youth Employment and Entrepreneurship in the

Guangdong-Hong Kong-Macao Greater Bay Area

under the Background of High-quality Development

Liu Sheng , Liang Ying and Lin Wannan / 219

Abstract: In the context of high-quality development, this report analyzes the employment and entrepreneurship status of young people in the Guangdong-Hong Kong-Macao Greater Bay Area, and finds that it is facing the following strategic opportunities: the state attaches great importance to the employment and entrepreneurship of young people in the Greater Bay Area, and has issued a number of supporting policies; The Greater Bay Area has broad prospects for market development, providing a good platform for youth employment and entrepreneurship; The agglomeration of high-tech industries in the Greater Bay Area provides a variety of options for young people to start their own businesses; The Greater Bay Area has complete soft and hard infrastructure and fertile soil for employment and entrepreneurship; Universities in the Greater Bay Area have complete innovation and entrepreneurship training and solid talent skills; Universities in the Greater Bay Area take the initiative to align with the national education innovation and development strategy; The employment and entrepreneurship knowledge and skills of young people in the Greater Bay Area are prominent; The Innovation and Entrepreneurship competition and forum activities in the Greater Bay Area are colorful. However, at the same time, we also find that there are still the following problems in the employment and entrepreneurship of young people in the Guangdong-Hong Kong-Macao Greater Bay Area: there are differences between the recruitment requirements of enterprises and the knowledge and skills of young people in the Bay Area; Young people in Guangdong, Hong Kong and Macao have high expectations for career selection and few channels for

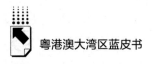

obtaining information on preferential policies for entrepreneurship; The rise of new employment forms puts forward higher requirements for young people's employment and entrepreneurship preparation and practice; Affected by the new normal of economy, the scale of corporate recruitment and the region of employment and entrepreneurship have changed dynamically. On this basis, this paper puts forward countermeasures and suggestions to promote the employment and entrepreneurship of young people in Guangdong-Hong Kong-Macao Greater Bay Area: the education department should improve the combination system of industry, university and research, and take multiple measures simultaneously to realize the connection between talents and enterprise needs; Relevant institutions set up information exchange platforms to help young people take advantage of preferential policies to complete employment and entrepreneurship; Young people in the Bay Area should be good at looking for new development opportunities from the external environment to enhance their soft and hard power; Young people should adjust their own mentality, establish a more pragmatic and rational employment orientation, and be ready to fight a lasting battle.

Keywords: Guangdong-Hong Kong-Macao Greater Bay Area; Youth; Employment and Entrepreneurship; High-quality Development

V Guangdong Business Reports

B.9 New Characteristics of Guangdong Business Entrepreneurship

Xu Lihe, Xia Mengmeng / 242

Abstract: Guangdong Province, as the vanguard, pioneer and experimental area of China's reform and opening up, plays a pivotal role both in the stage of China's rapid economic development and in the stage of Chinese-style modernization with high-quality development as the goal. The economic development of Guangdong province cannot be separated from Guangdong entrepreneurs and entrepreneurs who set up and develop in Guangdong. Based on the investigation and research of 1343 randomly sampled entrepreneurs in Guangdong Province in

2018, this paper analyzes and summarizes the portraits of entrepreneurs in Guangdong province, the new characteristics of entrepreneurial behavior and business philosophy at the current stage of development, aiming to further understand the law of economic development in Guangdong Province. And the subsequent further reform and opening up, business environment, talent introduction and other policy formulation to provide new evidence.

Keywords: Guangdong Business; Entrepreneurship; Innovation Company

B.10　Antecedents, Consequences, and the Mediating Role of Organizational Agility in Guangdong Manufacturing Firms

Wu Liang / 256

Abstract: Based on the theory of dynamic capability, this study uses 148 samples of manufacturing firm, to investigate bricolage effects on organizational agility in manufacturing firms under uncertainty environment, and boundary conditions of organizational agility effects on innovation performance. The research finding shows that bricolage has positive effects on organizational agility in manufacturing firms. Technological turbulence positively moderates bricolage effects on organizational agility. Organizational agility in manufacturing firms has positive effects on innovation performance. Decentralization positively moderates organizational agility effects on innovation performance. Organizational agility in manufacturing firms mediate the relationship between bricolage and innovation performance.

Keywords: Resource Bricolage; Organizational Agility; Technological Turbulence; Decentralization; Manufacturing Firms

皮 书

智库成果出版与传播平台

❖ 皮书定义 ❖

皮书是对中国与世界发展状况和热点问题进行年度监测，以专业的角度、专家的视野和实证研究方法，针对某一领域或区域现状与发展态势展开分析和预测，具备前沿性、原创性、实证性、连续性、时效性等特点的公开出版物，由一系列权威研究报告组成。

❖ 皮书作者 ❖

皮书系列报告作者以国内外一流研究机构、知名高校等重点智库的研究人员为主，多为相关领域一流专家学者，他们的观点代表了当下学界对中国与世界的现实和未来最高水平的解读与分析。

❖ 皮书荣誉 ❖

皮书作为中国社会科学院基础理论研究与应用对策研究融合发展的代表性成果，不仅是哲学社会科学工作者服务中国特色社会主义现代化建设的重要成果，更是助力中国特色新型智库建设、构建中国特色哲学社会科学“三大体系”的重要平台。皮书系列先后被列入“十二五”“十三五”“十四五”时期国家重点出版物出版专项规划项目；自2013年起，重点皮书被列入中国社会科学院国家哲学社会科学创新工程项目。

权威报告·连续出版·独家资源

皮书数据库
ANNUAL REPORT(YEARBOOK)
DATABASE

分析解读当下中国发展变迁的高端智库平台

所获荣誉

- 2022年，入选技术赋能"新闻+"推荐案例
- 2020年，入选全国新闻出版深度融合发展创新案例
- 2019年，入选国家新闻出版署数字出版精品遴选推荐计划
- 2016年，入选"十三五"国家重点电子出版物出版规划骨干工程
- 2013年，荣获"中国出版政府奖·网络出版物奖"提名奖

皮书数据库

"社科数托邦"
微信公众号

成为用户

　　登录网址www.pishu.com.cn访问皮书数据库网站或下载皮书数据库APP，通过手机号码验证或邮箱验证即可成为皮书数据库用户。

用户福利

- 已注册用户购书后可免费获赠100元皮书数据库充值卡。刮开充值卡涂层获取充值密码，登录并进入"会员中心"—"在线充值"—"充值卡充值"，充值成功即可购买和查看数据库内容。
- 用户福利最终解释权归社会科学文献出版社所有。

数据库服务热线：010-59367265
数据库服务QQ：2475522410
数据库服务邮箱：database@ssap.cn
图书销售热线：010-59367070/7028
图书服务QQ：1265056568
图书服务邮箱：duzhe@ssap.cn

社会科学文献出版社 皮书系列
SOCIAL SCIENCES ACADEMIC PRESS (CHINA)

卡号：419849957697
密码：

S 基本子库
SUB DATABASE

中国社会发展数据库（下设 12 个专题子库）

紧扣人口、政治、外交、法律、教育、医疗卫生、资源环境等 12 个社会发展领域的前沿和热点，全面整合专业著作、智库报告、学术资讯、调研数据等类型资源，帮助用户追踪中国社会发展动态、研究社会发展战略与政策、了解社会热点问题、分析社会发展趋势。

中国经济发展数据库（下设 12 专题子库）

内容涵盖宏观经济、产业经济、工业经济、农业经济、财政金融、房地产经济、城市经济、商业贸易等 12 个重点经济领域，为把握经济运行态势、洞察经济发展规律、研判经济发展趋势、进行经济调控决策提供参考和依据。

中国行业发展数据库（下设 17 个专题子库）

以中国国民经济行业分类为依据，覆盖金融业、旅游业、交通运输业、能源矿产业、制造业等 100 多个行业，跟踪分析国民经济相关行业市场运行状况和政策导向，汇集行业发展前沿资讯，为投资、从业及各种经济决策提供理论支撑和实践指导。

中国区域发展数据库（下设 4 个专题子库）

对中国特定区域内的经济、社会、文化等领域现状与发展情况进行深度分析和预测，涉及省级行政区、城市群、城市、农村等不同维度，研究层级至县及县以下行政区，为学者研究地方经济社会宏观态势、经验模式、发展案例提供支撑，为地方政府决策提供参考。

中国文化传媒数据库（下设 18 个专题子库）

内容覆盖文化产业、新闻传播、电影娱乐、文学艺术、群众文化、图书情报等 18 个重点研究领域，聚焦文化传媒领域发展前沿、热点话题、行业实践，服务用户的教学科研、文化投资、企业规划等需要。

世界经济与国际关系数据库（下设 6 个专题子库）

整合世界经济、国际政治、世界文化与科技、全球性问题、国际组织与国际法、区域研究 6 大领域研究成果，对世界经济形势、国际形势进行连续性深度分析，对年度热点问题进行专题解读，为研判全球发展趋势提供事实和数据支持。

法律声明

"皮书系列"（含蓝皮书、绿皮书、黄皮书）之品牌由社会科学文献出版社最早使用并持续至今，现已被中国图书行业所熟知。"皮书系列"的相关商标已在国家商标管理部门商标局注册，包括但不限于LOGO（ ▧ ）、皮书、Pishu、经济蓝皮书、社会蓝皮书等。"皮书系列"图书的注册商标专用权及封面设计、版式设计的著作权均为社会科学文献出版社所有。未经社会科学文献出版社书面授权许可，任何使用与"皮书系列"图书注册商标、封面设计、版式设计相同或者近似的文字、图形或其组合的行为均系侵权行为。

经作者授权，本书的专有出版权及信息网络传播权等为社会科学文献出版社享有。未经社会科学文献出版社书面授权许可，任何就本书内容的复制、发行或以数字形式进行网络传播的行为均系侵权行为。

社会科学文献出版社将通过法律途径追究上述侵权行为的法律责任，维护自身合法权益。

欢迎社会各界人士对侵犯社会科学文献出版社上述权利的侵权行为进行举报。电话：010-59367121，电子邮箱：fawubu@ssap.cn。

社会科学文献出版社